地理資訊力
永續發展議題教學新方向

丁志堅／主編

丁志堅、吳春萱、洪敏勝、陳湘文、
張麗蓉、詹世軒、戴伊瑋、羅彥程、
蘇俐洙／著

（依姓氏筆畫排序）

目次

推薦序一、跨越永續未來的地理力量：在永續發展教育中掌握
　　　　　GIS 新視界 i
推薦序二、地理教學新思維　開啟永續新未來 iii
推薦序三、共譜一首永續交響曲 v

第一部分　發展空間資訊科技探究課程教案的理念

導言 3
　一、地理教育培養空間資訊能力的重要性 3
　二、空間資訊科技課程的實施困境與因應 7
　三、永續發展目標（Sustainable Development Goals, SDGs）
　　　作為地理探究課題的重要性 11
　四、教案設計理念 14
　附錄、參考資料 21

第二部分　空間資訊科技探究課程教案

第一章　從人口流動與住業均衡探討永續城鄉發展──
　　　　　以竹竹苗地區為例 25
　一、旨趣說明 25
　二、教案提要 26
　三、單元教學計畫 27
　附錄一、學生學習活動表單 51
　附錄二、QGIS 操作步驟 62
　附錄三、參考資料 72

第二章　從高中學生通勤現象檢視 SDG 11 永續城鄉目標之成效——以新竹中學為例 75

一、旨趣說明 75
二、教案提要 76
三、單元教學計畫 76
附錄一、學生學習活動表單 91
附錄二、QGIS 操作步驟 93
附錄三、參考資料 120

第三章　有醫無醫？從良好健康與福祉目標看新竹醫療空間正義問題 121

一、旨趣說明 121
二、教案提要 122
三、單元教學計畫 123
附錄一、學生學習活動表單 138
附錄二、QGIS 操作步驟 138
附錄三、參考資料 175

第四章　永續太陽能發電與永續農業的雙贏選址策略 177

一、旨趣說明 177
二、教案提要 178
三、單元教學計畫 178
附錄一、學生學習活動表單 193
附錄二、QGIS 操作步驟 195
附錄三、參考資料 210

第五章　戶外遊憩活動與永續陸域生態的共榮選擇 213

- 一、旨趣說明 213
- 二、教案提要 214
- 三、單元教學計畫 214
- 附錄一、學生學習活動表單 228
- 附錄二、露營地轉坐標操作流程 231
- 附錄三、QGIS 操作步驟 239
- 附錄四、參考資料 247

第六章　影響超商分布的區位要素探究 249

- 一、旨趣說明 249
- 二、教案提要 250
- 三、單元教學計畫 250
- 附錄一、學生學習活動表單 264
- 附錄二、QGIS 操作步驟 266
- 附錄三、參考資料 289

推薦序 1

跨越永續未來的地理力量：在永續發展教育中掌握 GIS 新視界

何昕家　國立臺中科技大學通識教育中心副教授

　　在當今全球化和數位化的驅動下，教育系統面臨著前所未有的挑戰與機遇，尤其是在地理資訊科技（GIS）與永續發展議題的結合上，隨著氣候變遷、環境、資源等問題逐漸加劇，聯合國永續發展目標（SDGs）為全球教育指引了明確的方向。而《地理資訊力：永續發展議題教學新方向》一書，正是在這個關鍵時刻應運而生。

　　當前，我們無法忽視人類活動對地球的深遠影響。氣候變遷、自然災害、社會不平等等問題日益威脅著全球的可持續發展。面對這些挑戰，僅僅傳授知識已經不再足夠。我們需要培養學生具備永續素養，賦予他們理解複雜系統、思考長遠影響，並積極行動的能力，從而在保護地球的同時，推動社會的進步。

　　本書以 GIS 為核心，展現如何透過這一科技進行社會與環境問題的深入探究與實作。透過實際的教案設計，作者不僅將空間資料的獲取與處理、空間分析與視覺化展現有機地融入教學，更啟發學生對環境、經濟與社會的全面關注。透過教案的設計，主要引導學生於真實世界中應用所學，從而在解決問題的過程中內化永續素養。

　　永續素養不僅僅是理解環境問題，更在於具備解決這些問題的能力和意願。透過本書，學生將學會如何利用 GIS 技術進行氣候數據的分析、自然資源的管理以及社會不平等的評估。學生將明白，自己不僅是知識的接受者，更是全球變革的參與者和推動者。學生素養的培養，將成為他們未來應對各種挑戰的重要取徑。

地理資訊力
永續發展議題教學新方向

　　本書對教育現場的深刻理解，使其能夠有效啟發學生的學習動機與永續行動力。透過切實可行的操作指南，教師不僅能輕鬆掌握教學技術，還能引導學生在解決真實問題中展現永續發展的價值觀。書中教案強調學生在探究過程中的自主學習與跨學科合作，這是培養學生永續素養的重要取徑。

　　在全球環境問題日益複雜的背景下，教育的責任已不僅是傳授知識，更在於引導學生形成全球視野、批判性思維和積極行動的意識。《地理資訊力：永續發展議題教學新方向》無疑將成為這一教育使命的有力工具，並對地理教育和永續發展教育領域產生深遠的影響。

　　在這個充滿挑戰的時代，我們每一個教育者都肩負著重要的使命，那就是為未來培養具備改變世界能力的下一代。正如書中所強調的，透過 GIS 技術與永續發展教育的結合，不僅在教學中引入了尖端科技，更為學生打開了通往永續未來的大門。這不僅僅是一次知識的傳遞，而是一場關乎地球未來的行動召喚。讓我們記住，學生們今天在課堂上掌握的技能和素養，將直接影響到明天的世界。他們是未來的領導者、創新者和變革推動者，將在全球範圍內應對氣候變遷、資源短缺和社會不平等的挑戰。通過這本書，我們不僅賦予學生知識，更賦予他們創造改變的力量，從而為一個更加公正、永續的世界鋪平道路。每一堂課都是一顆種子，將在未來開花結果，並塑造我們所渴望的永續社會。讓我們共同努力，攜手打造一個永續且充滿希望的未來。

推薦序 2

地理教學新思維　開啟永續新未來

簡世欣　新竹市高中課程督學

　　隨著全球化及科技的進步，地理的空間教育理念不斷在演變。然而，面對複雜且多變的社會與環境挑戰，如何有效地將永續發展融入教學中，成為當前教育者的首要課題。也正是108課綱推動素養教學的背景下，丁教授所領導的《地理資訊力：永續發展議題教學新方向》一書應運而生，為地理教育的多元豐富性提供了嶄新的視角和方法。

　　丁教授的研究及實踐，強調地理資訊系統（GIS）在教學設計中的應用，並且帶領著一群新竹市高中地理教師所組成的共備社群共同開發教材，以新竹的在地資料與特色為教學實例，展示如何將地理探究式教學融入課程中。透過大家的共同設計、探究與實作，將實際教學過程中的反思和經驗累積的結晶集結成冊。丁教授和其團隊不僅僅是在教授知識，更是在善用生活議題培養學生的批判思維及解決問題的能力。

　　書中的第二部分尤其值得細讀與應用，該部分詳細描述了六個具體的探究實作教學方案，這些方案以探究新竹在地的真實議題為基礎，旨在引導學生進行深入的探究與分析。這些方案不僅涵蓋了從問題發現到解決方案提出的完整流程，更強調了學生在這個過程中的主動參與和實際操作能力。學生不僅僅是被動地接收知識，而是通過實際的規劃和操作，學會如何善用數位工具與統計資料來進行全面的分析和推理，從而找尋出可行的解決方案，也是對社會永續發展理念的理解與實踐。學生不僅能夠掌握課堂上的學術知識，更能夠將這些知識應用於真實世界的問題中，進而體現出教與學的實際價值。

　　除了教學設計外，本書還著重於評量的多元性與適切性。不僅設計了多

地理資訊力
永續發展議題教學新方向

種評量工具，還提供了詳細的操作指南，幫助教師們能夠有效地評估學生的學習成果。這些評量設計，不僅僅是對學生學習成果及教師教學設計成效的檢驗，更是幫助學生在探究過程中自我反思與成長的重要工具。

作為新竹市的高中課程督學，我深知教學現場的需求與挑戰。很高興看到我們的新竹市勁竹地理探究共備社群成員們願意付出時間與努力共同開發探究式課程，他們提供的不僅僅是課程設計的參考，更是一個課程設計思維的啟發。書中的內容不僅能幫助教師們提升專業能力，也能夠激發學生對地理空間學習的認知興趣，進而促進地理教育在探究實作上的進一步發展。

我誠摯推薦《地理資訊力：永續發展議題教學新方向》一書，這不僅是一本教學參考書，更是一部充滿啟發與實踐價值的教育指南。相信在這本書的指引下，更多的教師將能夠將地理資訊力融入教學，並在永續發展的路途上，為學生們開闢出一條更為廣闊且富有深度的學習之路。

推薦序 3

共譜一首永續交響曲

劉順吉　漢民科技副總經理

　　隨著氣候加速變遷，極端天氣愈加頻繁，地球上的每個生物都受到不同程度的衝擊。當全世界致力於實踐永續發展，政府、企業、學校乃至於個人皆肩負著社會責任與使命，將聯合國 SDGs 17 項指標落實在生活的各個層面，並藉由教育分享給下一世代，朝多元共榮的美好未來邁步向前。

　　多年來，漢民科技竭力成為半導體低碳供應鏈的一份子，落實負責任採購，與供應鏈夥伴共同面對氣候變遷等環境與社會議題的挑戰。我們在廠房設置太陽能板、確保廢棄物管理達到最高標準，持續推動循環經濟再利用，並設置各項節能減碳設備，致力打造廠區生態平衡與生物多樣性的環境。在 2022 年，漢民亦加入由國際半導體產業協會（SEMI）成立的「半導體氣候聯盟」（Semiconductor Climate Consortium, SCC），共同為地球的永續盡一份心力。

　　當我們得知新竹地區的高中教師，為了培養學生空間資訊探究的能力，整合地理教育及 GIS 教學系統，希望在高中課綱規劃這門以 SDGs 作為地理探究的課程教材，我們對於藉由實作與教案傳遞永續發展的理念，深感認同，對於能夠支持跨領域的永續教育推廣，亦備感榮幸。

　　我們期待，透過這本集結多位學者與教師編纂的《地理資訊力：永續發展議題教學新方向》，能夠帶領青年學子用嶄新的視野與學習方式認識全球永續，並將永續的概念化作行動，落實在我們的日常生活中。讓我們肩並肩，一起為人類的生活福祉努力，朝永續未來邁進！

第一部分
發展空間資訊科技
探究課程教案的理念

導言

丁志堅　國立清華大學環境與文化資源學系副教授

　　空間資訊科技是當代社會不可或缺的資訊工具，108課綱為因應現代社會需求、培養學生環境及空間問題的解決能力，以及深化跨領域整合的素養導向理念，在高中地理課程中規劃這一門前瞻性的選修課程。為了說明這門課在當代地理教育中所扮演的舉足輕重的角色，並闡述空間資訊課程合宜的教學方式，用以傳達本書後續章節的教案中重要的核心概念，本文將從空間能力的重要性、利用空間資訊科技實踐的探究與實作的理念，以及整合「空間資訊科技」、「探究與實作」、「社會環境議題」三門地理選修課程進行教案開發的合宜性等面向進行論述，最後再針對各教案的課程重點進行概要說明。

一、地理教育培養空間資訊能力的重要性

　　當代教育的目的是要能夠培育出解決問題並持續推動社會進步的學生（Hooft Graafland, 2018），美國新世代科學標準（The Next Generation Science Standards, NGSS）認為培養學生成為科學學習者，必須訓練其批判性思考、問題解決以及根據證據進行論證等關鍵能力（National Research Council, 2012），這些論點與「十二年國民基本教育課程綱要」所強調的核心素養理念不謀而合，亦即將自主行動、溝通互動以及社會參與三個面向作為教育目標，因此如何在課堂中養成學生這些核心素養便成為當代教師需面臨的挑戰。於此，地理教育也積極回應這些教育思潮的變革，由於知識的取得不能再被視為是現成的、被動的，而是學生必須積極主動去獲取（Barnes & Todd,

地理資訊力
永續發展議題教學新方向

1995），所以地理教育不應僅是一種由教師交付學生現成地理知識的單向過程，而應是以學習者為中心，透過真實地理問題的探究，讓學生進行有意義的學習，以促進對跨區域、跨尺度間交互作用下之地理議題的理解，建立批判性空間思維和推理能力，從證據進行論證並發展解釋，藉以培養學生的地理觀點。

除此之外，在高度競爭的社會變遷過程當中，以往信奉專業導向的分科學習理念不斷地受到挑戰，培養學生統合各學科的知識體系，進一步成為解決日益複雜的社會環境問題的實踐者，已蔚然成為教育的主流。在這種科際整合的潮流下，各學科為彰顯其學科價值，無不於強調其知識體系的重要性之外，進一步希望透過教育手段，培養學生更具競爭力的學科關鍵能力；凸顯其解決實務問題的重要性，來強化該學科在科際整合過程的獨特位階而不致被邊緣化。凡此種種，皆考驗各學科教育目標推動者及第一線教育工作者的智慧和能力。

為回應這樣的教育氛圍，地理教育自不能置身事外，除了上述以學習者為中心的地理教育理念的實踐外，許多來自地理教育現場關於學科競爭力的問題，不斷地被提出來討論，例如：地理學科所擁有的觀點與實務價值為何？地理教育能養成學生解決社會問題不可或缺的關鍵能力嗎？與各學科競合過程中，具備地理素養的學生擁有何種不可取代的優勢？不可否認的，這些問題的解答，對於現階段高中地理教育尤為重要。在新課綱考招制度改變後，高中地理教育的成果，有一部分是作為大學各科系選才的參考，若有高比例的大學科系入學條件願意採計地理科的學習成果，某種意義上可反映出學界對地理教育的重視程度。因此，高中地理教育的成果若能充分彰顯學生地理能力的關鍵價值，受到大學端更多科系的重視與採計，讓更多高中教師與學生願意投入地理科的教學與研讀，如此才能有效銜接高中到大學的地理人才培育，學科價值的積累也能進入善的循環。

地理學科最具競爭力的學科關鍵能力為何？若從當代資訊化社會發展的走向來思考，「空間資訊能力」一直是地理學界甚至是其他學科評價地理學價值不可或缺的一環。空間資訊科技是一個不斷進步的技術，其發展不僅

是傳統地理學研究中,將資料庫建置、空間分析、議題模擬、視覺化展現等資訊技術,應用於探究地表現象分布、區域特性,乃至於人類活動與環境間因果關係等各種議題的研究方法。近幾年,更與各種新興科技結合,釋放各種空間資訊導入創新應用的無限潛力。例如:地理資訊整合雲端應用,透過時空優化平臺與時空內容服務,強化雲端管理的空間應用面向;與眼球科技整合的虛擬實境地理資訊(Virtual Reality Geographic Information Systems, VRGIS),讓適地性服務 VR 視覺化,在真實 3D 的生活場景創造更多空間資訊的應用價值;地理空間人工智慧(Geospatial Artificial Intelligence, Geospatial AI)從空間大數據資料中,快速且精準地提取知識,提供特定地理區位的課題解決方式;結合地理感測器的物聯網科技,不僅充分將空間資訊導入智慧城市、智能家居與自動駕駛產業的核心應用,更是推動智慧國土應用(包括智慧環境、智慧生活、智慧社會、智慧治理)的關鍵力量。

若要擘劃這些創新應用的未來,除了政府與學界研發技術突破,進而擴散應用到產業界外,對於空間議題具有高度敏感性的空間資訊人才的培育也是刻不容緩,而這正凸顯地理學科空間資訊能力的關鍵價值。具有空間敏感性的地理人才,傾向以空間為中心來思考問題,能夠更深入理解跨區域、跨文化以及跨尺度之間的空間關係,包括城鄉、節點、交通、地形、水文、氣候及生態環境等各種地理議題間的交互作用,透過地理學科空間資訊人才的養成與投入,讓空間資訊科技的應用能更具有全盤的空間視野,不致流於資訊應用空洞化與一般化,以切合人類發展需求。

由於社會對地理學科空間資訊人才的殷切需求,108 課綱中關於地理教育的安排,也符應社會的期待。高中地理科的學習內容包含「地理技能」、「地理系統」以及「地理視野」三個學科主題,「地理技能」指地理學獲得知識、進行探究、解決問題的方法與技術,有助於習得科學方法的完整性;「地理系統」指從科學系統的角度,討論地理學的基本概念,提供架構理論的基礎;「地理視野」則從地理的觀點,理解區域文化的特色、區域問題的本質,以及解決區域問題的策略。根據此學習內容,可讓學生獲得地理學相關之科學方法、培訓科學技能,並養成全盤性的空間視野。此外,為了進一步在高中階段銜接大學教育,課綱中設計學生未來以地理領域為志向的「加

地理資訊力
永續發展議題教學新方向

深加廣選修課程」，包括地理議題探究之「社會環境議題」、地理學科應用之「探究與實作：地理與人文社會科學研究」，以及上述討論之地理學科方法中至為重要的「空間資訊科技」。完整修習這些選修課程，能為大學教育培養具備地理探究知能及全盤地理視野的空間資訊科技人才，使其投入後續的研發與創新。

空間資訊科技這門選修課程所涵蓋的主題包括：空間的概念、空間資訊的獲取與處理、空間資訊的應用、地理媒體的反思，以及空間資訊的實作。顯見這門課的課程目標，不僅要培養學生理解關於空間資訊科技的理論內涵，更需要學生具有實務操作的能力，以符合未來大學選才的期待。然而，新課綱實施之後，空間資訊科技這門課的實施方式，常會有高中教師反應教學困難。例如：「課程時間有限且需要教授的知識繁多，無法騰出額外的時間進行 GIS 實務操作」、「偏鄉學校缺乏 GIS 的軟硬體設備，很難進行 GIS 實務操作的教學」、「學生都把時間投入在準備考試，對學習 GIS 的實務操作缺乏興趣」、「教師缺乏 GIS 技術能力，很難準備 GIS 實務操作課程」。細究這些問題的緣由，其實不外乎幾項因素：（一）GIS 技術課程非常依賴資訊系統的軟硬體設備與各式空間資料，這些都需額外的教學資源投入方能進行；（二）GIS 實務課程需要花較多的時間進行授課，因而會與其他學習主題產生排擠效應，沒有足夠時間教授其他課程內容；（三）即便學生能在課堂中習得熟稔的 GIS 實務操作技術，卻因無法適切地反映出學習成果，導致學生缺乏足夠的動機進行學習；（四）教師對於 GIS 技術缺乏信心，以至於對實務課程設計裹足不前。正因為這些教學現場難以克服的問題，使得現行地理科空間資訊科技的教學，仍以傳統教師講述的知識習得方式來進行，無法有效達成新課綱的教學目標，與大學選才的需求產生很大的落差。

地理科空間資訊科技課程的教學理念與目標，是否會因為這些看似盤根錯節難以解決的問題，而必須妥協甚至轉向？答案當然是否定的。下一節將具體說明這些問題，以及可能的應對方法。

二、空間資訊科技課程的實施困境與因應

過去由於 GIS 教學系統建置成本過高，造成許多教師空有理想而無法落實實務操作課程的窘境。然而，在資訊基礎設施與時俱進的改良下，現有門檻已降至最低；至於空間資料取得的問題，也因為開放資料平臺內容不斷更新，以及公民大量生產的自願性地理資訊（Volunteered Geographic Information, VGI）不斷釋出，空間資料取得的問題也不再成為阻礙的因素。因此，在課堂上落實 GIS 實務操作課程，主要須克服的問題反而要回歸到課室的教與學本身，包括有效解決教學時數問題、提升學生學習動機，以及協助教師具備信心和能力等問題，具體說明如下。

（一）空間資訊基礎設施發展成熟，降低系統建置成本

過往建置 GIS 教學系統的成本，由於各校多有建置電腦設備而較無須考量硬體花費，然商用軟體所費不貲，對學校來說也是一筆沉重的負擔。近幾年受到自由軟體運動（Free Software Movement）的影響，許多 GIS 軟體開發者紛紛響應這個理念，開發出功能完整的免費開放原始碼軟體（Free and Open Source Software），當中最具代表性的當屬 2002 年由 Gary Sherman 所建立的 Quantum GIS（QGIS）。根據 Gary 的說法，這個免費 GIS 軟體的命名方式沒有特別的意義，有的話也僅是因為使用易於開發圖形使用者介面的 Qt 函式庫進行程式撰寫的緣故。由於 QGIS 開放的特性，讓許多有理念且有能力的空間資訊程式開發人員，得以用外掛程式（Plugin）的方式開發各種新功能，包括地圖製作、空間分析、資料庫建置、資料處理等，皆能彈性引入 QGIS 操作介面中，讓 QGIS 的功能更新速度得以和眾多商用軟體分庭抗禮，成為當代 GIS 的主流軟體之一。使用此一功能強大且免費的軟體資源，除了能大大降低 GIS 教學系統的建置成本，且因為其功能完整，教師得以設計豐富且多樣的教學內容，包括實地資料調查、資料視覺化與分析解讀、整合區位資訊等，除了使學生更全面的理解地理資訊系統的應用價值外，也能有效促進學生的空間思考及議題掌握的深度與廣度，透過實作培養空間思維能力和問題解決能力。

地理資訊力
永續發展議題教學新方向

　　開放的理念不只影響軟體的建置，同時也影響資料的流通管道。臺灣在 2005 年公布施行《政府資訊公開法》後，2012 年開始推動政府資料開放。國土資訊系統的發展也在過去資料建置的基礎上，開始朝開放資料的方向進行，不僅使空間資料取得更為容易，也因為其種類多元且多具有完整的時間序列，將其運用於空間資訊科技及探究與實作相關課程，不僅為教師提供豐富的教學素材和案例，同時也能讓學生在進行 GIS 實務操作及探究的過程，有機會更深入分析地理現象的空間分布樣態及其空間變化趨勢，推導這些現象的時間推移模式，深刻理解自然與人文地理的演變過程，強化空間思維與問題解決能力。

　　除了政府公開資料之外，近年來隨著個人行動載具的普及，搭載全球衛星定位系統的智慧型手機已經成為一種強大的空間資料收集工具。加上以 GeoWeb 為基礎的 Web 2.0 網站不斷出現（例如網際網路電子地圖、社群媒體等），讓大眾習慣隨時隨地在網際網路的世界分享自身的想法與地點，導致大眾生產的自願性地理資訊快速在虛擬社會中累積，這些由大眾集體生產的資料漸漸成為進行 GIS 實務操作課程的主要資料來源，從具有地理位置標記（Geotagged）的照片到社群媒體上的地理標籤或打卡資訊，這種以往無法輕易獲取的個人尺度空間資料，不僅是一種豐富的空間資料來源，更是深化問題探究層次不可或缺的資料。

　　綜上所述，若善用免費開放的 QGIS 系統，並且以方便取得的政府公開資料與自願性地理資訊進行 GIS 操作，GIS 實務操作課程的教學資源問題將能有效解決。

（二）以 GIS 方法探究地理議題的成果，有效彰顯學生的學習歷程與研究潛力

　　如何有效的教授 GIS 是地理教育重要的研究主題。一直以來，GIS 課程的實施方式往往分成理論觀念講授課程，以及上機操作實務課程，透過這些課程學生須同時完成 GIS 的概念性學習與應用性學習（Bowlick, Bednarz, & Goldberg, 2016）。這種課程實施的方式受到行為主義的影響甚深，總認為

學生需要在學會應用 GIS 解決問題之前，必須熟稔 GIS 的各種技能，因此學習過程須先經歷一條系統操作的陡峭學習曲線，遵循操作手冊中詳細的步驟指示來獲得基本技能後，才能進行更高階的問題解決活動（Argles, 2017），Whyatt、Davies 與 Clark（2023）認為這種 GIS 教學方式最大的挑戰，來自於如何在學習 GIS 的知識與技能後，可以有效過渡到使用 GIS 進行實際問題解決的任務，也就是說把理論觀念講授課程與上機操作實務課程分開實施的教學方式，某種程度上是有危險的。從教學端來看，老師因著重在教授 GIS 相關技能，可能在課堂中忽略了搭建學習情境的鷹架，讓學習活動變成淺薄的按鈕式學習而非議題理解，而從學習端來看，並非所有學生都能理解他們正在做的 GIS 操作是什麼，或者為什麼要這樣做。學生可能僅僅是為了按時完成任務而尋求各種可能的方法，因此這種方法較無法培養學生成為獨立的學習者與問題解決者（Argles, 2017）。

因此 Bryant 與 Favier（2015）的研究中認為，GIS 學習的基本方法應遵循建構主義理論，也就是說學習者應在真實世界問題導向的 GIS 學習環境進行探究學習，藉以發展相關的 GIS 知識與技能。Whyatt 等人（2023）則認為，以 GIS 進行探究學習教學方式，將能有效整合學習 GIS 和利用 GIS 進行學習兩個重要的目標；Favier 與 van der Schee（2012）認為學生利用 GIS 進行探究的學習過程，教師並不需要對 GIS 操作進行大量的教學，反之學生可在進行探究的過程逐步學習 GIS 的知識與操作技能，而 GIS 結合探究的學習方式，根據 Egiebor 與 Foster（2019）的說法，有助於提高學生在課堂上的參與度以及學習表現，而且還能進一步增強學生對地理學的學習興趣，並提升其空間推理和解決問題的能力。

更進一步看，透過 GIS 進行地理議題的探究與實作的學習歷程，不僅可以清楚呈現學生對議題掌握程度，提出研究發問的邏輯推理，更能表現出在解決問題的過程中，如何將繁複的課題，系統性拆解轉化成可進行操作的研究假設，並透過資料收集與空間分析，得出客觀且可重複驗證的成果，並以具象化的方法將這些成果有條理地呈現以及提出有意義的解釋。這些歷程均是大學選才過程的重要考量，不僅幫助學生在進入大學前累積足夠的學習資本，在爭取大學科系就讀時站穩有利的契機，更能協助其進入大學後，培養

進入研究領域的即戰力，這些誘因均能鼓舞學生培養自己研究能量的動力。

（三）整合三門地理選修課的課程設計，有效克服教學時數的問題

依據課綱的規範，地理科空間資訊科技是一門三學分的課程，在課程時數的限制下每學期僅三學分的規範看似不易達成，但若跳開單一課程的框架，把課程設計的視野一次含括三門地理選修課，便能掌握解決問題的關鍵。

如前所述，加深加廣選修課程，除「空間資訊科技」課程外，尚包括「社會環境議題」，以及「探究與實作：地理與人文社會科學研究」，若課程設計階段同時考量這三門課程，或許即是解決問題的良方。亦即以空間資訊科技為研究方法，進行社會環境議題的探究與實作，如此除了可讓學生從問題解決的角度來學習 GIS，增加學習動機之外，也因為這樣的課程可以在三門選修課中實施，無形中樽節學生的有效學習時數。更重要的是，整合三門課的學習成果，能作為學生重要的學習歷程檔案，在大學選才過程當中，呈現他們對於議題掌握以及研究的潛力，並呈現空間資訊科技的操作能力。

此一理念要能付諸實施，必須有協助教師進行教學的相關案例與教案，使不熟悉 GIS 操作的教師，也能經由短時間的自學，進行相關的教學。並且，由於此課程設計不僅是著重在 GIS 的操作，而是透過 GIS 的操作結果，來獲致社會環境議題探究與實作成果，若教材設計得當，教師也能經由議題探究的帶領，讓學生理解需要進行何種資料的操作與分析。至於實際上的操作，也能適度地讓學生進行自我學習，以深化他們的學習動力。

（四）理念與操作並陳的教案設計，提升教師的教學技巧與信心

一旦克服上述問題，解決高中地理教師進行 GIS 實務課程教學的困境，就變得水到渠成。因為高中地理教師本就對 GIS、探究與實作，以及社會環境議題累積豐富的教學經驗，之所以缺乏信心，是因為尚未有可資操作的教

學模組作為引領教學的範本。若能有一套可彈性變換的教案與教材，讓課程從議題的梳理與掌握出發，透過研究方法的操作，以空間資料及 GIS 分析功能進行邏輯的驗證，並進行科學性的解釋，如此高中地理教師便可依此範本進行其他研究課題的開發。更有甚者，若教材能加上詳細的 GIS 操作流程，那麼即便不熟悉 GIS 操作的教師也能先得其形，再求其神，慢慢深入此套教學邏輯的概要。

這幾年空間資訊科技的軟硬體技術及資料生產與取得的管道，在共享理念落實及網際網路的發展下，已經有了長足的進步，建置 GIS 教學系統與取得空間資料的成本已不再是阻礙 GIS 課程發展的絆腳石。真正要解決的，反而是如何協助教師克服教學時數和提升其教學技巧與信心，同時也協助學生增強學習動機，回歸到教與學的本質問題。而透過適切的教學設計以解決這些問題，達成有效的 GIS 教學，正是本書所欲傳達的理念。

三、永續發展目標（Sustainable Development Goals, SDGs）作為地理探究課題的重要性

地球正在以前所未見的速度改變當中，Lewis 與 Maslin（2015）認為造成這種改變的原因，主要是人類活動正以超乎想像的力量全面且深刻地影響著全球的環境，並據此提出人類世（Anthropocene）的概念，Steffen 等人（2015）進一步在對地球限度（Planetary Boundaries）的評估中發現，四個地球系統（氣候變化、生物圈完整性、生物地球化學流動、土地系統變化）的人為擾動程度已經超出了可容忍的限度，造成人類的生存環境受到極大的威脅，因此人類必須共同努力從自身改變做起，方能有機會度過此一生存危機。

1972 年，聯合國為因應環境變遷，於瑞典斯德哥爾摩舉行的人類環境會議（United Nations Conference on the Human Environment），提出「人類環境宣言」（Declaration of the United Nations Conference on the Human Environment，也稱為「斯德哥爾摩宣言」〔Stockholm Declaration〕），並透過世界環境與發展委員會（The World Commission on Environment and Development）於 1987 年

地理資訊力
永續發展議題教學新方向

發表「我們共同的未來」（Our Common Future）報告，提出了經常被引用的「永續發展」（Sustainable Development）概念，其定義為滿足當前需求而不損害未來世代滿足自己需求的能力（United Nations General Assembly, 1987）。這個永續發展的概念，雖提供了一個保護環境長期價值的同時，兼顧維護經濟的進步和發展的策略框架，但仍缺乏具體的運行計畫。因此，2015年聯合國所有成員國共同通過「2030年永續發展議程」（The 2030 Agenda for Sustainable Development），公布17項永續發展目標以及169條具體指標（United Nations, 2015），這些目標涵蓋了包括消除貧窮、環境保護和性別平等等各個方面，並強調經濟、社會和環境發展三個向度之間的相互關聯，承諾在這個全人類共同追求的永續發展和有韌性未來的過程中，不犧牲任何一個人。據此，人類面對生存課題的永續發展行動，開始有了具體行動綱要。

著名的美國地理學者唐納德·威廉·梅尼格（Donald William Meinig）於1992年在美國學術團體聯合會（American Council of Learned Societies, ACLS）的演講中指出：「地理學中的一個古老定義在最近重新受到世人的青睞：將地球視為男人的家園（Home of Man），或者應改成我們現在所說的人類的家園（Home of Humankind）。我們最近意識到，地球作為家園的狀況令人擔憂，地理學家像許多其他人一樣，渴望解決家園修復和改變生活方式的迫切問題。」（Meinig, 1992）

也就是說，早在聯合國一系列因應環境變遷的作為之前，地理學家就在其研究三大傳統的各個面向，為地球與人類的永續發展進行各種開創性的研究。包括在區域研究中，探討地球上不同區域的環境問題和生態系統變化，並累積豐富的科學研究證據；在空間研究中，地理學家著重利用空間分析技術進行各種課題的環境影響評估，關注人類活動與地球環境各個層面的互動關係，並從而研擬相應的政策和措施；在人地關係研究中，分析地球資源利用和管理的各種可能策略，著重在土地利用、水資源管理、自然災害風險評估等面向，從而孕育出永續發展的理念。可以說，地理學過去研究的積累，就是促成永續發展理念生成的理論依據。

不僅如此，由於地理學是一門自然科學、人文社會科學，以及空間資訊

科學的整合性學科，本來便具備從跨領域的視角探究永續發展議題的優勢，有利於統整生態過程與社會過程的跨尺度研究。例如：水循環、土壤侵蝕、都市化和全球化等課題，本質上均是跨尺度、跨空間的永續發展課題。地理學擅長以長期累積的既有調查數據，以及各種來源的空間資料，結合相關理論發展出可解釋模型，推進永續發展從概念到以證據為基礎的推估模式，以科學性方法推估環境未來可能的變遷趨勢。從近年來的研究成果來看，這些推估模式的發展均與空間資訊科技的深化運用有關。例如：在 SDG 1「消除貧窮」的研究課題上，Steele 等人（2017）鑑於傳統的貧窮衡量方法多依賴無法經常更新的人口普查資料，且在一些低收入國家資料可能無法取得，因此發展出基於 GIS 和電信資料的替代推估技術，幫助更新和填補這些缺漏的資料，使後續研究可以進一步探討與 SDG 1 的各種指標相關的空間差異；而在 SDG 2「終結飢餓」的研究課題上，為了解決一個地區的飢餓問題，若能精確預測未來的作物產量和水資源的供應量，則可作為及時制定計畫的依據，進一步減輕或消除未來的貧窮問題。因此，Arroyo 等人（2017）發展一套估算玉米作物施肥量的模型，使用無人機（Unmanned Aerial Vehicle, UAV）技術，在其上安裝紅、綠、藍和近紅外線的多光譜相機，並結合機器學習技術，建構出能以低成本技術估算玉米田氮含量的模型。在氮肥不足的地區使用後能避免肥料浪費，並減少對環境的衝擊；在 SDG 3「健康與福祉」的研究課題上，Guagliardo（2004）透過 GIS 分析不同地區到醫療服務地點的距離，來探討初級保健地點的空間可及性。他發現華盛頓特區初級保健的空間可及性存在明顯差異，有些地區為 10 萬名兒童提供 70 多家醫療服務機構，而有些地區則不足 20 家，說明此地的醫療保健提供的空間分布存在社會不平等問題，若能改善個地區的醫療保健可及性，將有助於提供良好的健康照護；在 SDG 6「淨水與衛生」的研究課題上，Machiwal、Jha 與 Mal（2011）提出了一種結合遙測、GIS 以及多準則評估技術的整合性方法，進行地下水潛力區的劃分。他們利用每種技術產生的地下水地圖，並根據印度西部拉賈斯坦邦烏代布爾地區的地下水潛力指數，將四個地下水潛力區劃分為良好、中等、較差和非常差四種等級，進一步依水文地質與地形特徵，劃定四類地下水可探勘區，用於緩解因乾旱所帶來的潔淨水問題。

地理資訊力
永續發展議題教學新方向

　　由上述各項永續發展目標的研究案例可以得知，應用空間資訊科技進行永續發展目標的研究，可提供解決永續發展問題的科學基礎。除此之外，更彰顯出地理學的科際整合特性，在永續發展目標上扮演著不可或缺的角色。永續發展課題亟待地理學家投入更多的研究能量，以解決刻不容緩的地球環境問題，因此學生在探究與實作課題的選擇上，若能緊扣著永續發展課題，不僅合乎社會期待，更能有效地運用地理學的多元知識與技術，提升探究成果的價值。

四、教案設計理念

　　108課綱中的地理科除了必修課外，還有三科加深加廣選修課程，包括「空間資訊科技」、「社會環境議題」，以及「探究與實作：地理與人文社會科學研究」。地理與人文社會科學研究，從空間資訊科技的課綱內容來看，除了強化空間資訊科技的實務能力外，更強調在各種社會議題的應用，以及利用空間資訊科技進行議題的探究與實作。參酌第二節關於GIS實務課程實施方式的論述，我們形成一個重要的課程發展方向：有意義的學習空間資訊科技的實務能力，需充分運用空間資訊科技進行各種社會環境議題的探究與實作，讓實務能力的學習，是在解決探究議題的情境下自然地進行。擺脫為了學而學的片段式學習，從解決問題的整體觀點學習GIS。

　　此外從高中地理教學現場的觀察中顯示出，高中地理教師普遍對於空間資訊科技選修課程的課程設計較不具信心，主要是因為課綱揭櫫的學習內容中，空間資訊的獲取與處理，以及空間資訊的實作這兩部分，需要培養學生地理資訊系統軟體的實作能力（例如：空間資料的處理、空間資料的分析、空間資訊的呈現，以及地圖設計等主題），而高中教師因過往的教學準備上對於此一部分較陌生，除了須瞭解哪些是適合高中階段學生學習的地理資訊系統軟體外，相關的地理資訊系統的軟體操作技巧與資料取得管道，也需花費大量的時間精進學習。儘管一些教師可能缺乏GIS相關的操作技能，但他們非常清楚GIS對於提升學生學習及未來發展上的潛力，因此亟需一套讓教師能自我精進的教學輔助材料，協助教師進行GIS的教學。

於此，本書嘗試從教學現場的需求出發，開發一系列協助教師進行 GIS 課程的教案，教案設計的理念是利用空間資訊科技，進行社會環境議題的探究與實作。以「在地永續發展」的議題為主軸，協助教師直接使用，或依此教案設計的精神開發其他更具特色的教案，也協助學生以 GIS 進行其他議題的探究與實作。除此之外，本書各教案規劃的探究課題，有助於強化各個面向的空間資訊科技實務操作技術的學習，而為了滿足這個教學目標，範例教案盡可能包括空間資訊科技的各部分，包括資料取得、資料建置、資料處理、資料分析以及資料展現等功能。

在操作軟體部分，為了讓所有學生都能學習使用 GIS 的相關技術，除本書各教案所使用的 GIS 軟體均為公開取用的 QGIS 系統外，所有課程範例的資料，均來自政府公開資料或網路平臺上可取得的自願性地理資訊的資料，不會增加額外的教學成本負擔。以下對各教案的主題，作一簡要說明。

（一）住業均衡

一個區域達到住業均衡狀態是指該地的人口居住量與該地的就業市場供給量之間達到平衡狀態，區域內若能住業均衡，當地的居民可以減少通勤時間與距離，降低能源消耗，而且因為通勤距離縮小，人們更容易選擇步行、騎自行車或使用大眾運輸等較為永續的交通方式，減少對化石能源的依賴。住業均衡的觀念與英國都市規劃師埃伯尼澤・霍華德（Ebenezer Howard）提出的田園城市（Garden Cities）概念一致，透過建造一座結合鄉村農業和都市工商業的完整聚落，聚落內的居民可以取得生活所需的產品，減少來自遠方的運輸成本。住業均衡的狀態也符合 SDG 11「永續城鄉」所欲達成的理想，亦即建構具包容、安全、韌性及永續特質的城市與鄉村，特別是符合 11.a 的細項目標，也就是透過「強化國家與區域的發展規劃，促進都市、郊區與城鄉之間的社經與環境的正面連結」（本文提及之 17 項永續發展目標，中文皆參見 The Global Goals for Sustainable Development, n.d.）。

從住業均衡的概念出發，第一章〈從人口流動與住業均衡探討永續城鄉發展——以竹竹苗地區為例〉的作者巧妙地以人口移動的角度，帶領學生

地理資訊力
永續發展議題教學新方向

思考並評估竹竹苗區域的住業均衡狀態。一開始從靜態的人口分布資料進行探索，瞭解靜態人口統計資料的侷限性後，再以動態的人口電信信令資料進行分析，計算區域的平日夜間人口數與戶籍人口數差異，比對出人口的真實流動，並據此作為居住區與工作區的劃分依據，判斷一地區是否達成住業均衡。更進一步以人口推拉理論的映證，探討竹竹苗地區的區域產業特色與住業均衡之間的關係。

作者充分演示若能有效歸納數據的型態與規律，便能提出有意義的探究課題，GIS 的操作包括關聯式資料庫的操作、地圖的繪製、屬性資料表的計算、資料的分類與查詢、投影轉換等操作。

（二）通勤距離

移動距離的長短與交通方式，和溫室氣體排放的多寡有顯著的關係。近年來在運輸革新的影響下，相同的時間可以移動更長的距離，導致溫室氣體排放日益增加，對環境永續產生極大的威脅。因此，聯合國 SDG 11「永續城鄉」的目標中，明訂「為所有的人提供安全的、負擔的起、可使用的，以及可永續發展的交通運輸系統，改善道路安全，尤其是擴大公共運輸，特別注意弱勢族群、婦女、兒童、身心障礙者以及老年人的需求」（SDG 11.2），希望藉由可永續發展的交通運輸系統，「減少都市對環境的有害影響，其中包括特別注意空氣品質、都市管理與廢棄物管理」（SDG 11.6）。

2001 年起教育部推動「高中職社區化政策」，其目的之一為建立合理地理範圍的適性學習社區，希望學生可依照自己的興趣與需求，選擇適合離家較近的高中職就近入學就讀。即便這個政策主要是為推動十二年國教打好基礎，打破明星學校的迷思，進而促進各校均質化，但第二章〈從高中學生通勤現象檢視 SDG 11 永續城鄉目標之成效——以新竹中學為例〉的作者卻在這個政策背景之下，提出一個新穎的探究想法：從永續發展目標的角度切入，探討此政策推動後，是否能有效減少溫室氣體的排放？作者以自己任教的新竹高中學生為探究的對象，透過收集不同年度學生上學的通勤資料，利用地理資訊系統進行資料的處理分析，推導出學生通勤範圍的空間分布及

於此，本書嘗試從教學現場的需求出發，開發一系列協助教師進行 GIS 課程的教案，教案設計的理念是利用空間資訊科技，進行社會環境議題的探究與實作。以「在地永續發展」的議題為主軸，協助教師直接使用，或依此教案設計的精神開發其他更具特色的教案，也協助學生以 GIS 進行其他議題的探究與實作。除此之外，本書各教案規劃的探究課題，有助於強化各個面向的空間資訊科技實務操作技術的學習，而為了滿足這個教學目標，範例教案儘可能包括空間資訊科技的各部分，包括資料取得、資料建置、資料處理、資料分析以及資料展現等功能。

在操作軟體部分，為了讓所有學生都能學習使用 GIS 的相關技術，除本書各教案所使用的 GIS 軟體均為公開取用的 QGIS 系統外，所有課程範例的資料，均來自政府公開資料或網路平臺上可取得的自願性地理資訊的資料，不會增加額外的教學成本負擔。以下對各教案的主題，作一簡要說明。

（一）住業均衡

一個區域達到住業均衡狀態是指該地的人口居住量與該地的就業市場供給量之間達到平衡狀態，區域內若能住業均衡，當地的居民可以減少通勤時間與距離，降低能源消耗，而且因為通勤距離縮小，人們更容易選擇步行、騎自行車或使用大眾運輸等較為永續的交通方式，減少對化石能源的依賴。住業均衡的觀念與英國都市規劃師埃伯尼澤・霍華德（Ebenezer Howard）提出的田園城市（Garden Cities）概念一致，透過建造一座結合鄉村農業和都市工商業的完整聚落，聚落內的居民可以取得生活所需的產品，減少來自遠方的運輸成本。住業均衡的狀態也符合 SDG 11「永續城鄉」所欲達成的理想，亦即建構具包容、安全、韌性及永續特質的城市與鄉村，特別是符合 11.a 的細項目標，也就是透過「強化國家與區域的發展規劃，促進都市、郊區與城鄉之間的社經與環境的正面連結」（本文提及之 17 項永續發展目標，中文皆參見 The Global Goals for Sustainable Development, n.d.）。

從住業均衡的概念出發，第一章〈從人口流動與住業均衡探討永續城鄉發展——以竹竹苗地區為例〉的作者巧妙地以人口移動的角度，帶領學生

地理資訊力
永續發展議題教學新方向

思考並評估竹竹苗區域的住業均衡狀態。一開始從靜態的人口分布資料進行探索，瞭解靜態人口統計資料的侷限性後，再以動態的人口電信信令資料進行分析，計算區域的平日夜間人口數與戶籍人口數差異，比對出人口的真實流動，並據此作為居住區與工作區的劃分依據，判斷一地區是否達成住業均衡。更進一步以人口推拉理論的映證，探討竹竹苗地區的區域產業特色與住業均衡之間的關係。

作者充分演示若能有效歸納數據的型態與規律，便能提出有意義的探究課題，GIS 的操作包括關聯式資料庫的操作、地圖的繪製、屬性資料表的計算、資料的分類與查詢、投影轉換等操作。

（二）通勤距離

移動距離的長短與交通方式，和溫室氣體排放的多寡有顯著的關係。近年來在運輸革新的影響下，相同的時間可以移動更長的距離，導致溫室氣體排放日益增加，對環境永續產生極大的威脅。因此，聯合國 SDG 11「永續城鄉」的目標中，明訂「為所有的人提供安全的、負擔的起、可使用的，以及可永續發展的交通運輸系統，改善道路安全，尤其是擴大公共運輸，特別注意弱勢族群、婦女、兒童、身心障礙者以及老年人的需求」（SDG 11.2），希望藉由可永續發展的交通運輸系統，「減少都市對環境的有害影響，其中包括特別注意空氣品質、都市管理與廢棄物管理」（SDG 11.6）。

2001 年起教育部推動「高中職社區化政策」，其目的之一為建立合理地理範圍的適性學習社區，希望學生可依照自己的興趣與需求，選擇適合離家較近的高中職就近入學就讀。即便這個政策主要是為推動十二年國教打好基礎，打破明星學校的迷思，進而促進各校均質化，但第二章〈從高中學生通勤現象檢視 SDG 11 永續城鄉目標之成效──以新竹中學為例〉的作者卻在這個政策背景之下，提出一個新穎的探究想法：從永續發展目標的角度切入，探討此政策推動後，是否能有效減少溫室氣體的排放？作者以自己任教的新竹高中學生為探究的對象，透過收集不同年度學生上學的通勤資料，利用地理資訊系統進行資料的處理分析，推導出學生通勤範圍的空間分布及

時序變遷，進一步與學生通勤的交通方式相互檢證。不僅掌握空間表象下的實質內涵，以充分回應研究發問，更據此探究成果提出城市治理上的政策建言，凸顯地理學科在社會實踐上的能動性。

透過本教案的帶領，讓學生充分理解：生活中的事務若能從不同的地理觀點切入並細細審思，均可形成有趣且富有意義的探究課題。更能讓學生學習如何取得探究過程所需的地理資料，以及學會各種地理資訊系統處理分析功能，包括地址定位、路網分析、密度分析以及幾何分析。教師可以自己任教的學校為探究的對象，跟隨這個教案內容帶領學生進行探究。

（三）醫療資源

醫療資源及其品質是邁入高齡化社會不可忽視的永續發展課題，SDG 3「健康與福祉」，主要是確保每個人都有健康的生活方式，並促進各年齡層人群的福祉，期望減少由疾病、貧困和不平等所帶給健康的負面影響。其中細項目標 3.8 是要「實現醫療保健涵蓋全球的目標，包括財務風險保護，取得高品質基本醫療保健服務的管道，以及所有的人都可取得安全、有效、高品質、負擔得起的基本藥物與疫苗」。而評估此永續發展目標的方式多以醫療保健服務的普及程度、可及性、突發公共衛生事件應對能力，以及衛生基礎設施等指標進行，也就是說評估一地的醫療保健資源是否完善，不僅應從該地區的人均醫療資源數量是否足夠來衡量，還必須考量取得醫療資源的空間距離成本，才能充分反映出醫療資源是否充足。

新竹地區的人均醫療資源若單純從數量來思考，是屬於臺灣的前段班的地區，而第三章〈有醫無醫？從良好健康與福祉目標看新竹醫療空間正義問題〉的作者進一步從空間分布的角度切入，帶領學生探究隱藏在一般數字之下、較易被忽略的空間不正義問題，把探究的主題訂在探討新竹地區的緊急醫療照護空間可及性是否完善。透過 GIS 分析，繪製「新竹各鄉鎮市區到 24 小時急診服務地區醫院的最短／平均距離」，可以發現許多後山偏遠鄉鎮的緊急醫療服務其實是不足的，充分應證空間角度切入的探究與實作課題，可以更細膩地捕捉到事務的真實樣態，有助於更深刻地掌握社會環境議題。

地理資訊力
永續發展議題教學新方向

透過這個教案的帶領與實作，學生可以在探究過程中充分使用到 GIS 的功能，包括屬性資料操作、資料數化、網路圖資服務的使用、路網分析、熱點分析以及地圖繪製等，在解決問題的基礎上習得 GIS 的相關技術。

（四）太陽能光電

土地資源的稀缺性指的是地球上可資使用的土地資源有限，但是人類對於土地資源的索求隨著科技的發展以及生活品質改善卻不斷地增加，有限的土地資源持續被開發及過度使用之下，造成地力資源耗盡，形成永續發展課題的一大挑戰。除此之外，不同永續發展課題之間對於有限土地的爭奪也是一個不可忽視的課題，聯合國所提之 17 項永續發展目標中，許多項目若要能達成永續發展的理想，得充分且有效率地使用土地資源，因此不同永續發展目標間勢必也會形成對有限土地資源爭奪的窘境。例如：SDG 2「終結飢餓」及 SDG 9「永續工業與基礎建設」，一塊土地不可能發展高效能農業之餘又提供工業基礎設施的使用，因此如何在土地資源有限的前提下，妥適地調配各種永續發展目標的土地使用需求，會是聯合國永續發展目標的一大課題。

第四章〈永續太陽能發電與永續農業的雙贏選址策略〉的作者主張，若能以土地適宜性的角度切入，探討每塊土地最適合的土地利用方式，將有助於解決不同永續發展指標之間土地競爭與互斥的課題，他以 SDG 2 以及 SDG 7 為探討案例，為兼顧永續農業與永續太陽能皆須使用土地的前提，帶領學生從兩個目標所需之土地適宜性進行討論與資料蒐集，以 GIS 進行相關的空間分析。例如：計算太陽輻照度或日照量大，且與台電現有饋線距離近的地區，以利於開發太陽能光電。並且，優先考慮較不利於農業發展的地層下陷嚴重區與土壤及地下水污染區，再依據討論出的指標權重，分析各土地永續太陽能光電發展的綜合潛力值。讓潛力值高且不利農業使用的土地，作為優先開發太陽能的選址依據，充分彰顯地理學空間觀點及空間分析技術在土地適宜性探討上的價值。

學生依此教案在探究過程中充分使用到的 GIS 功能，包括以數值地形模型所進行的地形分析、空間資料處理、空間資料推估、屬性資料演算、資料

數化、網路圖資服務的使用、熱點分析，以及地理模式應用等，從解決實務問題中學習 GIS 的相關技術。

（五）露營責任消費

消費者在經濟行為中具有很大的影響力，其行為直接影響市場的供需關係和企業的營運狀況。在許多綠色休閒的消費過程中，消費者的行為扮演著舉足輕重的角色，當消費者願意選擇購買環境友善的產品，或者支持環境永續的企業時，會促使企業採行更多環境友善的生產方式。特別是處於網路自媒體盛行的當代，消費者往往可以藉由社群媒體等資訊傳播平臺，分享他們對綠色休閒消費經驗的看法，形成快速擴散的口碑效應，因此消費者的力量對於環境永續的影響力更勝以往。SDG 12「責任消費與生產」，主要就是希望透過消費者的力量，來促進永續的消費與生產模式，達成確保地球資源永續利用、減少環境破壞與污染，進而改善人類生活品質的目標。

呼應這個理念，第五章〈戶外遊憩活動與永續陸域生態的共榮選擇〉的作者以近年來盛行的露營活動為探究主題，帶領學生思考：作為消費者，在選擇露營地進行休閒活動時，如何以全盤的觀點及科學化的方法，選擇對環境衝擊最小的地點，以兼顧環境永續和休閒遊憩的需求？運用空間資訊科技的方法論，在空間資料的獲取上，不僅從政府資料開放平臺中獲取，更結合網際網路電子地圖平臺中所提供之自願性地理資訊，以地理資訊系統網格式資料分析方法為基礎，進行最佳露營場地的區位選址，期望學生在此探究的過程中，不僅習得空間資訊分析的技術，更能培養責任消費的態度，培育更多永續發展目標的種子。

學生依此教案在探究過程中充分使用到的 GIS 功能，包括空間資料格式轉換、坐標系統轉換、資料查詢與處理、網格式資料分析等，從解決實務問題中學習 GIS 的相關技術。

（六）超商選址要素

透過空間觀點來理解其超商區位分布與經濟效能間的關聯，可以有效地

地理資訊力
永續發展議題教學新方向

提供經營業主相關的投資建議與展店策略。SDG 11 為「永續城鄉」,「促使城市與人類居住具包容、安全、韌性及永續性」,而超商某種程度上代表基本消費服務機能,超商的設置能確保所有人都可獲得適當、安全、可負擔的日常生活消費基本服務;SDG 8 為「就業與經濟成長」,「促進包容且永續的經濟成長,達到全面且生產力的就業,讓每一個人都有一份好工作」,而超商的設置可以促進一地區的經濟活動,尤其是在都市周圍地區或是鄉村地區,透過提供就業機會,可弭平城鄉就業條件不平等的差距。因此,超商選址地點因素的探究,可以在永續發展目標的框架下進行全盤思考,瞭解透過何種區域要素的投入(例如交通運輸),可以促進一地區(特別是都市周圍或鄉村地區)的商業活動潛力,改善當地的日常消費品質與就業機會。

　　在這樣的概念下,第六章〈影響超商分布的區位要素探究〉的作者嘗試以地理模式建立的概念方式發展教案,以新竹市每個村里的超商密度為依變項,村里人口密度、村里中心點距新竹火車站的道路距離、村里道路交叉點密度,以及村里商業指數為自變項,利用統計迴歸模型,建立影響超商密度的解釋模型,結合 GIS 處理分析與統計方法,提供探究超商分布要素的科學工具,教導學生如何找出在生活的聚落中,影響超商分布的要素,並以科學方法加以驗證。從理論的視野來看,根據中地理論,一地的超商密度增加,競爭結果會造成每間超商的商品圈範圍減少,但每間超商均能存活,表示其維持經營成本的商閾小於商品圈,那麼造成超商商閾較小的原因為何呢?根據此探究的分析結果,若一地商業指數高、道路交叉點密度高、與車站距離短,以及人口密度高,將能減少超商的商閾。

　　學生依此教案在探究過程中充分使用到的 GIS 功能,包括資料數化、關聯式資料庫操作、坐標系統轉換、資料查詢與處理、向量資料分析等,從解決實務問題中學習 GIS 的相關技術。

　　本書希望透過上述這些以永續發展議題進行探究與實作教學的教案設計,結合 GIS 的操作步驟,引發學生的學習興趣,並進一步克服 GIS 設備的限制,協助教師進行 GIS 教學。更期盼老師能以這些教案為範本,開發出更新穎、共享性更高的空間資訊科技教案。

附錄、參考資料

The Global Goals for Sustainable Development（n.d.）。**17 項永續發展目標**。取自 https://globalgoals.tw/

Argles, T. (2017). Teaching practical science online using GIS: A cautionary tale of coping strategies. *Journal of Geography in Higher Education, 41*, 341-352. doi:10.1080/03098265.2017.1315531

Arroyo, J. A., Gomez-Castaneda, C., Ruiz, E., de Cote, E. M., Gavi, F., & Sucar, L. E. (2017, March). *UAV technology and machine learning techniques applied to the yield improvement in precision agriculture*. Paper presented at the 2017 IEEE Mexican Humanitarian Technology Conference, Puebla, Mexico. doi:10.1109/MHTC.2017.8006410

Barnes, D., & Todd, F. (1995). *Communication and learning revisited: Making meaning through talk*. London, UK: Routledge.

Bowlick, F. J., Bednarz, S. W., & Goldberg, D. W. (2016). Student learning in an introductory GIS course: Using a project-based approach. *Transactions in GIS, 20*, 182-202. doi:10.1111/tgis.12146

Bryant, L. M. P., & Favier, T. (2015). Professional development focusing on inquiry-based learning using GIS. In O. M. Solari, A. Demirci, & J. van der Schee (Eds.), *Geospatial technologies and geography education in a changing world* (pp. 127-138). Tokyo, Japan: Springer. doi:10.1007/978-4-431-55519-3_11

Egiebor, E. E., & Foster, E. J. (2019). Students' perceptions of their engagement using GIS-story maps. *Journal of Geography, 118*, 51-65. doi:10.1080/00221341.2018.1515975

Favier, T. T., & van der Schee, J. A. (2012). Exploring the characteristics of an optimal design for inquiry-based geography education with geographic information systems. *Computers & Education, 58*, 666-677.

Guagliardo, M. F. (2004). Spatial accessibility of primary care: Concepts, methods and challenges. *International Journal of Health Geographics, 3*, 3. doi:10.1186/1476-072X-3-3

Hooft Graafland, J. (2018). New technologies and 21st century children: Recent trends and outcomes. *OECD Education Working Papers, 179*. doi:10.1787/e071a505-en

Lewis, S. L., & Maslin, M. A. (2015). Defining the Anthropocene. *Nature, 519*, 171-

180. doi:10.1038/nature14258

Machiwal, D., Jha, M. K., & Mal, B. C. (2011). Assessment of groundwater potential in a semi-arid region of India using remote sensing, GIS and MCDM techniques. *Water Resources Management*, *25*, 1359-1386.

Meinig, D. W. 1992. A life of learning. *ACLS Occasional Paper*, *19*. Retrieved from https://www.acls.org/wp-content/uploads/2021/11/Occasional_Paper_019_1992_D_W_Meinig.pdf

National Research Council. (2012). *A framework for K-12 science education: Practices, crosscutting concepts, and core ideas*. Washington, DC: The National Academies Press. doi:10.17226/13165

Steele, J. E., Sundsøy, P. R., Pezzulo, C., Alegana, V. A., Bird, T. J., Blumenstock, J., ... Bengtsson, L. (2017). Mapping poverty using mobile phone and satellite data. *Journal of The Royal Society Interface*, *14*, 20160690. doi: 10.1098/rsif.2016.0690

Steffen, W., Richardson, K., Rockström, J., Cornell, S. E., Fetzer, I., Bennett, E. M., … Sörlin, S. (2015). Planetary boundaries: Guiding human development on a changing planet. *Science*, *347*, 1259855. doi:10.1126/science.1259855

United Nations General Assembly. (1987). *Report of the world commission on environment and development: Our common future*. Oslo, Norway: United Nations General Assembly, Development and International Co-operation: Environment.

United Nations. (2015). *Resolution adopted by the General Assembly on 25 September 2015. Transforming our world: The 2030 agenda for sustainable development* (A/RES/70/1). Retrieved from https://documents.un.org/doc/undoc/gen/n15/291/89/pdf/n1529189.pdf?token=xfElJbyka54hIuOJMO&fe=true

Whyatt, D., Davies, G., & Clark, G. (2023). Going solo: Students' strategies for coping with an independent GIS project. *Journal of Geography in Higher Education*, *47*, 381-398. doi:10.1080/03098265.2022.2065668

第二部分
空間資訊科技探究
課程教案

第一章

從人口流動與住業均衡探討永續城鄉發展——以竹竹苗地區為例

吳春萱　新竹市立建功高中教師
洪敏勝　新竹市光復高中教師
陳湘文　新竹市立建功高中教師

一、旨趣說明

　　108 課綱，解放了教師可以大膽設計課程的空間，卻也令許多教師充滿著困惑與惶恐！探究與實作，到底要怎麼提出核心問題？找資料，網路資料有如茫茫大海，又從哪裡可以撈到有用的資料？

　　地理資訊系統（Geographic Information Systems, GIS），是許多老師在大學學過，但開始踏入教學現場後，卻再也沒有練習過的一項技能。要再熟稔，覺得好難！就好像 20 歲拿到駕照，卻再也沒開車上路過，十幾年後要啟動引擎，那種莫名的恐懼。好不容易鼓起勇氣發動車子，下雨了卻忘了怎麼打開雨刷……。這些無以名狀的窘境，真的會讓我們要在教學現場教授 GIS 並上機實作，有那麼一點只敢遠觀卻不敢褻玩之感。

　　試著來畫張面量圖（區域密度圖）吧！地理課本都會出現的一種統計地圖，現在我們都可以用免費的 Quantum GIS（QGIS）軟體，輕輕鬆鬆地畫出來呢！不難不難，只要我們踏出了第一步，從忘記了到想起來，從不會到會，從覺得難到好像也不怎麼難，教師經驗學習的過程，也就更能體會學生學習這項地理技能的五味雜陳，也就更能為其學習，搭建好更棒的學習鷹架！

地理資訊力
永續發展議題教學新方向

　　這個教案模組，希望能從人口流動的角度，探討永續城鄉發展的議題，究竟一個區域內，居住區與工作區之間的通勤問題（人口流動），是否有達到永續發展目標（Sustainable Development Goals, SDGs）中的「永續城鄉」呢？我們能不能用 GIS 來視覺化呈現人口流動的狀況，來協助我們釐清這個問題呢？更關鍵的是，我們又該蒐集哪些資料？

　　我們常常會用「戶籍人口」來計算一地的人口密度，地理課本也經常使用人口密度的面量圖，來呈現人口空間分布的差異。但我們似乎不常想到，其實人們在白天工作的地點，就可能與夜間居住的地點，分屬不同的行政區。更甚者，許多人的居住地與戶籍地也可能不相同！因此靜態的人口資料，可能難以反映真實的人口分布。在現在幾乎人手一機的時代，手機在哪裡人就在哪裡，我們是不是可以用手機訊號的空間分布，來推估人口的分布呢？如果再來比較一下白天與夜間的差異，能不能感覺到人口流動的狀況呢？如果把它拿來跟戶籍資料做比較，又能夠透露出什麼訊息呢？這就是我們在教案中要跟讀者們介紹的「電信信令資料」！

　　藉此教案，我們希望引導學生能夠主動關心社會議題，有了研究發問之後，自然開啟探究實作之路。希望學生畫了這些統計地圖後，能體會 GIS 是一個能將地理現象視覺化呈現的強大工具，只有釐清了地理問題，才有辦法對症下藥地解決問題。沒有那麼複雜，畫張面量圖而已！

二、教案提要

課程名稱	地理加深加廣選修課程——以空間資訊科技進行社會環境議題的探究與實作
授課年段	高二或高三
單元名稱	從人口流動與住業均衡探討永續城鄉發展——以竹竹苗地區為例
單元節數	五節
設備需求	電腦教室、QGIS 軟體

三、單元教學計畫

（一）單元課程架構

1. 主要社會環境空間議題

「促使城市與人類居住具包容、安全、韌性及永續性」，是聯合國17項永續發展目標（SDGs）之一。其細項目標中（11.a），「強化國家與區域的發展規劃，促進都市、郊區與城鄉之間的社經與環境的正面連結」，更是與我們日常生活緊密關聯的重要課題（本教案提及之17項永續發展目標，中文皆參見 The Global Goals for Sustainable Development，n.d.）。

人們會為了追求條件較好的就業機會而選擇工作地點，同時也會為了取得較佳的生活環境而選擇居住空間。因此在現實生活中，可能會出現人們因工作地點與居住地的不一致，而伴隨著人口的流動。

而人口流動則又會反映交通運輸路網的配置是否合理，或者大量的通勤旅次是否會帶來能源消耗或碳排放等問題。究竟怎樣的區域發展規劃，才能建構合理的城鄉互動，以達到永續發展的理念？

2. 空間思考與空間問題

理論上，若一個區域的住宅供給與就業機會相對均衡，通勤旅次的降低，應能減少能源消耗與空污的情形。然而，在地狹人稠的臺灣，真的可以達到這所謂的住業均衡（Jobs-Housing Balance）嗎？現實環境中，如果以現有的行政區為空間單元，有哪些區域相對達到住業均衡的理想？有哪些區域又相對住業不均衡？

一般而言，政府應評估地區原有的自然環境與人文條件，透過良善的區域規劃政策，以期達到住業均衡的理想。但也有可能因現實條件的限制，以至於住業均衡難以實現，夜間的居住區與日間的工作區會因空間分布之差異，而衍生人口流動所帶來的問題，此亦突顯了區域資源配置不均，難以平衡發展的問題。地理學科在這個議題上，如何運用空間資訊科技提供一個更視覺化的空間視角，以探究區域發展規劃的合理性，促進區域發展之平衡與永續？

3. 空間資料的蒐集

資料名稱	資料來源		資料種類	資料格式／性質
(1) 109 年 11 月電信信令資料	☐自行產製	☐地址轉換坐標 ☐地面定位 ☐地圖數化 ☐其他	■向量式資料 ☐網格式資料 ☐文字格式空間資料 ☐WMTS 網路圖磚服務 ☐其他	■CSV ☐JSON ■SHP ☐KML ☐KMZ ☐TIF ☐其他
坐標系統 ☐WGS84 ☐TWD67 ■TWD97 ☐球面坐標 ■平面坐標	■網路圖資	☐基本地圖類：Google Map、Google Earth、OSM、通用版電子地圖等 ■綜合性網站：TGOS、SEGIS、政府資料開放平臺 Open Data 等 ☐主題性地圖網站：臺灣百年歷史地圖、內政部地圖資訊服務網、臺灣地質資料整合查詢系統等 ☐VGI（FB、IG、Flickr、Google Map 評價等） ☐其他		
(2) 109 年 12 月人口統計資料	☐自行產製	☐地址轉換坐標 ☐地面定位 ☐地圖數化 ☐其他	■向量式資料 ☐網格式資料 ☐文字格式空間資料 ☐WMTS 網路圖磚服務 ☐其他	■CSV ☐JSON ■SHP ☐KML ☐KMZ ☐TIF ☐其他
坐標系統 ☐WGS84 ☐TWD67 ■TWD97 ☐球面坐標 ■平面坐標	■網路圖資	☐基本地圖類：Google Map、Google Earth、OSM、通用版電子地圖等 ■綜合性網站：TGOS、SEGIS、政府資料開放平臺 Open Data 等 ☐主題性地圖網站：臺灣百年歷史地圖、內政部地圖資訊服務網、臺灣地質資料整合查詢系統等 ☐VGI（FB、IG、Flickr、Google Map 評價等） ☐其他		

註：WMTS: Web Map Tile Service; WGS84: World Geodetic System 84; TWD67: Taiwan Datum 1967; TWD97: Taiwan Datum 1997; OSM: OpenStreetMap; TGOS: Taiwan Geospatial One Stop; SEGIS: Socio-Economic Geographic Information System.

4. 資料處理與分析

資料的處理		資料的分析
☐ 坐標定位	☐ 空間關係查詢	☐ 疊圖分析
☐ 坐標整合	■ 屬性資料表 Join	☐ 環域分析
☐ 掃描數化	☐ 資料格式轉換	☐ 路網分析（路徑分析、服務區分析）
☐ 空間對位	☐ 空間資料編修與統計	☐ 密度分析（熱區圖）
☐ 裁切／切除	■ 屬性資料編修與統計	☐ 內插分析
☐ 合併／融合	☐ 向量與網格資料轉換	☐ 地形分析（坡度、坡向、稜谷線、剖面圖、集水區水系、淹水模擬、視域分析等）
☐ 空間查詢	■ 其他：空間選取	☐ 空間關聯性分析
☐ 屬性查詢		☐ 其他

5. 空間觀點的呈現與表達

　　為探究區域人口流動的情形，思考現行的區域發展規劃能否建構永續特質的城鄉互動關係，教師首先藉由「社會經濟資料服務平臺」（SEGIS）中所提供的眾多開放資料，引導學生探索並解釋議題探究過程中資料蒐集的重要性，進而指導學生能運用平臺中所提供的開放資料，操作 GIS 軟體繪製統計地圖，視覺化展示資料的空間特性。

　　接著，以「電信信令人口統計資料」為基礎，指導學生藉由 GIS 軟體整理、分析屬性資料，繪製「新竹市」、「竹竹」、「竹竹苗」等不同空間尺度的統計地圖，觀察地圖中區域人口流動的空間意涵，思考探究時空間範圍的選擇，以呈現區域互動的現狀。

　　最後，引導學生思考，還需要蒐集哪些相關資料，才能夠進一步解釋統計地圖範圍內的區域發展情形？藉由地理技術運用空間觀點來討論區域發展相關議題，培養學生具備空間觀點、理性思辨的公民素養，能主動關心自己生活空間的區域發展狀況。

地理資訊力
永續發展議題教學新方向

（二）單元學習目標

1. 認知目標

1-1 學生能以地理學觀點，觀察城鄉交互作用，連結社會環境議題與永續發展目標間的意義。

1-2 學生能瞭解城鄉與區域發展的相關理論，並透過解讀統計地圖，嘗試對區域發展現狀進行整合評價。

2. 技能目標

2-1 學生能透過各式政府部門的開放資料，蒐集探究區域發展議題所需的空間資料或統計資料。

2-2 學生能運用地理資訊系統進行空間資料的處理，透過統計地圖的繪製，視覺化展現資料的空間特性。

2-3 學生能從解讀統計地圖的過程中，嘗試驗證假說或發現值得探究的新問題，進而思考還需要蒐集哪些資料，以進行探究推論。

3. 態度目標

3-1 學生願意與同學討論，關心社會環境議題，能勇於提出自己對議題的看法，並能傾聽他人的意見。

3-2 學生能透過小組合作進行議題探究，並擬定解決問題的策略。

3-3 學生能覺察自己的專長特質，在團隊合作中主動積極、發揮所長，同心協力完成議題探究的任務。

（三）單元學習重點（依據 108 課綱普通型高中社會領域地理科綱要）

1. 學習內容

D. 空間概念
　　b. 空間思考

E. 空間資訊的獲取與處理
　　a. 資料來源
　　b. 資料處理與呈現

G. 地理媒體的反思
　　a. 地圖的分析與思辨
　　b. 地理媒體的影響

J. 資源與能源
　　b. 能源

K. 人口與糧食
　　a. 人口議題

2. 學習表現

地 1a-V-3　說明以地理視野觀察地表現象及議題的方法。

地 2b-V-1　具備地方感與鄉土愛，關懷其他地區的社會及環境議題。

地 3a-V-1　根據地理系統與地理視野的觀點，利用地理技能的方法發掘各種社會及環境問題。

地 3b-V-2　選擇統計方法、地理資訊系統等適當工具進行資料分析與歸納。

地 3b-V-3　從各類資料辨識現象的型態、關聯與趨勢，解讀資料蘊含的意義。

地理資訊力
永續發展議題教學新方向

（四）單元學習活動

1. 第一堂課：社會環境議題與永續發展目標的連結

發展活動	備註
一、引起動機	10 分鐘
（一）跟同學分享一篇標題名為〈當全臺都變成臺北的郊區…看高鐵延伸屏東的結果〉的網路文章。該文章認為隨著交通日益發達，都市範圍擴張，全臺其他都市終將發展成為「臺北的郊區」（陳家煜，2019）。請同學大膽想像，有沒有可能在未來，全臺灣都變成臺北的郊區？為什麼？	
（二）如果全臺灣都變成臺北的郊區，那麼臺灣各地與臺北的互動，又會呈現什麼樣貌（可以從自己所居住的地方來思考）？	
（三）文章說全臺灣都可以是臺北的郊區，那麼把空間尺度拉到我們生活周遭的城市（如新竹），哪些地方會是新竹的郊區呢？	
（四）接著，簡單調查一下班上同學的爸爸媽媽工作地點在哪裡（以新竹為例，可調查在竹科上班的比例）？是否有跨區移動的情形（工作區與居住區是否在同一個鄉鎮市區）？每天大約花多少通勤時間（單程是否超過 30 分鐘以上）？	
（五）請同學分享日常生活中的塞車經驗，教師再提供一張平日上班時間塞車的照片來進行提問，車潮的流向是要去哪裡（關注人口流動的通勤現象）？	
二、議題瞭解（書寫於學習單，參見附錄一，表單 1）	20 分鐘
（一）2015 年，聯合國宣布「2030 永續發展目標」（SDGs），裡面包含 17 項 SDGs 目標，指引全球共同努力、邁向永續。你認為在社會環境議題課本中的章節標題，分別可以對應到哪一項永續發展目標（SDGs）？為什麼？（導入探究的提問）	
（二）分組討論這些議題為什麼重要？可能具備什麼特性？與永續發展的關聯？（建構探究的提問）	
（三）你覺得關於「人口流動的通勤現象」，可能可以對應到哪一項永續發展目標（SDGs）？為什麼？（深化探究的提問）	
三、議題分析	20 分鐘
（一）透過上述提問歸納，引導學生聚焦永續發展目標（SDGs）的第 11 項目標「永續城鄉：促使城市與人類居住具包容、安全、韌性及永續性」。尤其在其細項目標中（11.a），指出可透過「強化國家與區域的發展規劃，促進都市、郊區與城鄉之間的社經與環境的正面連結」。進而理解居住區與工作區的空間分布，或日常生活中通勤塞車的問題（人口流動的通勤現象），其實都與區域發展規劃緊密相連。	

發展活動	備註
（二）引導學生思考，我們將如何探究關於區域發展差異相關的議題，我們又可以如何運用地理知識，從空間觀點切入，去理性討論分析這個議題呢？需要蒐集哪些相關資料？ 　　在高中地理課程中，有諸多課程主題都與區域發展議題有關，教師可從學生應該具備的先備知識（地理教科書）出發，再補充相關學術理論，奠定後續課程中，解讀統計地圖所具備的背景知識（如圖1）。 區域發展理論介紹： - 108課綱地理教科書 　- 人口：推拉理論、人口遷移 　- 聚落、交通與區域：中地理論 　- 都市：都市擴張、城鄉互動 　- 產業：聚集經濟、產業群聚 　- 世界體系：核心與邊陲、擴散與反吸 - 其他相關概念補充 　- 成長極理論、成長中心理論 　- 空間發展階段模式 　- 依賴理論 　- 住業均衡理論 圖1　知識架構 （三）請學生回家後先行閱讀區域發展相關理論，並討論：如何在竹竹苗地區觀察並驗證以下地理概念：1. 推拉理論、2. 住業均衡理論、3. 空間發展階段模式。教師將於第五堂課，結合上述地理概念，指派延伸探究主題任務。 （四）簡介「社會經濟資料服務平臺（SEGIS）」，解釋議題探究過程中資料蒐集的重要性。預告下一堂課教學內容將會使用到平臺所提供的開放資料，請學生先行自我探索。	

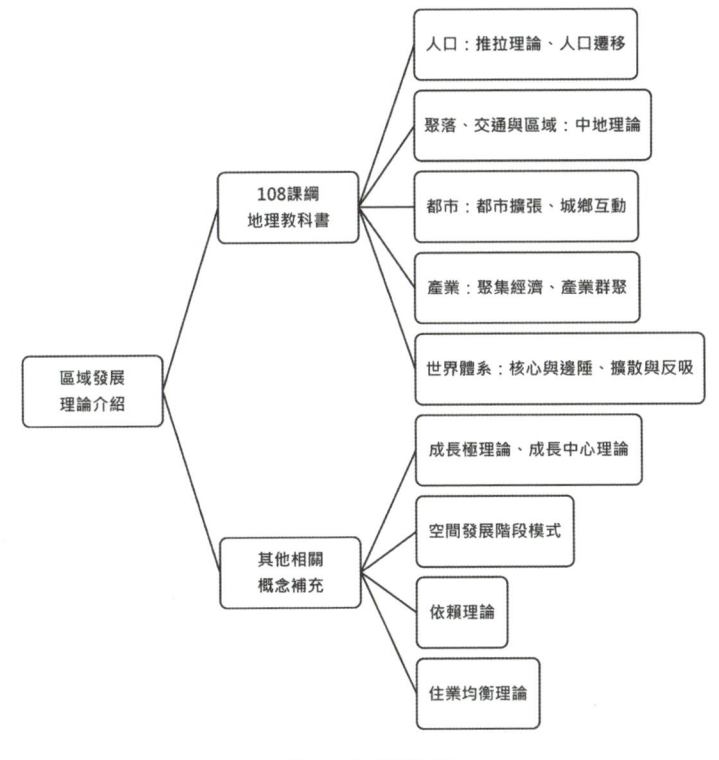

地理資訊力
永續發展議題教學新方向

2. 第二堂課：空間資料的蒐集、整理、分析與展示

發展活動	備註
一、議題瞭解：教師說明與引導 （一）為瞭解竹竹苗地區「人口流動與通勤現象」是否符應 SDGs 第 11 項「永續城鄉」中，城鄉經濟、社會與環境的正向互動目標，我們可以透過竹竹苗地區民眾居住地與就業地的分布是否合理，進行評估觀察。 （二）住業均衡理論 1. 若一地區多數的居民可以在合理的通勤範圍內就業，在這個空間範圍內亦能負擔起住房的價格，而形成生活（居住）與工作（就業）平衡的生活圈，稱為「住業均衡」，即代表「居住」與「就業」在空間、數量與內容上的均衡。 2. 住業若均衡，通勤距離就會縮短，通勤的交通工具不再侷限於汽機車，也可能使用自行車、電動自行車等非機動運輸工具，或是使用輕軌、捷運等大眾運輸工具，如此一來，便能減少能源消耗與空汙的排放。 3. 工業化帶動都市化，都市化產生許多都市問題（如房價過高等），因此人們居住地往郊區遷移，造成通勤距離的增加，伴隨能源的消耗與空汙排放，在概念上，恐有違永續發展目標（SDGs）的精神。 4. 賴文斌（1996）從文獻中指出，住業均衡應是在一「適當空間」中，能夠同時滿足就業及居住的機能，若以「臺北都會區」為例，就是儘可能在同一行政分區或相鄰行政分區中工作及居住，讓工作地與居住地的單程通勤時間能保持在 30 分鐘左右，作為住業均衡的量化參考。 5. 新竹縣市是北臺灣的高科技產業重鎮之一。1980 年新竹科學園區成立，創造大量就業機會，帶動新竹縣市的人口成長，為工業化帶動都市化的典型案例。竹科的廠區除了分布在新竹市東區、新竹縣寶山鄉以外，在「竹竹苗」空間範圍內，還有竹南科學園區、銅鑼科學園區、以及位在竹北的新竹生物醫學園區。另外，尚有非政府政策規劃，是由民間企業發起的台元科技園區等產業聚落陸續形成。產業的發展，影響著城鄉關係的動態變化，並且反映在人口流動上。	7 分鐘
（三）教師展示一張「新竹市各鄉鎮市區人口密度」面量圖（如圖2）。引導學生思考： 1. 從這張統計地圖中，可以讀出什麼訊息？（導入探究的提問） 2. 這張圖，是怎麼畫出來的？（建構探究的提問）	8 分鐘

發展活動	備註
109年新竹市人口密度圖 北區 9704 東區 6554 香山區 1436 人口密度(人/平方公里) 新竹市 ■ 7001 - 10000 ■ 4001 - 7000 □ 1000 - 4000 0　2.5　5 km 圖 2　新竹市各鄉鎮市區人口密度	
二、QGIS 實機操作 （一）請同學從 SEGIS 下載「109 年 12 月行政區人口指標_鄉鎮市區」的 SHP 資料（參見內政部社會經濟資料服務平臺，n.d.-b），並將資料存放在目標資料夾中。 （二）使用 QGIS 繪製「面量圖」（詳見附錄二）。 1. 從 QGIS 打開下載的向量資料。 2. 調整「坐標格式」，採用 EPSG:3826 - TWD97 / TM2 zone 121。 3. 進行「空間選取」，選取繪製統計地圖的空間範圍（新竹市）。 4. 繪製面量圖，設定數值間距、圖例顏色，視覺化展現資料的空間特性。 5. 在面量圖上顯示「各鄉鎮市區名稱」、「人口密度數值」。 6. 將地圖輸出成一張包含圖名、圖例、比例尺和方向標的主題地圖。	30 分鐘

地理資訊力
永續發展議題教學新方向

發展活動	備註
三、議題分析 （一）教師引導小組討論：「新竹市各鄉鎮市區人口密度」面量圖的資料所代表的意義，指涉的是民眾的居住地？或就業地？抑或是其他意涵？（建構探究的提問） （二）僅用「新竹市各鄉鎮市區人口密度」面量圖能否看出城鄉間人口互動的現象？必須要新竹市、新竹縣一起討論，還是要把苗栗縣也涵蓋進來？（建構探究的提問）教師從引導討論中，<u>逐步聚焦</u>接下來議題探究，將會以「竹竹苗」為空間範圍來進行。交代回家作業：請畫出一張「（109年）竹竹苗各鄉鎮市區人口密度面量圖」。	5分鐘

3. 第三至四堂課：電信信令資料的認識、處理與展示——以人口淨流入為例

發展活動	備註
一、議題瞭解 （一）教師引導學生思考：上次作業中同學們完成的人口密度圖，其人口統計資料來源是什麼？（導入探究的提問） 　　參考答案：戶籍資料。 （二）戶籍資料屬於靜態人口或是動態人口資料？此資料可以反映區域間真實的人口流動狀況嗎？（建構探究的提問） 　　參考答案：靜態人口資料；不可以。 （三）教師帶領學生認識「電信信令資料」。如果想要掌握人口分布動態的時間與空間資訊，可以從 SEGIS 中蒐集「電信信令人口統計資料」進行分析（參見內政部統計處，2021）。教師引導學生從網路上進行關鍵字搜尋，查找相關資料，閱讀理解並進行小組討論。（建構探究的提問） 1. 電信信令資料是如何取得的？ 　　參考答案：政府和電信業者合作，運用手機訊號，蒐集使用者的位置，以進行動態人口統計。 2. 電信信令資料中的「平日夜間人口數」這個統計數字代表什麼意思？ 　　參考答案：非假日（週一到週五）的夜間停留的人數。 3. 如何運用戶籍資料（靜態人口資料）和電信信令資料（動態人口資料）比對出人口的真實流動狀況？例如，若將「平日夜間人口數」與「戶籍人口數」相減，可以得出什麼訊息呢？ 　　參考答案：人口淨流入。 4. 教師以一張「竹竹苗區平日夜間人口數與戶籍人口數差異（人口淨流入）」的面量圖做為示例（如圖 3），接下來將學習利用 QGIS 來處理電信信令資料，並視覺化展現人口流動的情形。	15 分鐘

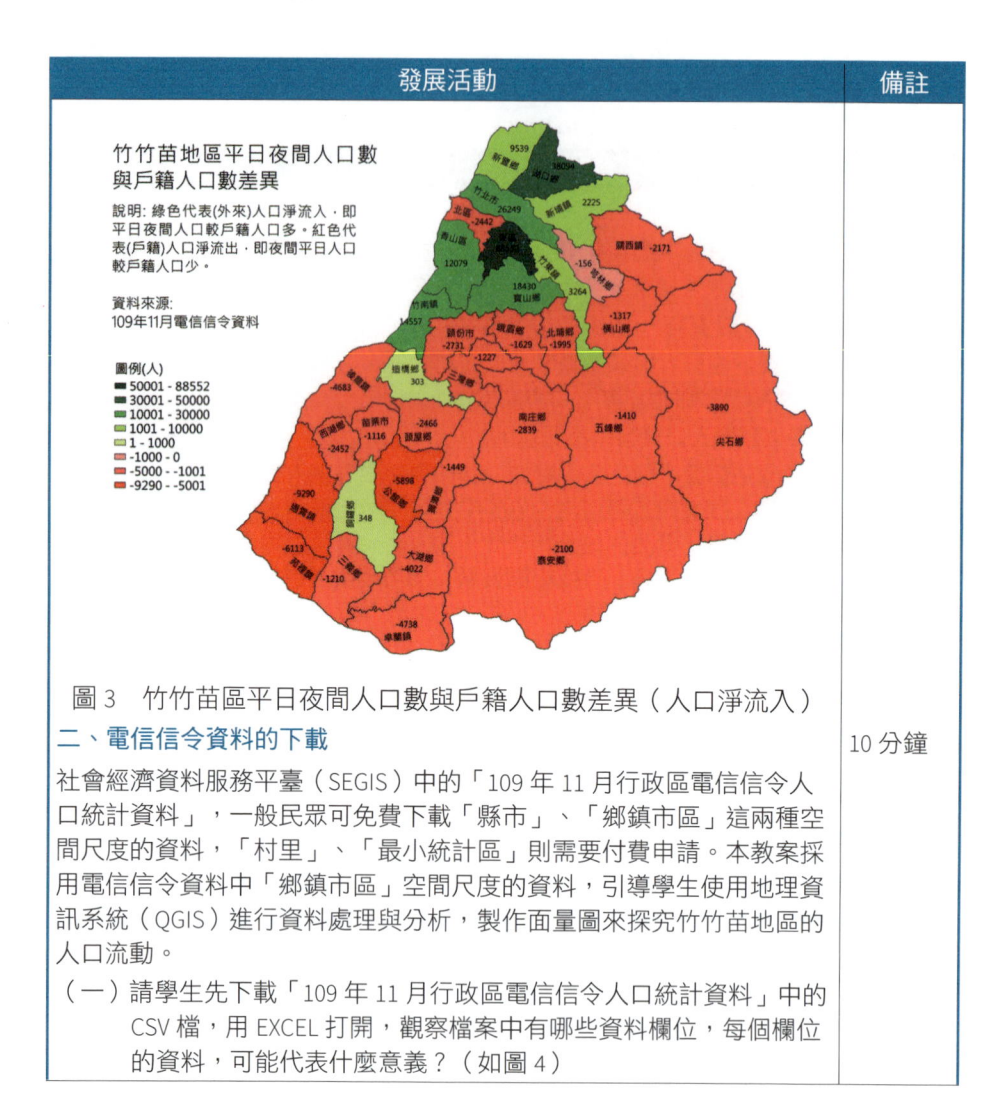

發展活動	備註
竹竹苗地區平日夜間人口數與戶籍人口數差異

說明：綠色代表(外來)人口淨流入，即平日夜間人口較戶籍人口多。紅色代表(戶籍)人口淨流出，即夜間平日人口較戶籍人口少。

資料來源：
109年11月電信信令資料

圖例(人)
■ 50001 - 88552
■ 30001 - 50000
■ 10001 - 30000
■ 1001 - 10000
■ 1 - 1000
■ -1000 - 0
■ -5000 - -1001
■ -9290 - -5001

圖3　竹竹苗區平日夜間人口數與戶籍人口數差異（人口淨流入） | |
| **二、電信信令資料的下載**

社會經濟資料服務平臺（SEGIS）中的「109 年 11 月行政區電信信令人口統計資料」，一般民眾可免費下載「縣市」、「鄉鎮市區」這兩種空間尺度的資料，「村里」、「最小統計區」則需要付費申請。本教案採用電信信令資料中「鄉鎮市區」空間尺度的資料，引導學生使用地理資訊系統（QGIS）進行資料處理與分析，製作面量圖來探究竹竹苗地區的人口流動。

（一）請學生先下載「109 年 11 月行政區電信信令人口統計資料」中的 CSV 檔，用 EXCEL 打開，觀察檔案中有哪些資料欄位，每個欄位的資料，可能代表什麼意義？（如圖 4） | 10 分鐘 |

第一章 從人口流動與住業均衡探討永續城鄉發展——以竹竹苗地區為例

發展活動	備註

<table>
<tr><td colspan="3">

	A	B	C	D	E	F	G	H	I
1	COUNTY	COUNTY	TOWN_I	TOWN	NIGHT_WORK	DAY_WORK(7:00~13:00)	DAY_WORK(13:00~19:00)	DAY_W	NIGHT_
2	縣市代碼	縣市名稱	鄉鎮市區	鄉鎮區	平日夜間停留人數	平日上午活動人數	平日下午活動人數	平日日間	假日夜間
3	65000	新北市	65000010	板橋區	577667	468664	459021	461011	574020
4	65000	新北市	65000020	三重區	426580	353762	336820	343466	424259
5	65000	新北市	65000030	中和區	470287	414013	398759	408358	466216
6	65000	新北市	65000040	永和區	232342	169268	157426	161573	230134
7	65000	新北市	65000050	新莊區	446481	381702	374563	377239	443620
8	65000	新北市	65000060	新店區	346150	316147	303348	309344	343603
9	65000	新北市	65000070	樹林區	202270	190785	187977	189656	202721
10	65000	新北市	65000080	鶯歌區	90900	81840	80218	80939	91143
11	65000	新北市	65000090	三峽區	120827	105834	104205	104524	121910
12	65000	新北市	65000100	淡水區	235166	200804	192902	196262	234006

109年11月行政區電信信令人口統計資料_鄉鎮市區

</td></tr>
</table>

0	COUNTY_ID	縣市代碼
1	COUNTY	縣市名稱
2	TOWN_ID	鄉鎮市區代碼
3	TOWN	鄉鎮市區名稱
4	NIGHT_WORK	平日夜間停留人數
5	DAY_WORK（7:00~13:00）	平日上午活動人數
6	DAY_WORK（13:00~19:00）	平日下午活動人數
7	DAY_WORK	平日日間活動人數
8	NIGHT_WEEKEND	假日夜間停留人數
9	DAY_WEEKEND（7:00~13:00）	假日上午活動人數
10	DAY_WEEKEND（13:00~19:00）	假日下午活動人數
11	DAY_WEEKEND	假日日間活動人數
12	MORNING_WORK	平日早晨旅次
13	MIDDAY_WORK	平日中午旅次
14	AFTERNOON_WORK	平日午後旅次
15	EVENING_WORK	平日晚上旅次
16	MORNING_WEEKEND	假日早晨旅次
17	MIDDAY_WEEKEND	假日中午旅次
18	AFTERNOON_WEEKEND	假日午後旅次
19	EVENING_WEEKEND	假日晚上旅次
20	INFO_TIME	資料時間

圖4　109年11月電信信令人口統計資料（鄉鎮市區）
資料來源：內政部社會經濟資料服務平臺（n.d.-a）。**電信信令人口統計資料**。取自 https://segis.moi.gov.tw/STATCloud/Signal

（二）再請學生下載「109年11月行政區電信信令人口統計資料」中的SHP檔，讓學生打開QGIS，並開啟電信信令資料的SHP檔。	5分鐘
（三）因為要進行人口淨流入的計算，還需要「戶籍人口數」的資料，請學生下載「109年12月行政區人口統計_鄉鎮市區」的檔案，此次需先下載CSV檔，觀察欄位資料，再下載SHP檔，用QGIS打開（參見內政部社會經濟資料服務平臺，n.d.-b，如圖5）。	

地理資訊力
永續發展議題教學新方向

發展活動	備註

圖 5　109 年 12 月行政區人口統計（鄉鎮市區）

資料來源：截取並修改自內政部社會經濟資料服務平臺（n.d.-b）。**資料集查詢下載**。取自 https://segis.moi.gov.tw/STATCloud/QueryInterface

三、更改屬性資料表的欄位名稱

（一）打開「109 年 11 月行政區電信信令人口統計資料」SHP 檔的圖層屬性（Properties），在左側功能選項中點選「欄位」。可以看到資料中的一些欄位名稱如 FLD1、FLD2⋯，因為欄位名稱是以英文和數字命名，很難直覺辨識其代表什麼資料，所以需對照 CSV 檔的欄位名稱，進行欄位資料的修改，方便後續的資料處理。

（二）教師可設計學習單，讓同學先在學習單上（參見附錄一，表單 2），寫上欲修改的欄位名稱，再從 QGIS 中，切換編輯模式，進行欄位編修（如圖 6）。

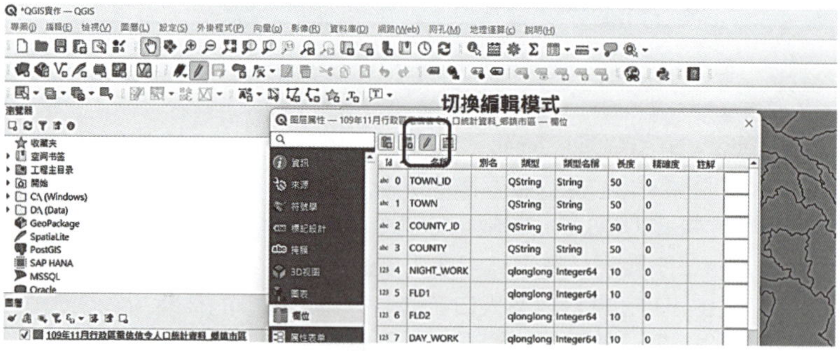

10 分鐘

圖 6　切換編輯模式進行欄位編修

資料來源：本教案中 QGIS 軟體之截圖，皆截取並修改自 QGIS.ORG. (2021). QGIS Geographic Information System. Open Source Geospatial Foundation Project (Version 3.22) [Computer software]. Retrieved from http://www.qgis.org

發展活動	備註
（三）同樣的邏輯，請學生檢查「109 年 12 月行政區人口統計 _ 鄉鎮市區」檔案的欄位名稱，「戶籍人口數」的資料應該是哪一個欄位？需要進行欄位編修嗎？（P_CNT）	20 分鐘

四、屬性資料表的連結（Join）

「電信信令資料」與「人口統計資料」中，有一些欄位內容是相同的，譬如「TOWN_ID」、「TOWN」、「COUNTY_ID」……等欄位。我們要進行「人口淨流入」的計算，需用到電信信令資料中的「平日夜間人口數」，以及人口統計資料中的「戶籍人口數」。因此需要使用 QGIS 將兩個資料進行連結（Join），將其中一個資料，合併到另一個空間圖層的屬性資料中。

步驟如下：

（一）開啟電信信令資料，按右鍵開啟圖層屬性（Properties），在左側欄位中找到「連結」（Joins）選項，選擇人口統計資料（CSV 檔或 SHP 檔都可以）為「連結圖層」，「連結欄位」及「目標欄位」都設定為「TOWN_ID」（利用 TOWN_ID 將兩個屬性資料表連結起來）。

（二）將 Join 之後的檔案，再另存成一個新的 SHP 檔。

（三）打開新的 SHP 檔，進行屬性資料的欄位編修，把每一個欄位名稱，都修改成自己容易辨識的名稱。

五、屬性資料表的欄位計算

（一）先刪除不必要的欄位資料（如圖 7）

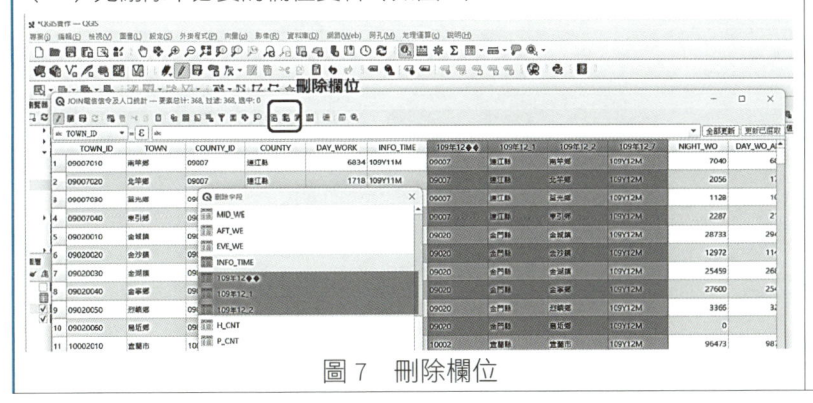

圖 7　刪除欄位

發展活動	備註
（二）開啟欄位計算（如圖 8） 1. 計算「人口淨流入」的公式為：平日夜間人口數 － 戶籍人口數 2. 對照屬性資料表的欄位，平日夜間人口數為 NIGHT_WO，戶籍人口數為 P_CNT。從屬性資料表中「開啟欄位計算」，輸入新欄位名稱，然後點選「欄位與值」輸入計算公式。計算後的數值，會在屬性資料表上新增一欄計算後的資料欄位。 圖 8　開啟欄位計算 **六、選取圖徵並另存新檔（如圖 9）** 在這個探究案例中，前面的課堂已聚焦於「竹竹苗地區」作為議題探究的空間單元，接下來要從這個涵蓋全國鄉鎮市區的圖層，擷取新竹市、新竹縣及苗栗縣的圖徵（空間選取），另存成新的檔案，後續的分析，就從「竹竹苗地區」這個圖層進行資料處理與統計地圖的繪製。 圖 9　選取圖徵並另存新檔	5 分鐘

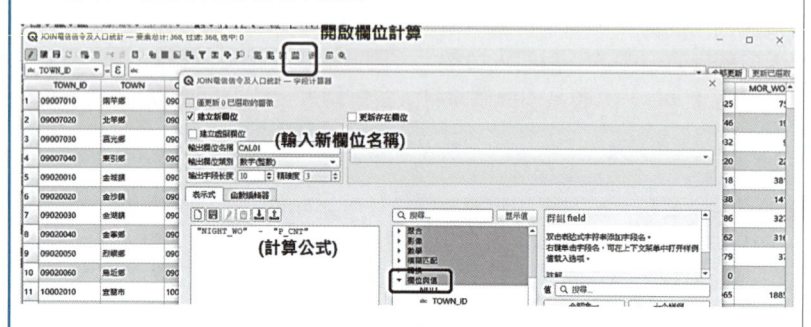

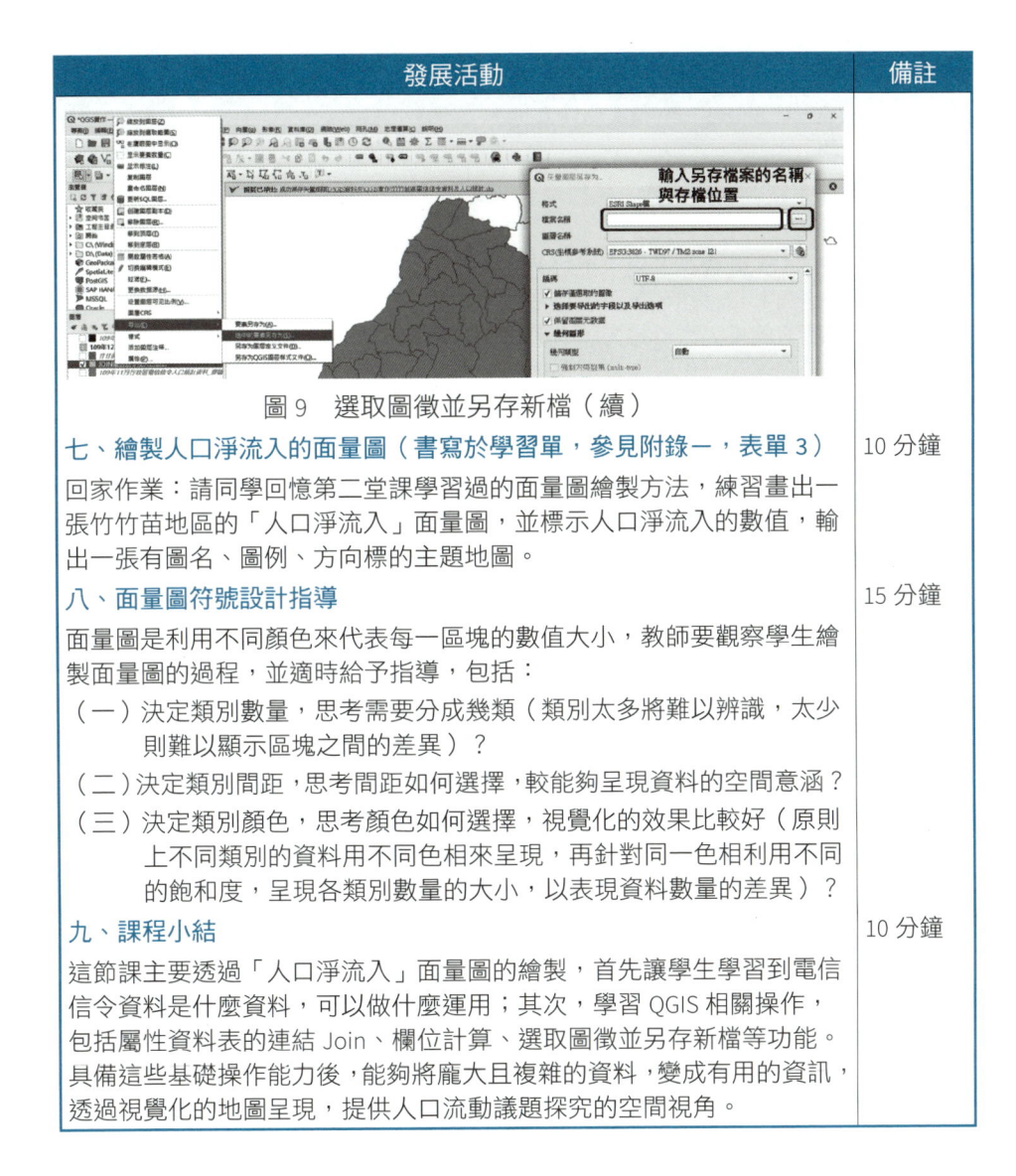

發展活動	備註

圖 9　選取圖徵並另存新檔（續）

七、繪製人口淨流入的面量圖（書寫於學習單，參見附錄一，表單 3）　　10 分鐘

回家作業：請同學回憶第二堂課學習過的面量圖繪製方法，練習畫出一張竹竹苗地區的「人口淨流入」面量圖，並標示人口淨流入的數值，輸出一張有圖名、圖例、方向標的主題地圖。

八、面量圖符號設計指導　　15 分鐘

面量圖是利用不同顏色來代表每一區塊的數值大小，教師要觀察學生繪製面量圖的過程，並適時給予指導，包括：

（一）決定類別數量，思考需要分成幾類（類別太多將難以辨識，太少則難以顯示區塊之間的差異）？

（二）決定類別間距，思考間距如何選擇，較能夠呈現資料的空間意涵？

（三）決定類別顏色，思考顏色如何選擇，視覺化的效果比較好（原則上不同類別的資料用不同色相來呈現，再針對同一色相利用不同的飽和度，呈現各類別數量的大小，以表現資料數量的差異）？

九、課程小結　　10 分鐘

這節課主要透過「人口淨流入」面量圖的繪製，首先讓學生學習到電信信令資料是什麼資料，可以做什麼運用；其次，學習 QGIS 相關操作，包括屬性資料表的連結 Join、欄位計算、選取圖徵並另存新檔等功能。具備這些基礎操作能力後，能夠將龐大且複雜的資料，變成有用的資訊，透過視覺化的地圖呈現，提供人口流動議題探究的空間視角。

地理資訊力
永續發展議題教學新方向

4. 第五堂課：電信信令資料的應用與解讀——以人口淨流入為例

發展活動	備註
一、引起動機 還記得地理課中曾經提及過的「推拉理論」嗎？「推拉理論」的基本概念是在談些什麼？ 　　參考答案：人們會為了謀求更好的經濟收入或生活環境而選擇遷移，像是由鄉村移往都市，或是由開發中國家移往已開發國家。如果一個地方的推力大於拉力，人們會選擇遷出（自然災害、戰爭、貧窮、失業率高、生存空間被壓縮……）；相反的，若一地的拉力大於推力，人們則會選擇遷入（經濟條件好、就業機會多、醫療衛生優良、教育環境佳……）（修改自林聖欽等人，2021，頁 17）。 結合對「推拉理論」的理解，如果以竹竹苗地區為空間範圍，以鄉鎮市區為空間單元，我們可以怎麼「量化分析」來詮釋竹竹苗地區人口流動的現象呢？	5 分鐘
二、議題瞭解 （一）一般來說，若想要知道某個行政區的人口增減，是否有大量人口外移或遷入，可以從該行政區的戶籍人口統計來分析。然而，現實生活中，許多人因為工作、就學等原因，會有居住地與戶籍地不一致的現象。 （二）透過「電信信令資料」的處理與分析，可以更精確地瞭解現實中哪些人口流動狀況呢？試以竹竹苗地區為空間範圍，分析以下資料分別代表何種意義？（建構探究的提問）（教師可預先使用 QGIS 繪製圖資〔如圖 10〕，設計學習單，引導學生進行議題討論） 1. 竹竹苗的**平日夜間人口數**：電信信令資料中推估而來的平日夜間停留人口（平日實際居住人口數）。 2. 竹竹苗的**人口淨流入（人數）**（平日夜間人口數－戶籍人口）： 　　人口淨流入若大於零，代表平日居住在該鄉鎮市區的人口，大於設籍於該地的人口，意即人口從別的地方移入該地。 3. 竹竹苗的**人口淨流入（％）**（人口淨流入／戶籍人口 × 100％）： 　　因為每個行政區的人口規模不同，換算成百分比，可以知道相較於原來的戶籍人口，每百人中，究竟增減了多少人。	15 分鐘

發展活動	備註
4. **「平日日間人口數」-「平日夜間人口數」**：則可判斷在平日（週一到週五）「住」（居住）、「業」（就業）空間的通勤行為。從平日日間人口數與夜間人口數的差異，可以發現東區、寶山、湖口、竹南、銅鑼、三義的平日日間人口較夜間多很多，可能擁有較多的工作機會，因此可以把這些行政區歸類為「工作區」。相反的，北區、竹北、竹東、香山、頭份、公館等行政區，夜間人口相對較多，可能是提供住宅空間的「居住區」。 圖 10　竹竹苗地區平日日間人口數與夜間人口數差異狀況	
5. **「平日日間人口數」-「平日夜間人口數」，再除以平日夜間人口數，換算成百分比**：所得之數據可以視為，平日與夜間人口數的差異，占實居人口的百分比。從圖 11 可以發現，東區、寶山、湖口、銅鑼等地，作為「工作區」的機能相當明顯，尤其是寶山，可以推測其比例之高（129%）主要應該都是到竹科上班工作的人口。另一方面，北區、頭份、公館、竹東等地，作為「居住區」的機能亦相當顯著。 比較特別的是，竹北市的平日日間與夜間人口數的差異為 -12,001 人，但換算成百分比僅 -5%；另外還有竹南鎮，平日日間與夜間人口數的差異為 7,302 人，但換算成百分比僅 7%。推測竹南和竹北這兩個地區，應該本身就提供大量的就業機會與居住空間，差別只在於，竹北緊鄰東區，東區的就業機會更多；而竹南緊鄰頭份，竹南本身位於竹南科學園區的所在，就業機會本就比頭份還多。綜合上述分析，若以行政區作為分類單元，竹南、竹北可歸類為「住業均衡區」。	

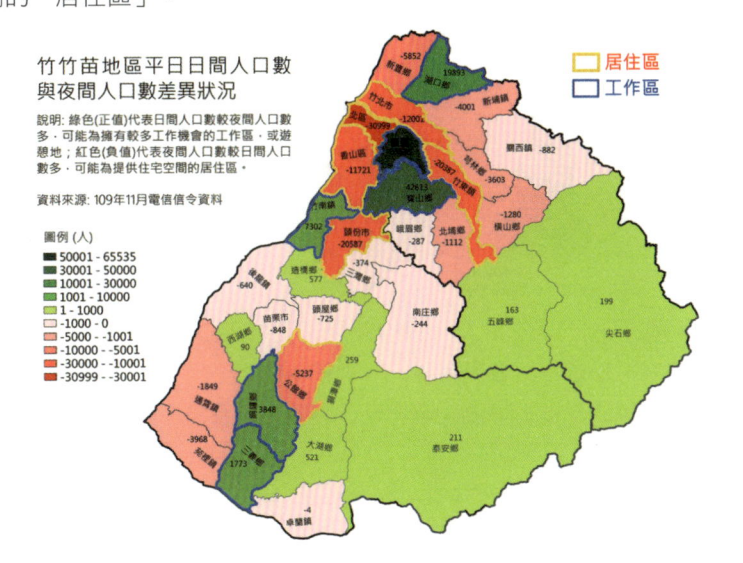

地理資訊力
永續發展議題教學新方向

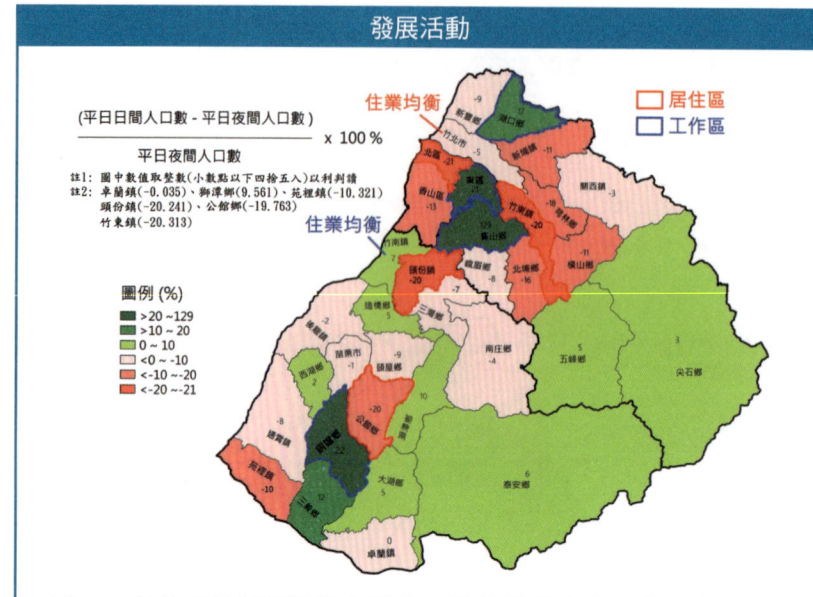

發展活動	備註
圖 11　竹竹苗地區平日與夜間人口數的差異占實居人口的百分比	
三、議題分析（書寫於學習單，參見附錄一，表單 4） 搭配學習單，教師引導學生進行地圖判讀與延伸發問。（建構探究的提問） （一）地圖判讀 1. 若把臺灣分成北、中、南、東四個地區，何者是人口淨流入的主要區域？其中哪兩個縣市的人口淨流入比例最高？ 　　參考答案：北部；新竹市與新竹縣。 2. 竹竹苗地區的鄉鎮市區中，哪些是「人口淨流入」較高的地方（寫出前七名）？ 　　參考答案：東區、湖口、竹北、寶山、竹南、香山、新豐。 3. 竹竹苗地區「人口淨流入比例（％）」最高的前三名，是哪些鄉鎮市區？ 　　參考答案：寶山、湖口、東區。 4. 請分析說明人口淨流入比例較高的鄉鎮市區，其可能原因為何？ 　　參考答案：綠色圖例代表人口淨流入，平日夜間人口較戶籍人口多。代表平日在該地區居住的人口比設籍在該地區的人口還要多。這些多出來的人口，有可能是從別的地區來該地就業工作或就學的人口，戶籍不在該地，但人在該地，可能住親戚家，也可能在外面租屋。	15 分鐘

發展活動	備註

5. 觀察竹竹苗區「人口淨流入比例（％）」面量圖，試說明為何寶山鄉淨流入人口數遠較新竹市東區少，但人口淨流入比例卻高達 125%？其影響因素為何？
 	
    參考答案：寶山鄉大部分地形為丘陵，加上位於水庫區，因此可開發之住宅區少，其戶籍人口僅 14,619 人，但平日夜間停留人口比戶籍人口多 18,430 人，推測原因為位置鄰近竹科，夜間居住在此，日間至竹科上班較為方便。
 	
6. 從竹竹苗的「平日日間人口數」－「平日夜間人口數」，再除以平日夜間人口數的面量圖判斷，竹竹苗地區是否達到住業均衡的理想？
 	
    參考答案：「平日日間人口數」－「平日夜間人口數」，再除以平日夜間人口數，換算成百分比：所得之數據可以視為，平日與夜間人口數的差異，占實居人口的百分比。從圖 11 可以發現，東區、寶山、湖口、銅鑼等地，作為「工作區」的機能相當明顯，尤其是寶山，可以推測其比例之高（129%）主要應該都是到竹科上班工作的人口。另一方面，北區、頭份、公館、竹東等地，作為「居住區」的機能亦相當顯著。
 	
    比較特別的是，竹北市的平日日間與夜間人口數的差異為 -12,001 人，但換算成百分比僅 -5%；另外還有竹南鎮，平日日間與夜間人口數的差異為 7,302 人，但換算成百分比僅 7%。推測竹南和竹北這兩個地區，應該本身就提供大量的就業機會與居住空間，差別只在於，竹北緊鄰東區，東區的就業機會更多；而竹南緊鄰頭份，竹南本身為竹南科學園區的所在，就業機會本就比頭份還多。綜合上述分析，若以行政區作為分類單元，竹南、竹北可歸類為「住業均衡區」。
 	
7. 從竹竹苗區「人口淨流入比例（％）」面量圖討論，竹竹苗地區是否符應 SDGs 第 11 項「永續城鄉」中，城鄉經濟、社會與環境的正向互動目標？
 	
    參考答案 1：從竹竹苗地區「人口淨流入比例（％）」面量圖來看，東區、寶山及湖口，此三個鄉鎮市區有大量人口淨流入，主要是因為湖口工業區與不斷擴建的新竹科學園區。大量工作機會產生人口移動的強勁拉力，導致人口淨流入高。反觀尖石、五峰、泰安等山地鄉村，則因地理位置偏遠，而成為主要的人口淨流出區。因此，若以竹竹苗地區為空間尺度而言，從各行政區的人口淨流入差異，可以推論存在著區域發展差距。很難說明竹竹苗區符應 SDG 11「永續城鄉」中，城鄉經濟、社會與環境的正向互動目標。	

地理資訊力
永續發展議題教學新方向

發展活動	備註
參考答案2：從竹竹苗地區「人口淨流入比例（%）」面量圖中，可以發現各行政區人口淨流入的差異。因為新竹縣市居民均高度偏好私人運具，使用率高達八成以上，兩縣市公共運輸使用率均不及10%，碳排放高，因此就環境層面而言，並未達成 SDG 11「永續城鄉」的目標（參見新竹縣國土計畫，2021）。 參考答案3：從竹竹苗地區「人口淨流入比例（%）」面量圖中，可觀察到竹北市的人口淨流入比例為 13%，有人口的流入，但也沒有像新竹市東區那麼高。竹北市的人口流入，可能是新竹市東區外溢的效果。新竹縣的臺灣知識經濟旗艦園區（璞玉計畫）之規劃，或許可增加竹北的居住與產業空間，減緩人口過於集中東區的區域失衡問題。但若此開發計畫付諸實現，卻可能使得原先竹北市城中有鄉的農田地景逐漸消失，如此將恐難達到 SDG 11「永續城鄉」的目標（黃丞毅，2020）。	
（二）地圖判讀＆文本閱讀——問題思考（運用 5W1H 來討論）（建構探究的提問）	10 分鐘

教師找一則與人口流動議題相關的報導，作為閱讀文本，設計於學習單中，引導學生閱讀文本後，學習使用 5W1H 進行問題思考。閱讀文本範例：

2021 年內政部公布社會增加人口排名：「淨遷入人口」新竹縣 4,545 人，排名第一，其次為金門縣 660 人、新竹市 517 人、澎湖縣 472 人與連江縣 322 人；「淨遷出人口」則以臺北市 76,097 人最多，其次為新北市 20,005 人、高雄市 16,367 人、彰化縣 11,879 人與臺中市 7,155 人。

根據《今周刊》報導，新竹縣市排名前三占二，可見新竹科學園區持續創造就業機會，因而磁吸人口移入。專家指出，在疫情時代，六都由於人口密集，每次疫情爆發皆特別嚴重，加上高房價的影響，其他縣市人口已不再大量湧入六都。然而，新竹縣市不受此趨勢的影響，遷入人口反而增長，主要原因為高科技產業發達，高收入的「竹科新貴」對房產深具購買力，使當地的房地產信心持續上升（黃健誠，2022）。

1. What：人口淨流入比例高的鄉鎮市區，就業人口主要為從事哪一類型的產業？新聞報導中所提及的「人口淨遷入」與面量圖呈現的「人口淨流入」有何不同？

    參考答案：高科技產業；人口淨遷入所指的是從外縣市遷入的社會增加人口，戶籍資料有異動，而人口淨流入則是透過電信信令資料推估而來的人口數，再扣除戶籍人口所得之數據。若一地的人口淨遷入與人口淨流入皆高，可以推測此地應該產業發達，提供眾多就業機會，或良善的生活環境，因此吸引外地人口將戶籍遷入並居住於此，或來此地租屋工作，打拚賺錢。

發展活動	備註
2. Why：新竹縣市成為臺灣人口淨遷入比例最高之地區，試分析移動過程中所產生的推力與拉力為何？ 　　參考答案：新竹科學園區位於新竹地區，帶來強大的拉力，提供大量的就業機會，吸引人口移入。相對的，移入人口的原居地，可能因為就業機會較少，而形成推力，使得人口往外流動。 3. Who：新竹縣市的人口淨遷入，可能主要是哪個年齡層的人口？可以如何驗證你的推論呢？ 　　參考答案：可能是 20 至 40 歲左右的青壯年人口。可以試著查詢內政部戶政司全球資訊網的人口統計資料，比較新竹縣市各種年齡組距歷年人口數量的增減狀況，看看 20 至 40 歲左右的人口，逐年增加的比例，是否高於其他年齡區間的人口。 4. Where：假設你是在臺積電工作的員工，你會選擇哪裡定居？試說明選擇居住區的理由。 (1) 假設工作地點：從臺積電先進封裝測試六廠 AP6（竹南）、臺灣積體電路製造股份有限公司八廠（東區）、臺積電晶圓二廠（寶山），三擇一。 (2) 選擇居住地點：查詢房價、估算通勤時間，再思考要定居在哪裡。 (3) 說明選擇理由。 　　參考答案：請學生上網查詢各行政區大致的房價（參見樂居，n.d.），並使用 Google Map 來估算通勤時間，再參考各行政區人口淨流入的狀況，綜合評估居住地點會如何選擇。 5. When：新竹縣市的社會增加率（人口淨遷入）是從何時擠進全國前五名的？而臺北市、新北市、高雄市、臺中市等六都，又是從什麼時候變成主要人口淨遷出的城市呢？可以到哪裡查詢相關資料呢？ 　　參考答案：至內政部戶政司全球資訊網查詢「人口統計資料」，可以查詢到民國 99 年至今，各年度各縣市的人口成長狀況（含自然增加、社會增加）。從資料中可以發現，新竹縣的社會增加從民國 108 年開始，就一直是前三名。新竹市則是從民國 107 年開始至民國 110 年名列第五名，民國 111 年則位居第 11 名（社會增加由正轉負）。六都中的臺北市，民國 101 年之後的社會增加率是第六名，民國 104 年開始社會增加率由正轉負，民國 107 年之後，人口淨遷出的狀況，已是名列全國首位（參見內政部戶政司全球資訊網，n.d.）。	

發展活動	備註
6. How：觀看地圖及新聞，新竹縣市人口淨遷入僅 5,000 餘人，但從第四堂課處理的電信信令資料：夜間人口 – 戶籍人口（.csv）的欄位計算結果發現，新竹縣市人口淨流入高達 20 萬人，顯示竹竹地區住宅需求龐大，租屋人數應該遠多於購屋人數，對於龐大的淨流入人口，政府有哪些對策？ 　　參考答案：規劃社會住宅。可從「國家住宅及都市更新中心」網站查詢新竹縣市社會住宅規劃地點（參見國家住宅及都市更新中心，n.d.）。	
四、課後作業 本節課藉由電信信令資料與戶籍資料計算出的人口淨流入，以及人口統計資料中的人口淨遷入（社會增加），連結地理課中曾提及的推拉理論，來探究區域發展與人口流動之間的關係。學生必須運用課堂所學，延伸探究主題，進行一份地理探究報告。 （一）教師預先擬定延伸探究主題，搭建探究鷹架，引導學生進行議題　　　探究。探究主題示例： 1. 住業均衡不均衡？從住業均衡理論探究竹竹苗的城鄉互動 2. 擴散還是反吸？從 Friedmann 空間發展階段模式看竹竹苗的區域發展 （二）讓學生分組進行延伸探究任務，從教師擬定的探究主題中挑選，　　　或自行擬定探究主題。探究成果的展現可以撰寫小短文，或者製　　　作海報等，形式不拘。 （三）探究主題的擬定，可以從與區域發展議題相關的學術理論中著手，　　　嘗試進行「理論與實際的比對」（議題探究的成果，要能夠回應　　　SDG11「永續城鄉」的細項目標）。	5 分鐘

第一章　從人口流動與住業均衡探討永續城鄉發展——以竹竹苗地區為例

附錄一、學生學習活動表單

表單 1：第一堂課學習單

2015 年，聯合國宣布「2030 永續發展目標」（Sustainable Development Goals, SDGs），裡面包含 17 項 SDGs 目標，指引全球共同努力、邁向永續。你認為在社會環境議題課本中的章節標題，分別可以對應到哪一項永續發展目標？為什麼？

第一部分：SDGs 內涵

目標 1 ——消除貧窮：消除各地一切形式的貧窮。

目標 2 ——終結飢餓：消除飢餓，達成糧食安全，改善營養及促進永續農業。

目標 3 ——健康與福祉：確保健康及促進各年齡層的福祉。

目標 4 ——優質教育：確保有教無類、公平以及高品質的教育，及提倡終身學習。

目標 5 ——性別平等：實現性別平等，並賦予婦女權力。

目標 6 ——淨水與衛生：確保所有人都能享有水及衛生及其永續管理。

目標 7 ——可負擔的永續能源：確保所有的人都可取得負擔的起、可靠的、永續的，以及現代的能源。

目標 8 ——就業與經濟成長：促進包容且永續的經濟成長，達到全面且生產力的就業，讓每一個人都有一份好工作。

目標 9 ——永續工業與基礎建設：建立具有韌性的基礎建設，促進包容且永續的工業，並加速創新。

目標 10 ——消弭不平等：減少國內及國家間不平等。

目標 11 ——永續城鄉：促使城市與人類居住具包容、安全、韌性及永續性。

目標 12 ——責任消費與生產：確保永續的消費與生產模式。

目標 13 ——氣候行動：採取緊急措施以因應氣候變遷及其影響。

地理資訊力
永續發展議題教學新方向

目標 14 ——永續海洋與保育：保育及永續利用海洋與海洋資源，以確保永續發展。

目標 15 ——陸域生態：保護、維護及促進領地生態系統的永續使用，永續的管理森林，對抗沙漠化，終止及逆轉土地劣化，並遏止生物多樣性的喪失。

目標 16 ——制度的正義與和平：促進和平且包容的社會，以落實永續發展；提供司法管道給所有人；在所有階層建立有效的、負責的且包容的制度。

目標 17 ——永續發展夥伴關係：強化永續發展執行方法及活化永續發展全球夥伴關係。

第二部分：社會環境議題

單元名稱	核心問題	對應之 SDGs 目標
氣候變遷	氣候變遷的原因及其對人類造成的影響？ 如何因應氣候變遷？	
自然災害與土地退化	什麼是自然災害與土地退化？ 自然災害與土地退化對人類生活的影響為何？ 原住民傳統生態知識和生態永續的關聯為何？	
水資源和海洋資源	什麼是水資源和海洋資源？ 水資源如何利用與開發？	
能源	化石能源如何影響國際關係？ 核能發電是否乾淨、安全？ 替代能源的種類與發展前景如何？	
人口	人口倍時和人口分布有何空間差異？ 人口的遷徙如何受到經濟與國際政治的影響？ 年齡結構與人口紅利的關係為何？ 人口政策如何因應人口失衡？	
糧食	農業科技能解決糧食問題嗎？ 為什麼有些地區的糧食生產無法足夠供應所需？ 糧食問題如何影響國民健康？ 如何解決糧食問題？	

表單 2：第三堂課學習單

ID	名稱	別名	修改後名稱（示範）
0	COUNTY_ID	縣市代碼	—
1	COUNTY	縣市名稱	—
2	TOWN_ID	鄉鎮市區代碼	—
3	TOWN	鄉鎮市區名稱	—
4	NIGHT_WORK	平日夜間停留人數	NIGHT_WO
5	DAY_WORK（7:00～13:00）	平日上午活動人數	DAY_WO_AM
6	DAY_WORK（13:00～19:00）	平日下午活動人數	DAY_WO_PM
7	DAY_WORK	平日日間活動人數	DAY_WO
8	NIGHT_WEEKEND	假日夜間停留人數	NIGHT_WE
9	DAY_WEEKEND（7:00～13:00）	假日上午活動人數	NIGHT_WE_AM
10	DAY_WEEKEND（13:00～19:00）	假日下午活動人數	NIGHT_WE_PM
11	DAY_WEEKEND	假日日間活動人數	DAY_WE
12	MORNING_WORK	平日早晨旅次	MOR_WO
13	MIDDAY_WORK	平日中午旅次	MID_WO
14	AFTERNOON_WORK	平日午後旅次	AFT_WO
15	EVENING_WORK	平日晚上旅次	EVE_WO
16	MORNING_WEEKEND	假日早晨旅次	MOR_WE
17	MIDDAY_WEEKEND	假日中午旅次	MID_WE
18	AFTERNOON_WEEKEND	假日午後旅次	AFT_WE
19	EVENING_WEEKEND	假日晚上旅次	EVE_WE
20	INFO_TIME	資料時間	—

地理資訊力
永續發展議題教學新方向

表單 3：第四堂課學習單（面量圖的符號設計）

1. 面量圖符號設計參考步驟

　　面量圖又稱「區域密度圖」，是利用不同顏色來代表地圖中每一區塊的數值大小。在地理課本中常見的「臺灣人口密度圖」就是面量圖典型的例子。臺灣每個行政區（鄉鎮市區）都有其面積及人口數的資料，可計算不同行政區的人口密度數值，再利用 GIS 繪製面量圖，來呈現各行政區的人口密度差異。然而，一張面量圖，要如何決定類別數量，不同類別的數值間距要怎麼拿捏，不同類別的顏色該如何選定，才能夠視覺化的突顯資料的特性呢？

　　建議面量圖調整符號設計時，可依循以下步驟：

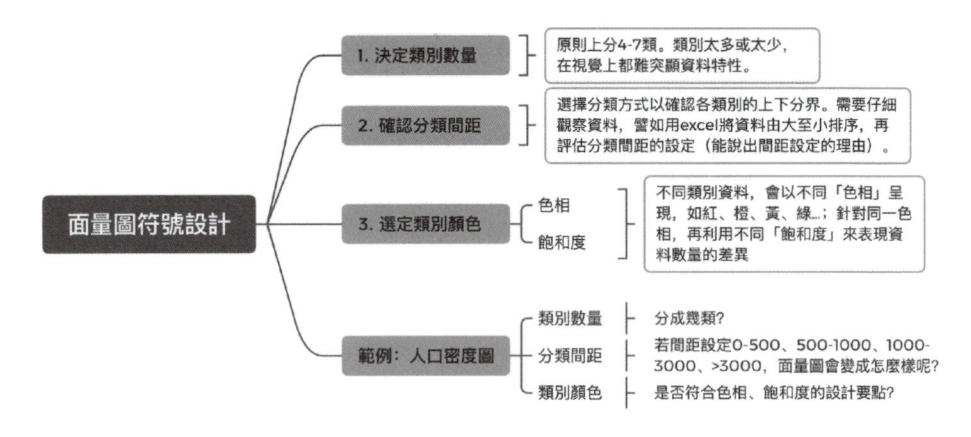

面量圖符號設計

- **1. 決定類別數量** — 原則上分 4-7 類。類別太多或太少，在視覺上都難突顯資料特性。
- **2. 確認分類間距** — 選擇分類方式以確認各類別的上下分界。需要仔細觀察資料，譬如用 excel 將資料由大至小排序，再評估分類間距的設定（能說出間距設定的理由）。
- **3. 選定類別顏色**
  - 色相：不同類別資料，會以不同「色相」呈現，如紅、橙、黃、綠…；
  - 飽和度：針對同一色相，再利用不同「飽和度」來表現資料數量的差異
- **範例：人口密度圖**
  - 類別數量：分成幾類？
  - 分類間距：若間距設定 0-500、500-1000、1000-3000、>3000，面量圖會變成怎麼樣呢？
  - 類別顏色：是否符合色相、飽和度的設計要點？

2. 面量圖符號設計練習——以「竹竹苗區人口淨流入」為例

(1) 人口淨流入計算公式	
(2) 竹竹苗地區人口淨流入數據	
新竹市	新竹縣	苗栗縣
東區： 北區： 香山區：	竹北市： 竹東市： 新埔鎮： 關西鎮： 湖口鄉： 新豐鄉： 芎林鄉： 橫山鄉： 北埔鄉： 寶山鄉： 峨眉鄉： 五峰鄉： 尖石鄉：	竹南鎮： 頭份市： 苗栗市： 苑裡鎮： 通霄鎮： 公館鄉： 銅鑼鎮： 卓蘭鎮： 大湖鄉： 造橋鄉： 頭屋鄉： 南庄鄉： 西湖鄉： 三灣鄉： 泰安鄉： 獅潭鄉： 三義鄉： 南庄鄉：
(3) 決定類別數量	
(4) 確認間距分類方式	
(5) 間距設定理由	

地理資訊力
永續發展議題教學新方向

(6) 選定各類別顏色參考右圖範例,試判讀:
a. 色相(正確的打勾)
　□採用相同色相
　□採用不同色相
b. 飽和度
　你覺得兩種色相的飽和度差距的設定合適嗎?寫出你的看法。

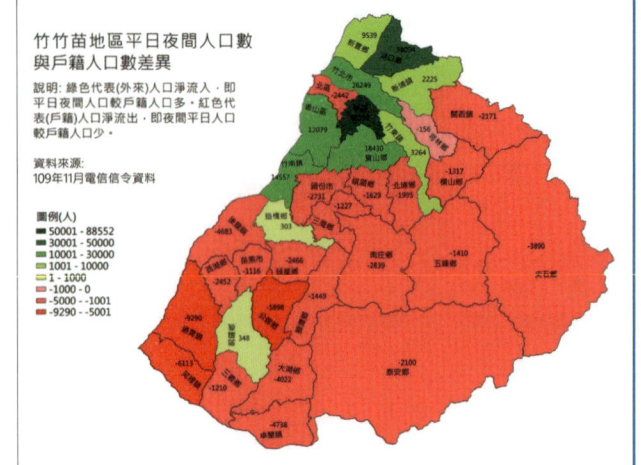

竹竹苗地區平日夜間人口數與戶籍人口數差異

說明:綠色代表(外來)人口淨流入,即平日夜間人口較戶籍人口多。紅色代表(戶籍)人口淨流出,即夜間平日人口較戶籍人口少。

資料來源:
109年11月電信信令資料

圖例(人)
- 50001 - 88552
- 30001 - 50000
- 10001 - 30000
- 1001 - 10000
- 1 - 1000
- -1000 - 0
- -5000 - -1001
- -9290 - -5001

(7) 請貼上你繪製的面量圖

表單 4：第五堂課學習單（電信信令資料的解讀與應用——地圖判讀與延伸探究）

1. 主題一：以「人口淨流入」為例進行探究實作

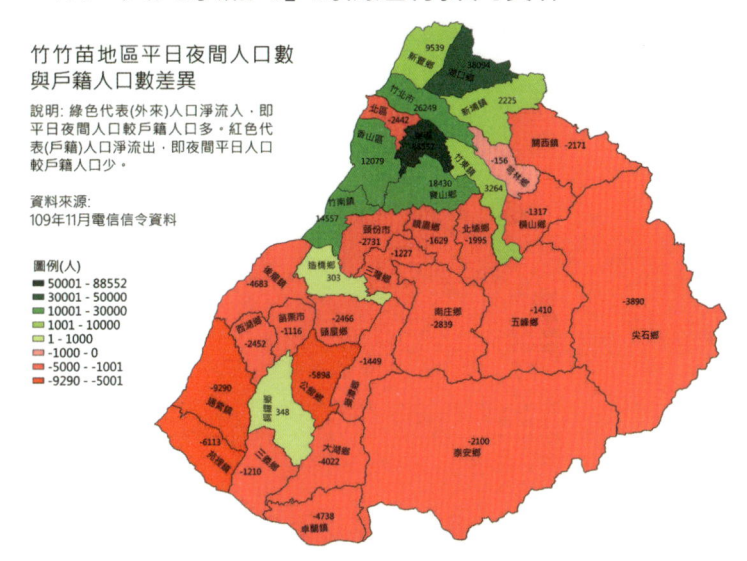

圖1　竹竹苗地區人口淨流入（人數）

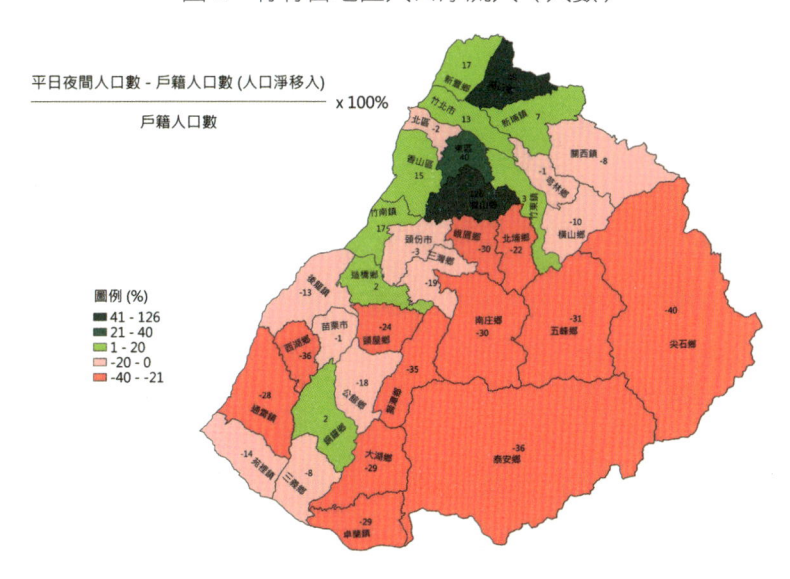

圖2　竹竹苗地區人口淨流入（百分比）

地理資訊力
永續發展議題教學新方向

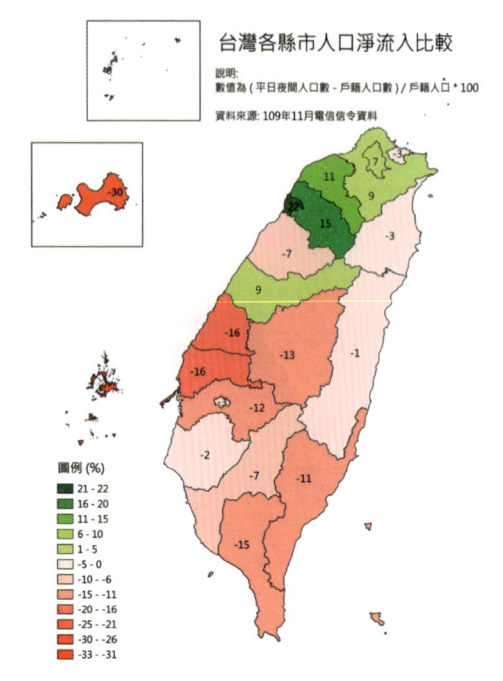

台灣各縣市人口淨流入比較
說明：數值為（平日夜間人口數 - 戶籍人口數）/ 戶籍人口 * 100
資料來源：109年11月電信信令資料

圖例 (%)
21 - 22
16 - 20
11 - 15
6 - 10
1 - 5
-5 - 0
-10 - -6
-15 - -11
-20 - -16
-25 - -21
-30 - -26
-33 - -31

圖3　臺灣各縣市人口淨流入（百分比）

(1) 任務一：地圖判讀

a. 若把臺灣分成北、中、南、東四個地區，何者是人口淨流入的主要區域？其中哪兩個縣市的人口淨流入比例最高？

b. 竹竹苗地區的鄉鎮市區中，哪些是「人口淨流入」較高的地方？（寫出前七名）

c. 竹竹苗地區「人口淨流入比例（％）」最高的前三名，是哪些鄉鎮市區？

d. 請分析說明人口淨流入比例較高的鄉鎮市區，其可能原因為何？

e. 觀察竹竹苗區「人口淨流入比例（％）」面量圖，試說明為何寶山鄉淨流入人口數遠較新竹市東區少，但人口淨流入比例卻高達125％？其影響因素為何？

f. 從竹竹苗的「平日日間人口數」-「平日夜間人口數」，再除以平日夜間人口數的面量圖判斷，竹竹苗地區是否達到住業均衡的理想？

58

g. 從竹竹苗區「人口淨流入比例（%）」面量圖討論，竹竹苗地區是否符應 SDGs 第 11 項「永續城鄉」中，城鄉經濟、社會與環境的正向互動目標？

(2) 任務二：地圖判讀＆文本閱讀──問題思考（運用 5W1H 來討論）

請閱讀以下報導並回答問題：

2021 年內政部公布社會增加人口排名：「淨遷入人口」新竹縣 4,545 人，排名第一，其次為金門縣 660 人、新竹市 517 人、澎湖縣 472 人與連江縣 322 人；「淨遷出人口」則以臺北市 76,097 人最多，其次為新北市 20,005 人、高雄市 16,367 人、彰化縣 11,879 人與臺中市 7,155 人。

根據《今周刊》報導，新竹縣市排名前三占二，可見新竹科學園區持續創造就業機會，因而磁吸人口移入。專家指出，在疫情時代，六都由於人口密集，每次疫情爆發皆特別嚴重，加上高房價的影響，其他縣市人口已不再大量湧入六都。然而，新竹縣市不受此趨勢的影響，遷入人口反而增長，主要原因為高科技產業發達，高收入的「竹科新貴」對房產深具購買力，使當地的房地產信心持續上升（黃健誠，2022）。

1. What：人口淨流入比例高的鄉鎮市區，就業人口主要為從事哪一類型的產業？上文所提及的「人口淨遷入」與面量圖呈現的「人口淨流入」有何不同？
2. Why：新竹縣市成為臺灣人口淨遷入比例最高之地區，其人口遷移類型較可能為哪一類？試分析移動過程中所產生的推力與拉力為何？
3. Who：新竹縣市的人口淨遷入，可能主要是哪個年齡層的人口？可以如何驗證你的推論呢？
4. Where：假設你是在臺積電工作的員工，你會選擇哪裡定居？
5. When：新竹縣市的社會增加率（人口淨遷入）是從何時擠進全國前五名的？而臺北市、新北市、高雄市、臺中市等六都，又是從什麼時候變成主要人口淨遷出的城市呢？可以到哪裡查詢相關資料呢？
6. How：觀看地圖及新聞，新竹縣市人口淨遷入僅 5,000 餘人，但從第四堂

課處理的電信信令資料：夜間人口－戶籍人口（.csv）的欄位計算結果發現，新竹縣市人口淨流入高達 20 萬人，顯示竹竹地區住宅需求龐大，租屋人數應該遠多於購屋人數，對於龐大的淨流入人口，政府有哪些對策？

2. 主題二：擬定延伸探究主題

(1) 任務一：SDG 11「永續城鄉」的細項目標中，有哪些是我們藉由分析電信信令資料，探究竹竹苗地區人口流動議題時，可以嘗試回應的項目？（請勾選）

☐	11.1	在西元 2030 年前，確保所有的人都可取得適當的、安全的，以及負擔的起的住宅與基本服務，並改善貧民窟。
☐	11.2	在西元 2030 年以前，為所有的人提供安全的、負擔的起、可使用的，以及可永續發展的交通運輸系統，改善道路安全，尤其是擴大公共運輸，特別注意弱勢族群、婦女、兒童、身心障礙者以及老年人的需求。
☐	11.3	在西元 2030 年以前，提高融合的、包容的以及可永續發展的都市化與容積，以讓所有的國家落實參與性、一體性以及可永續發展的人類定居規劃與管理。
☐	11.4	在全球的文化與自然遺產的保護上，進一步努力。
☐	11.5	在西元 2030 年以前，大幅減少災害的死亡數以及受影響的人數，並將災害所造成的 GDP 經濟損失減少 y%，包括跟水有關的傷害，並將焦點放在保護弱勢族群與貧窮者。
☐	11.6	在西元 2030 年以前，減少都市對環境的有害影響，其中包括特別注意空氣品質、都市管理與廢棄物管理。
☐	11.7	在西元 2030 年以前，為所有的人提供安全的、包容的、可使用的綠色公共空間，尤其是婦女、孩童、老年人以及身心障礙者。
☐	11.a	強化國家與區域的發展規劃，促進都市、郊區與城鄉之間的社經與環境的正面連結。
☐	11.b	在西元 2020 年以前，致使在包容、融合、資源效率、移民、氣候變遷適應、災後復原能力上落實一體政策與計畫的都市與地點數目增加 x%，依照日本兵庫縣架構管理所有階層的災害風險。

| ☐ | 11.c | 支援開發度最低的國家,以妥善使用當地的建材,營建具有災後復原能力且可永續的建築,作法包括財務與技術上的協助。 |

(2)任務二:擬定延伸探究主題(請勾選)

a. 確認主題

　　範例:住業均衡不均衡?從住業均衡理論探究竹竹苗的城鄉互動

　　範例:擴散還是反吸?從 Friedmann 空間發展階段模式看竹竹苗的區域發展

　　☐ 題目自訂:＿＿＿＿＿＿＿＿＿＿＿＿＿＿＿＿＿＿＿＿＿＿＿＿＿

b. 探究成果展現方式

　　☐ 短文　☐ 小論文　☐ 海報　☐ 其他:＿＿＿＿＿＿＿＿＿＿＿＿

附錄二、QGIS 操作步驟

更詳細的操作步驟請掃描 QR Code，或參見 https://www.ainoscopress.com/download/files/213-310/index.html 下載簡報檔案。

第二堂課　QGIS 實機操作步驟

1. 從 QGIS 打開下載的向量資料。

(1) 方式一：從瀏覽器開啟，開啟後以全圖顯示。

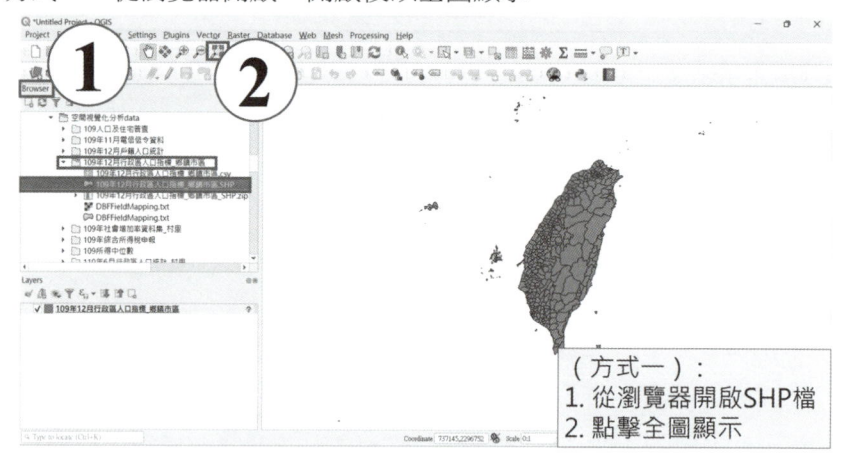

（方式一）：
1. 從瀏覽器開啟SHP檔
2. 點擊全圖顯示

(2) 方式二：從圖層選項中加入向量圖層。

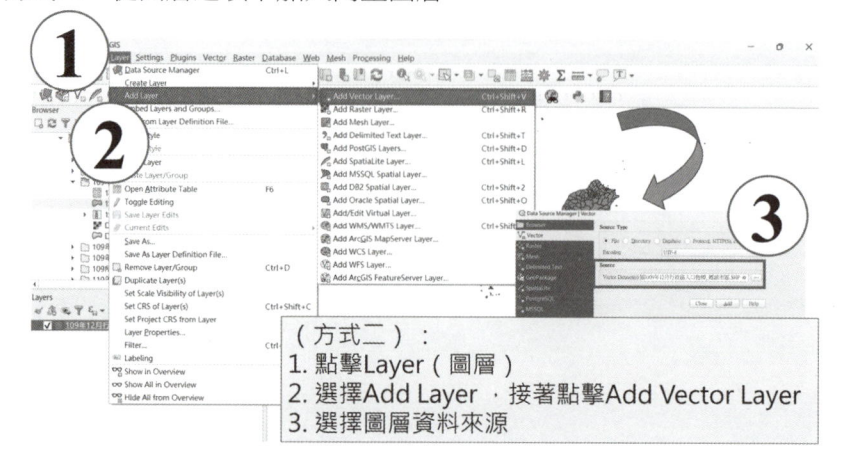

（方式二）：
1. 點擊Layer（圖層）
2. 選擇Add Layer，接著點擊Add Vector Layer
3. 選擇圖層資料來源

第一章 從人口流動與住業均衡探討永續城鄉發展——以竹竹苗地區為例

2. 調整「坐標格式」：採用 EPSG：3826-TWD97 / TM2 zone 121。

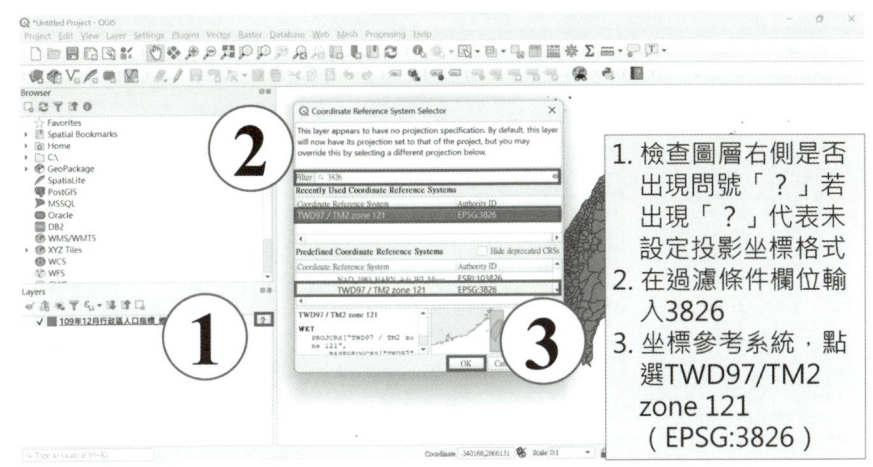

1. 檢查圖層右側是否出現問號「？」若出現「？」代表未設定投影坐標格式
2. 在過濾條件欄位輸入3826
3. 坐標參考系統，點選TWD97/TM2 zone 121（EPSG:3826）

3. 檢視屬性表格文字是否為中文，下一步驟空間選取需輸入中文。若為亂碼需更改文字編碼。

(1) 查看屬性表格文字。

查看屬性表格文字

(2) 文字若為亂碼，則需更改文字編碼，變更完成後，再一次確認屬性表格文字。

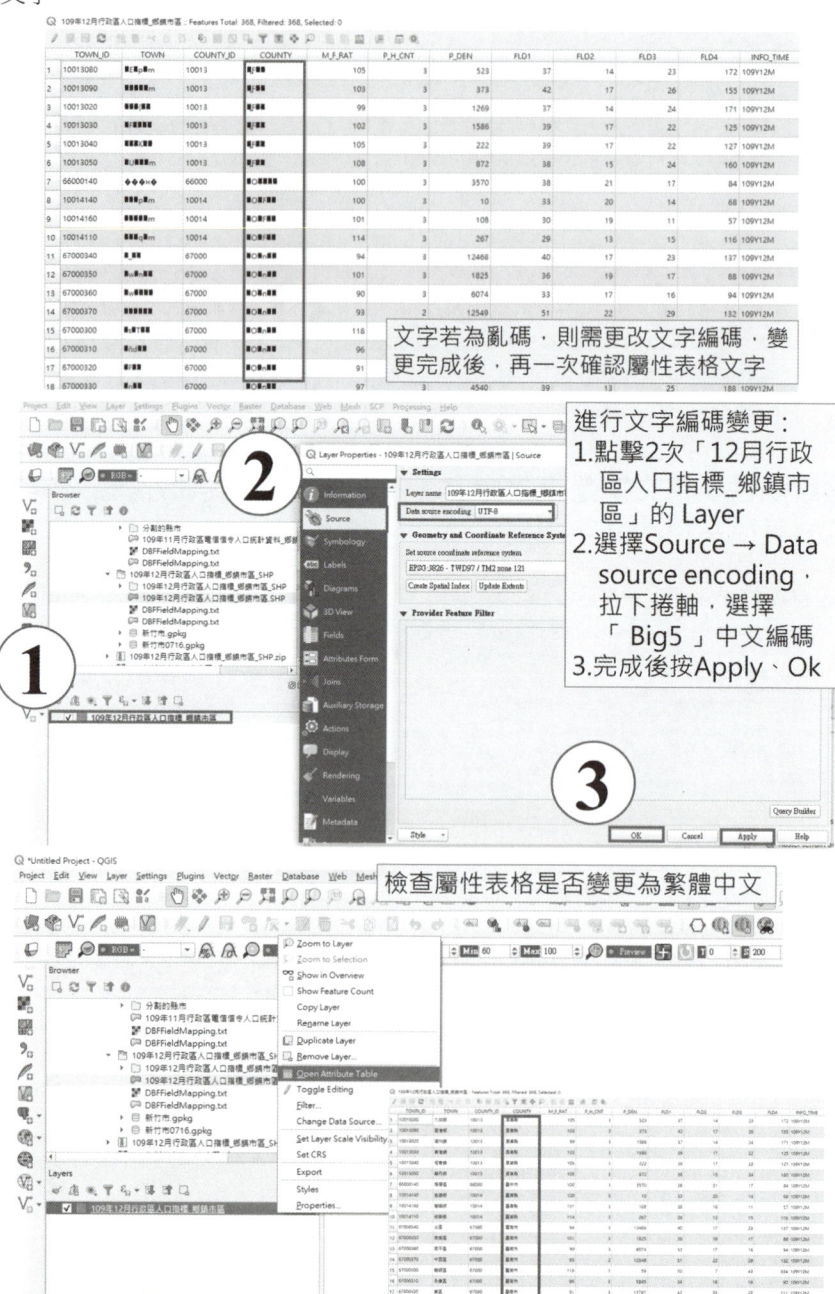

進行文字編碼變更：
1. 點擊2次「12月行政區人口指標_鄉鎮市區」的 Layer
2. 選擇Source → Data source encoding，拉下捲軸，選擇「Big5」中文編碼
3. 完成後按Apply、Ok

檢查屬性表格是否變更為繁體中文

第一章　從人口流動與住業均衡探討永續城鄉發展——以竹竹苗地區為例

4. 進行「空間選取」：選取繪製面量圖的空間範圍（新竹市）。

(1) 檢視工具列／屬性工具欄是否開啟並選取圖徵。

(2) 進行空間選取，於 COUNTY 欄位輸入新竹市。

進行「空間選取」：
1. 選擇 Select Features by Value
2. 在COUNTY欄位輸入新竹市。
3. 點擊 Select Features

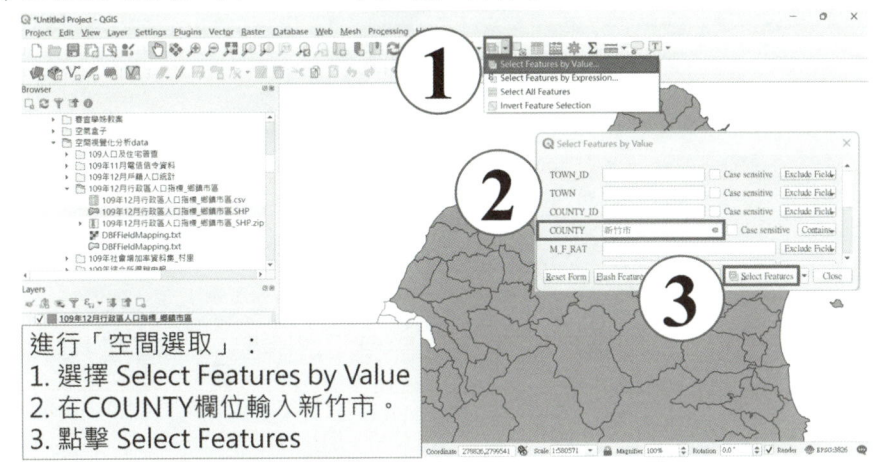

(3) 將選取的空間範圍另存新檔。

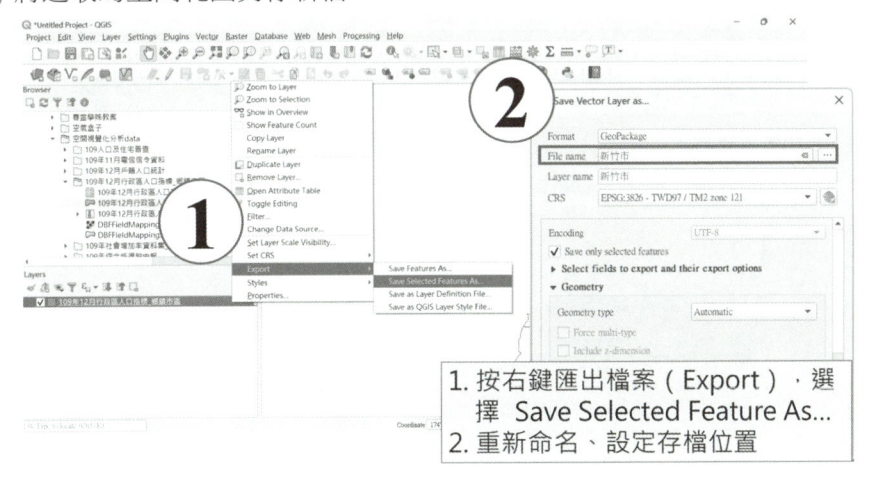

1. 按右鍵匯出檔案（Export），選擇 Save Selected Feature As…
2. 重新命名、設定存檔位置

地理資訊力
永續發展議題教學新方向

(4) 開啟新圖層（新竹市）。

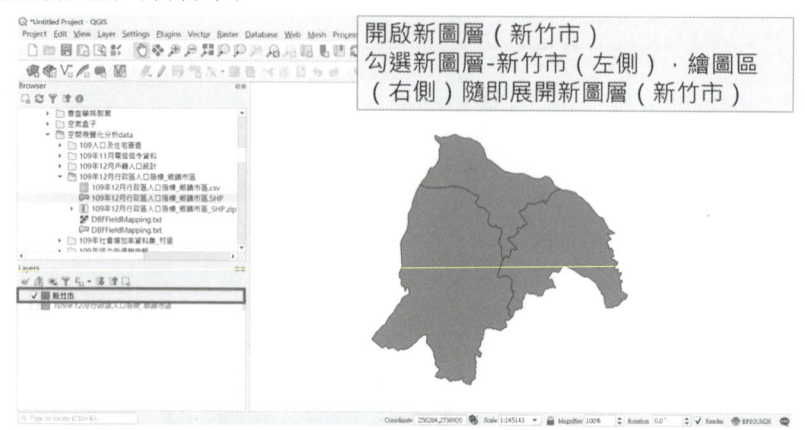

開啟新圖層（新竹市）
勾選新圖層-新竹市（左側），繪圖區（右側）隨即展開新圖層（新竹市）

5. 繪製面量圖：開啟圖層「屬性」→ 點選「符號學」→ 選擇「漸層」→ 進行圖例區塊數設定。

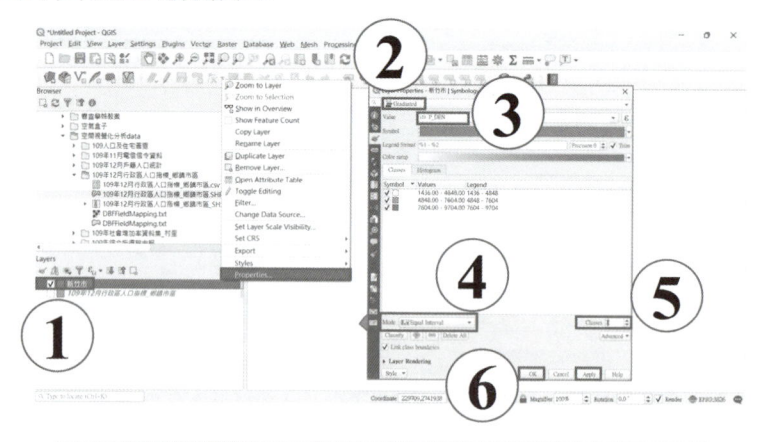

1. 點選「新竹市」的圖層，按右鍵選擇「Properties」
2. 選擇漸層Graduated
3. 選擇欄位「人口密度」P_DEN
4. 選擇Equal Interval（等距分級）來分組，亦可在右方調整組數
   註：分級方式可視資料是否分布均勻，選擇
   (1) 等量分級：Equal Count：每一組數量約略相等
   (2) 等距分級：Equal Interval：級距相等
5. 調整組別數Classes（區塊數）
6. 按Apply、OK

6. QGIS 屬性表格欄位若為難以辨識的代稱，可用 Excel 開啟另一個 CSV 檔比對所指稱的類別。

(1) CSV 檔下載位置：SEGIS → 資料集 → 資料集查詢下載 → 類別：人口 → 空間範圍：全國（22 縣市）→ 資料時間：年度範圍：民國年 109～109 → 空間統計單元：鄉鎮市區別 →開放程度：開放資料 → 關鍵字：行政區人口指標→ 109 年 12 月行政區人口指標_鄉鎮市區。

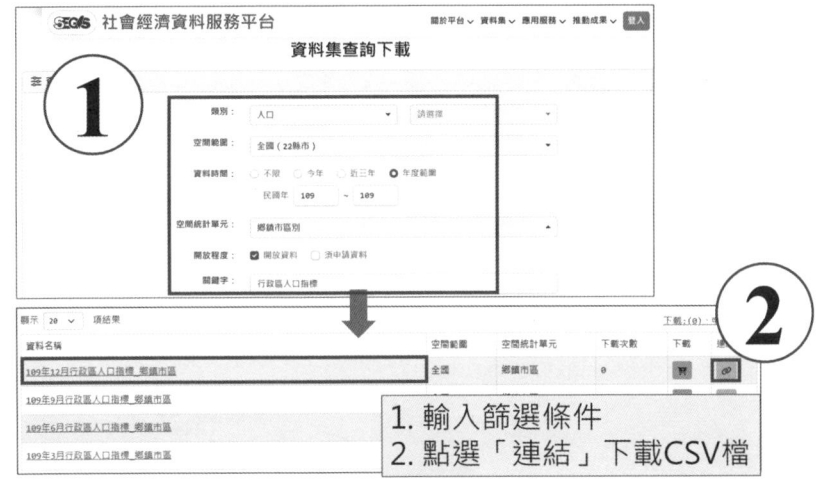

資料來源：截取並修改自內政部社會經濟資料服務平臺（n.d.-b）。資料集查詢下載。取自 https://segis.moi.gov.tw/STATCloud/QueryInterface

(2) 比對 Excel 的欄位名稱與 QGIS 屬性表格欄位代稱。

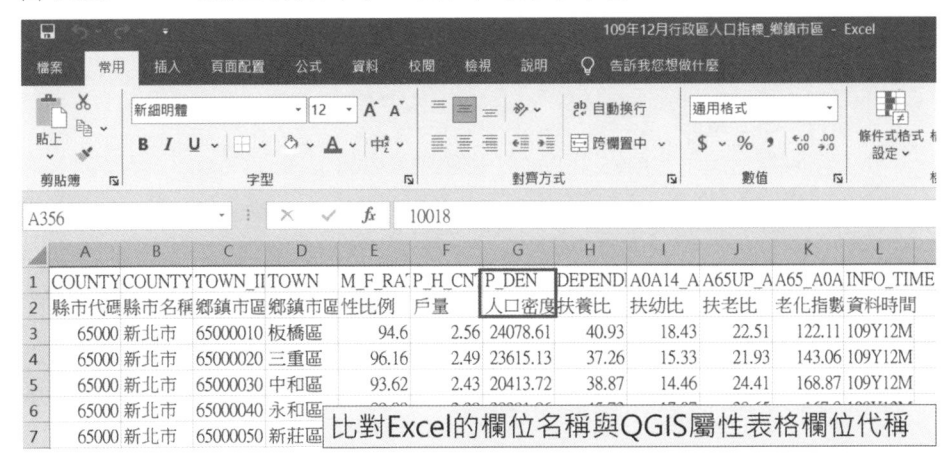

7. 選擇圖例色相，並手動調整間距值。

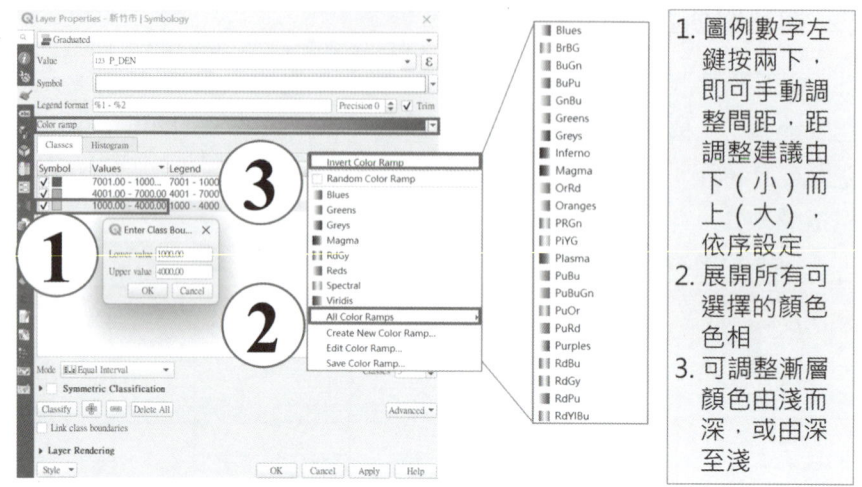

1. 圖例數字左鍵按兩下，即可手動調整間距，距調整建議由下（小）而上（大），依序設定
2. 展開所有可選擇的顏色色相
3. 可調整漸層顏色由淺而深，或由深至淺

8. 在面量圖上顯示單一標記：「各鄉鎮市區的名稱」。開啟圖層「屬性」→點選「標記設計」。

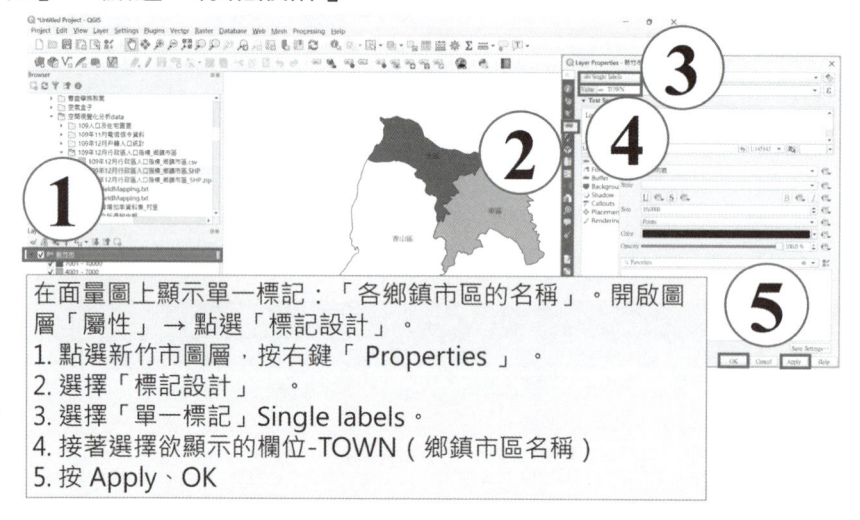

在面量圖上顯示單一標記：「各鄉鎮市區的名稱」。開啟圖層「屬性」→點選「標記設計」。
1. 點選新竹市圖層，按右鍵「Properties」。
2. 選擇「標記設計」。
3. 選擇「單一標記」Single labels。
4. 接著選擇欲顯示的欄位-TOWN（鄉鎮市區名稱）
5. 按 Apply、OK

9. 在面量圖上，同時顯示兩個標記（labels）：「各鄉鎮市區名稱」及「人口密度數值」。

(1) 先新增另一個新竹市圖層（如下圖左側），再將此圖層的透明度設定為 0%。

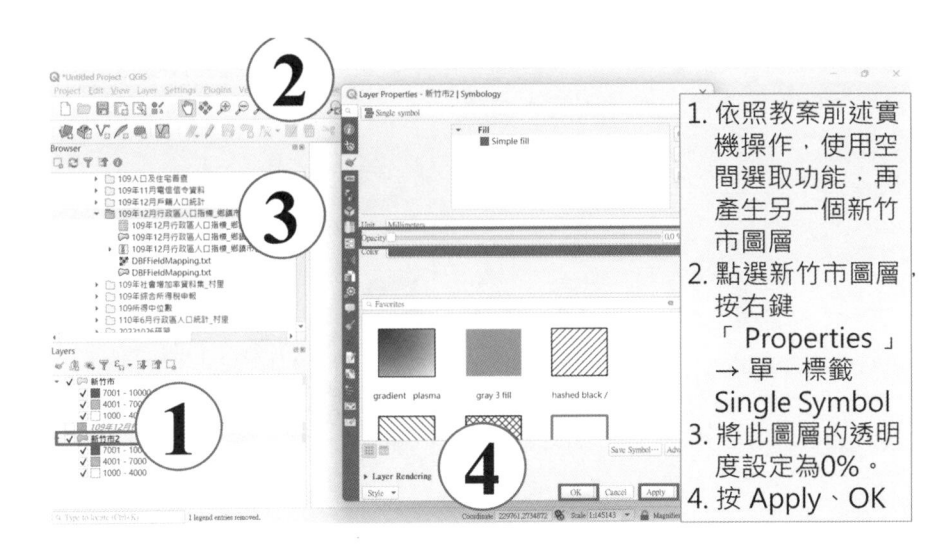

第一章　從人口流動與住業均衡探討永續城鄉發展──以竹竹苗地區為例

> 1. 依照教案前述實機操作，使用空間選取功能，再產生另一個新竹市圖層
> 2. 點選新竹市圖層，按右鍵「Properties」→ 單一標籤 Single Symbol
> 3. 將此圖層的透明度設定為0%。
> 4. 按 Apply、OK

(2) 設定兩個標記出現在面量圖上的位置。

　　重複步驟8「標記設計」，選擇欲顯示的欄位（人口密度）值後，設定「位置」，可選擇「自由（斜置）」模式或是「從質心偏移」→ 設定「偏移量 X, Y」與「單位（inches）」。

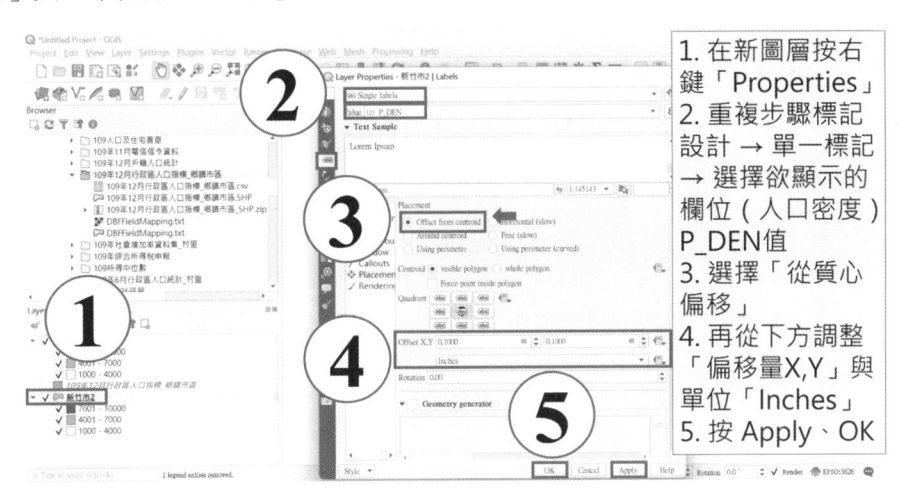

> 1. 在新圖層按右鍵「Properties」
> 2. 重複步驟標記設計 → 單一標記 → 選擇欲顯示的欄位（人口密度）P_DEN值
> 3. 選擇「從質心偏移」
> 4. 再從下方調整「偏移量X,Y」與單位「Inches」
> 5. 按 Apply、OK

69

10. 輸出主題地圖：包含圖名、圖例、比例尺和方向標。

(1) 命名主題地圖：將主題地圖輸入標題。

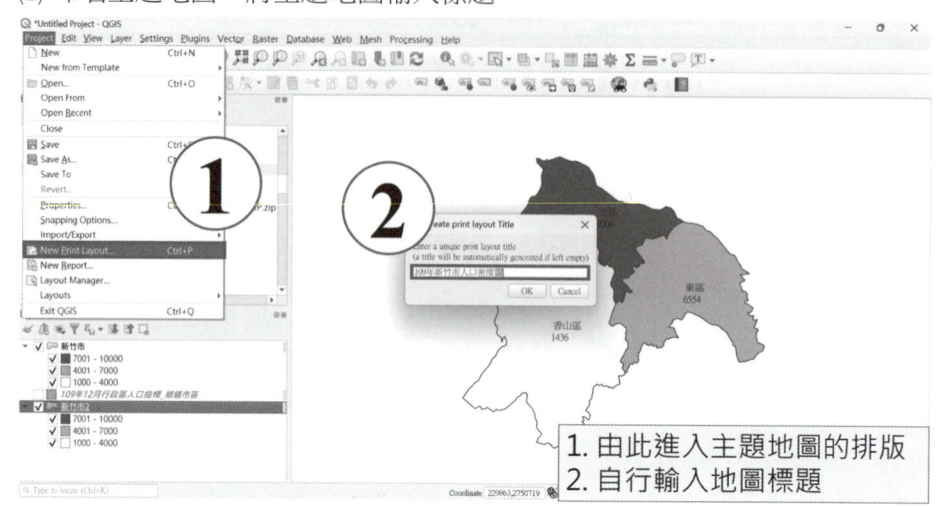

1. 由此進入主題地圖的排版
2. 自行輸入地圖標題

(2) 設定圖名、圖例、比例尺和方向標。

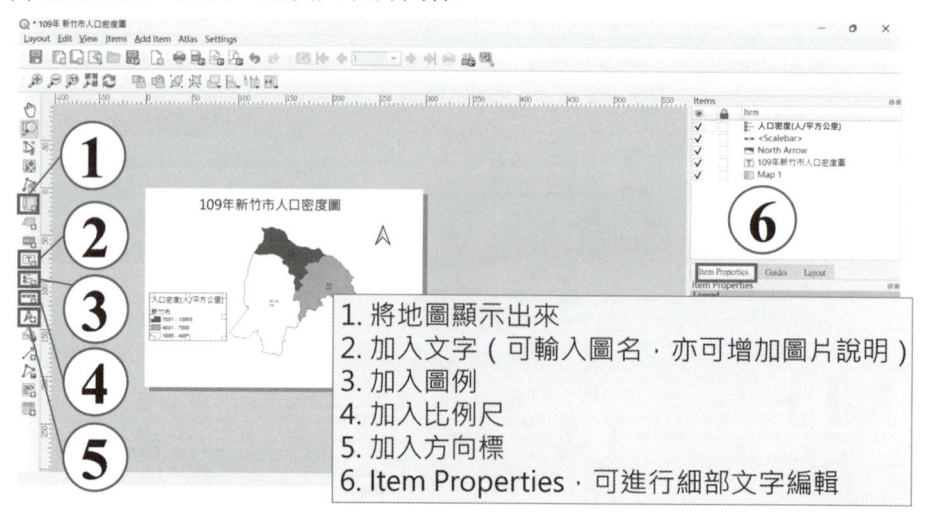

1. 將地圖顯示出來
2. 加入文字（可輸入圖名，亦可增加圖片說明）
3. 加入圖例
4. 加入比例尺
5. 加入方向標
6. Item Properties，可進行細部文字編輯

第一章　從人口流動與住業均衡探討永續城鄉發展──以竹竹苗地區為例

(3) 輸出主題地圖，地圖存檔類型可選擇 TIF 格式。

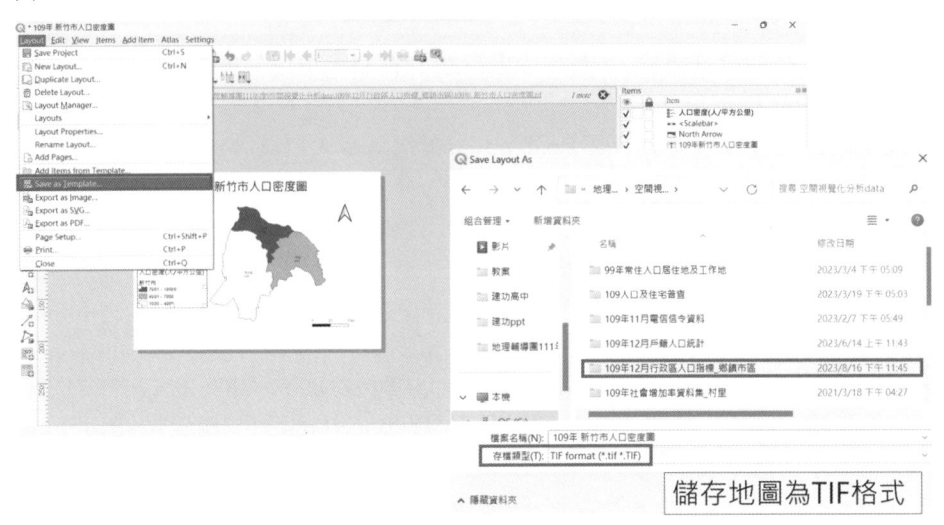

儲存地圖為TIF格式

11. 完成主題地圖。

109年新竹市人口密度圖

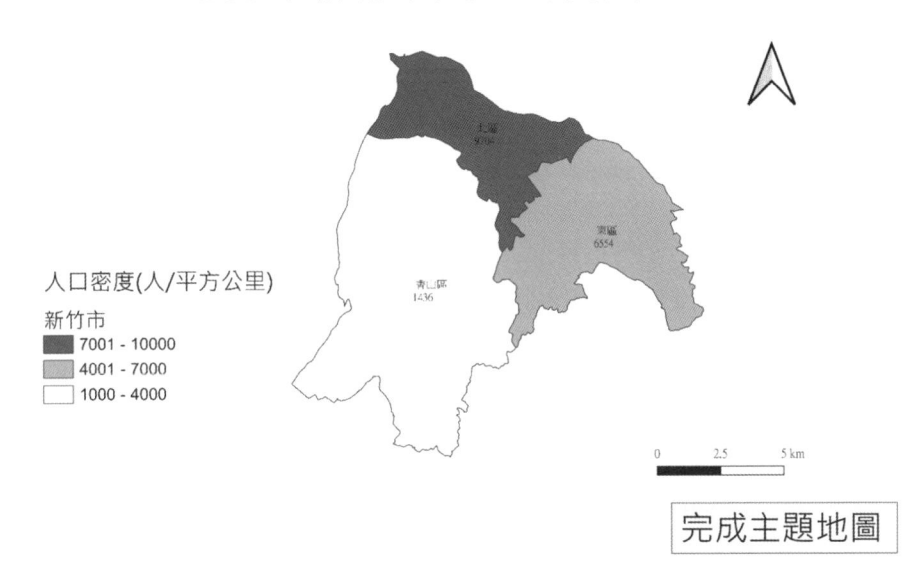

人口密度(人/平方公里)
新竹市
- 7001 - 10000
- 4001 - 7000
- 1000 - 4000

完成主題地圖

附錄三、參考資料

內政部戶政司全球資訊網（n.d.）。**人口統計資料**。取自 https://www.ris.gov.tw/app/portal/346

內政部社會經濟資料服務平臺（n.d.-a）。**電信信令人口統計資料**。取自 https://segis.moi.gov.tw/STATCloud/Signal

內政部社會經濟資料服務平臺（n.d.-b）。**資料集查詢下載**。取自 https://segis.moi.gov.tw/STATCloud/QueryInterface

內政部統計處（2021）。**電信信令人口統計之建置、分析與應用**。取自 https://ws.moi.gov.tw/Download.ashx?u=LzAwMS9VcGxvYWQvNDAwL3JlbGZpbGUvMC8xNDk0NS85NzMxZjkxNi01MzU5LTQzZDktYmVlOS0zNjMyYTUwOTcxMDYucGRm&n=6Zu75L%2Bh5L%2Bh5Luk5Lq65Y%2Bj57Wx6KiI5LmL5bu6572u44CB5YiG5p6Q6IiH5oeJ55SoLnBkZg%3D%3D&icon=..pdf

林聖欽（總編），吳育臻、張伯宇、王聖鐸、朱健銘、張淑惠（主編）（2021）。**地理 2**。新北市：龍騰文化。

國家住宅及都市更新中心（n.d.）。**中央興辦社區住宅計畫**。取自 https://sh.hurc.org.tw/

陳家煜（2019，9月19日）。當全臺都變成臺北的郊區⋯看高鐵延伸屏東的結果。**信傳媒**。取自 https://www.cmmedia.com.tw/home/articles/17545

黃丞毅（2020，6月12日）。優良農地再受脅　台知計畫將闖關內政部　民間連署呼籲退回。**環境資訊中心**。取自 https://e-info.org.tw/node/225082

黃健誠（2022年6月9日）。不再去城市打拼，六都人口逃走中！為何新竹縣市卻能逆勢成長、房價也狂漲？**今周刊**。取自 https://reurl.cc/Y8Lyel

新竹縣政府（2021）。**新竹縣國土計畫**。取自 https://land.hsinchu.gov.tw/content/?mode=dl_file&file_rename=5paw56u557ij5ZyL5Zyf8KiI55Wr5qC45a6a5pysXzIyMDcwNjA5MjMzNQ(3D(3D.pdf&parent_id=10998

樂居（n.d.）。**竹北市房價**。取自 https://reurl.cc/vk9kbo

賴文斌（1996）。**臺灣地區工作——居住分布之探討**（未出版之碩士論文）。逢甲大學建築及都市計畫研究所，臺中市。

The Global Goals for Sustainable Development（n.d.）。**17 項永續發展目標**。取自 https://globalgoals.tw/

QGIS.ORG. (2021). QGIS Geographic Information System. Open Source Geospatial Foundation Project (Version 3.22) [Computer software]. Retrieved from http://www.qgis.org

第二章

從高中學生通勤現象檢視 SDG 11 永續城鄉目標之成效——以新竹中學為例

蘇俐洙　國立新竹高中教師

一、旨趣說明

邀請您與我們一起學習並感受探索空間議題的樂趣！

108 新課綱施行前，緊鑼密鼓的宣導和研習中，相信大家對新課綱的大幅變動充滿想像，伴隨而來的焦慮感也一定不少。原本只熟悉命題文書處理的我，開始嘗試利用課餘時間與寒暑假，跟學生們一起討論空間相關議題，其中就有本章探討的新竹高中通勤熱區變遷。由於當時尚未嫻熟地理資訊系統（Geographic Information Systems, GIS）的操作，每個議題都讓學生跟我費時一學期才得以有成果。

新課綱有加深加廣（探究與實作、社會與環境議題、空間資訊科技）的選修課程，我們可以利用周間的課堂時間進行探究，例假日與寒暑假的時間不會再被擠壓，再加上有了許多 WebGIS、GIS 軟體，以及各項政府開放資料，當初讓我們費時一學期的新竹高中通勤熱區變遷，現在竟然六堂課就可以完成，還可以讓學生有更多的時間規劃自己有興趣的自主學習。

特地選用通勤圈的範例，是因為自己親身經歷過同一個空間議題，土法煉鋼與利用 GIS 科技兩種方式下，帶來的明顯差異與成就感。邀請各位使用這個教案，跟我一起感受探索空間議題的樂趣。

地理資訊力
永續發展議題教學新方向

二、教案提要

課程名稱	地理加深加廣選修課程——以空間資訊科技進行社會環境議題的探究與實作
授課年段	高三
單元名稱	從高中學生通勤現象檢視 SDG 11 永續城鄉目標之成效——以新竹中學為例
單元節數	六節
設備需求	電腦教室、QGIS 軟體

三、單元教學計畫

（一）單元課程架構

1. 主要社會環境空間議題

　　本教案根據聯合國永續發展目標（Sustainable Development Goals, SDGs）目標 11「永續城鄉：促使城市與人類居住具包容、安全、韌性及永續性」，在此目標之下，聚焦在 11.2 與 11.6 兩個細項，檢視並探討高中職社區化政策、新竹高中通勤熱區空間變遷與永續發展目標間的價值連結（本教案提及之 17 項永續發展目標，中文皆參見 The Global Goals for Sustainable Development，n.d.）。

11.2：在西元 2030 年以前，為所有的人提供安全的、負擔的起、可使用的，以及可永續發展的交通運輸系統，改善道路安全，尤其是擴大公共運輸，特別注意弱勢族群、婦女、兒童、身心障礙者以及老年人的需求。

11.6：在西元 2030 年以前，減少都市對環境的有害影響，其中包括特別注意空氣品質、都市管理與廢棄物管理。

2. 空間思考與空間問題

　　教育部於 2001 年起推動高中職社區化，之後為因應十二年國教政策，

提出「高中職適性學習社區教育資源均質化實施方案」,延續高中職社區化成果,旨在協助學生適性就近入學,促進適性學習社區內的國、高中學校從社區化到均質化,終極目標為完全免試升學。教育部高中職社區化政策,與聯合國永續發展目標 4「優質教育」的方向一致。而在此一政策潮流下,新竹高中的通勤熱區是否因此發生實質的空間變化?能否利用中地理論(商品圈)與都市擴張(都市化、郊區化、運輸革新)等地理學科概念,解釋新竹高中商品圈與通勤熱區變遷的因果關係?

如果高中職社區化的適性就近入學政策奏效,新竹高中學生的通勤距離平均值、通勤熱區理應反映出縮小與集中的現象,將更有機會達成 SDGs 中 11.2、11.6 的目標。然而,學生的實質通勤行為與內涵,是否符合此一預期呢?若否,其原因何在?針對以上的空間思考與空間問題,如何提出相應的永續城市治理建議?

3. 空間資料的蒐集

資料名稱	資料來源		資料種類	資料格式／性質
(1) 去識別化的學生住家地址	■自行產製	■地址轉換坐標 □地面定位 □地圖數化 □其他	■向量式資料 □網格式資料 □文字格式空間資料 □WMTS 網路圖磚服務 □其他	■CSV □JSON □SHP □KML □KMZ □TIF □其他
坐標系統 □WGS84 □TWD67 ■TWD97 □球面坐標 ■平面坐標	■網路圖資	■基本地圖類：Google Map、Google Earth ■綜合性網站：TGOS、全國門牌地址定位服務 ■主題性地圖網站：內政部國土測繪圖資服務雲 □VGI（FB、IG、Flickr、Google Map 評價等） □其他		
(2) 縣市界線	■自行產製	□地址轉換坐標 □地面定位 □地圖數化 ■其他：TGOS 下載縣市界後選出桃竹竹苗四縣市範圍	■向量式資料 □網格式資料 □文字格式空間資料 □WMTS 網路圖磚服務 □其他	□CSV □JSON ■SHP □KML □KMZ □TIF □其他
坐標系統 □WGS84 □TWD67 ■TWD97 □球面坐標 ■平面坐標	■網路圖資	□基本地圖類 ■綜合性網站：TGOS、政府資料開放平臺 Open Data 等 □主題性地圖網站 □VGI（FB、IG、Flickr、Google Map 評價等） □其他		

第二章 從高中學生通勤現象檢視 SDG 11 永續城鄉目標之成效——以新竹中學為例

資料名稱	資料來源		資料種類	資料格式／性質
(3) 路網資料	☐自行產製	☐地址轉換坐標 ☐地面定位 ☐地圖數化 ☐其他	■向量式資料 ☐網格式資料 ☐文字格式空間資料 ☐WMTS 網路圖磚服務 ☐其他	☐CSV ☐JSON ■SHP ☐KML ☐KMZ ☐TIF ☐其他
坐標系統 ☐WGS84 ☐TWD67 ■TWD97 ☐球面坐標 ■平面坐標	■網路圖資	■基本地圖類：Google Map ☐綜合性網站 ☐主題性地圖網站 ☐VGI（FB、IG、Flickr、Google Map 評價等） ■其他：OSM（VGI）		
(4) 鄉鎮市區界線	■自行產製	☐地址轉換坐標 ☐地面定位 ☐地圖數化 ■其他：TGOS 下載鄉鎮市區界後選出桃竹竹苗四縣市範圍的鄉鎮市區	■向量式資料 ☐網格式資料 ☐文字格式空間資料 ☐WMTS 網路圖磚服務 ☐其他	☐CSV ☐JSON ■SHP ☐KML ☐KMZ ☐TIF ☐其他
坐標系統 ☐WGS84 ☐TWD67 ■TWD97 ☐球面坐標 ■平面坐標	■網路圖資	☐基本地圖類 ■綜合性網站：TGOS、政府資料開放平臺 Open Data 等 ☐主題性地圖網站 ☐VGI（FB、IG、Flickr、Google Map 評價等） ☐其他		

註：WMTS: Web Map Tile Service; WGS84: World Geodetic System 84; TWD67: Taiwan Datum 1967; TWD97: Taiwan Datum 1997; TGOS: Taiwan Geospatial One Stop; OSM: OpenStreetMap; VGI: Volunteered Geographic Information.

4. 資料處理與分析

資料處理		資料分析
■坐標定位　　□空間關係查詢 □坐標整合　　□屬性資料表 Join □掃描數化　　■資料格式轉換 □空間對位　　□空間資料編修與統計 ■選取圖徵　　■屬性資料編修與統計 ■裁切／切除　■合併／融合 □空間查詢　　□向量與網格資料轉換 □屬性查詢　　□其他		□疊圖分析 □環域分析 ■路網分析（路徑分析、服務區分析） ■幾何向量圖形分析（凸包） ■密度分析（熱區圖） □內插分析 □地形分析（坡度、坡向、稜谷線、剖面圖、集水區水系、淹水模擬、視域分析等） □空間關聯性分析 □其他

5. 空間觀點的呈現與表達

　　透過不同學年度學生住家地址進行空間分析後，可知新竹高中招生範圍（商品圈）因為運輸革新而擴大，而新竹高中通勤熱區則是逐漸集中。在教育部高中職社區化政策推動下，教育資源逐漸從社區化到均質化，也使學生適性就近入學比例增加，此一趨勢在實現永續發展目標4「優質教育」，「確保有教無類、公平以及高品質的教育」的同時，也使學生通勤距離平均值縮小。初步檢視，高中職社區化政策強調適性就近入學，看似也可同時達成永續發展目標11「永續城鄉」。然而深入探究發現，早期（90學年度）新竹高中學生通勤方式以大眾運輸（鐵路、公車）、腳踏車、步行為主，109學年度的通勤距離平均值雖然比90學年度縮小，通勤熱區也較集中，看似朝永續發展目標11邁進，但學生以汽車接送通勤的比例相較於90學年度升高，此一通勤模式對永續發展的衝擊更多，碳排放實際上是增加的。多元檢視後發現，運輸革新若能著眼於改善竹竹苗區大眾運輸，例如增設 U-bike 並鼓勵使用，則更能落實永續發展目標。

（二）單元學習目標

1. 認知目標

1-1 學生能以地理系統、地理視野的觀點，連結社會環境議題與永續發展目標間的意義。

1-2 學生能思辨聯合國優質教育目標，與教育部高中職社區化政策間的價值連結。

1-3 學生能思辨聯合國永續城鄉目標，與高中職社區化政策間的價值連結，並能進行整合評價。

2. 技能目標

2-1 學生能蒐集探究新竹高中招生範圍（商品圈）所需的資料。

2-2 學生能蒐集探究新竹高中通勤熱區變遷，及永續城鄉議題所需的資料。

2-3 學生能運用地理資訊系統分析高中職社區化政策適性就近入學，與永續城鄉可永續發展的交通運輸系統的議題。

2-4 學生能根據地理系統與地理視野的觀點，利用地理技能的方法觀察，竹竹苗地區的高中職社區化政策，在落實永續發展目標4優質教育的同時，是否也促進永續城鄉目標之下的11.2可永續發展的交通運輸系統之完備，尤其是擴大公共運輸。

3. 態度目標

學生願意關心重大社會或環境問題，規劃探究問題的執行策略。

地理資訊力
永續發展議題教學新方向

（三）單元學習重點（依據 108 課綱普通型高中社會領域地理科綱要）

1. 學習內容

D. 空間概念

    b. 空間思考

E. 空間資訊的獲取與處理

    a. 資料來源

    b. 資料處理與呈現

F. 空間資訊的應用

    b. 人文與社會

        地 Fb-V-4　都市計畫應用

2. 學習表現

地 3a-V-1　根據地理系統與地理視野的觀點，利用地理技能的方法發掘各種社會及環境問題。

地 3b-V-3　從各類資料辨識現象的型態、關聯與趨勢，解讀資料蘊含的意義。

第二章　從高中學生通勤現象檢視 SDG 11 永續城鄉目標之成效——以新竹中學為例

（四）單元學習活動

1. 第一至二堂課：如何呈現新竹高中招生範圍（商品圈）

發展活動	備註
一、議題瞭解：教師說明與引導	5 分鐘
（一）在中地理論中，顧客願意移動到中地接受服務的最大距離，可以視為商品圈的範圍，如果從比較長的時間尺度來看，你認為建校百年歷史的新竹高中，招生範圍（商品圈）可能有何轉變？（非正式提問 → 引起學生注意）	
（二）請同學從自己的生活經驗想一想，近年來你的親友或是接觸到的學長、學弟，這些就讀新竹高中的學生，從他們的居住地點，可以反映出新竹高中近年來的招生範圍（商品圈）有什麼變化？（非正式提問 → 從事實導向意義）請同學發表是否有就讀新竹高中的親友。	
二、議題分析 （一）新竹高中近年來招生範圍（商品圈）變化 1. 同學們請思考，我們如何呈現新竹高中招生範圍（商品圈）的空間變化？ 2. 利用 Quantum GIS（QGIS）繪製學生住家地址，並探討新竹高中招生範圍（商品圈）的空間變化。 (1) 從繪圖結果（如圖 1）看出，與 90 學年度比較，109 學年度新竹高中商品圈的空間範圍有何變化？你會用哪一項地理概念解釋其原因？（導入探究的提問） 　　參考答案：變大；運輸革新，運輸革新使偏鄉或距離新竹高中較遠的學生也會有就讀意願。 (2) 若將該學年度招生範圍（商品圈），視為新竹高中通勤圈，並用來討論新竹高中學生每日的通勤現象，則此一分析指標可能隱藏了哪些誤差？（建構探究的提問） 　　參考答案：偏鄉學生多數是住宿生，並非每日從住家地址通勤上學。錄取新竹高中的偏鄉學生，人數少，而且每一學年度錄取的學生，住家地址變動幅度大，例如某一學年度可能為南庄鄉，下一學年度可能為尖石鄉，利用 90、109 單一學年度學生住家地址，的確可以畫出該學年度招生範圍（商品圈），但無法呈現出整體通勤熱區變遷趨勢。	95 分鐘

地理資訊力
永續發展議題教學新方向

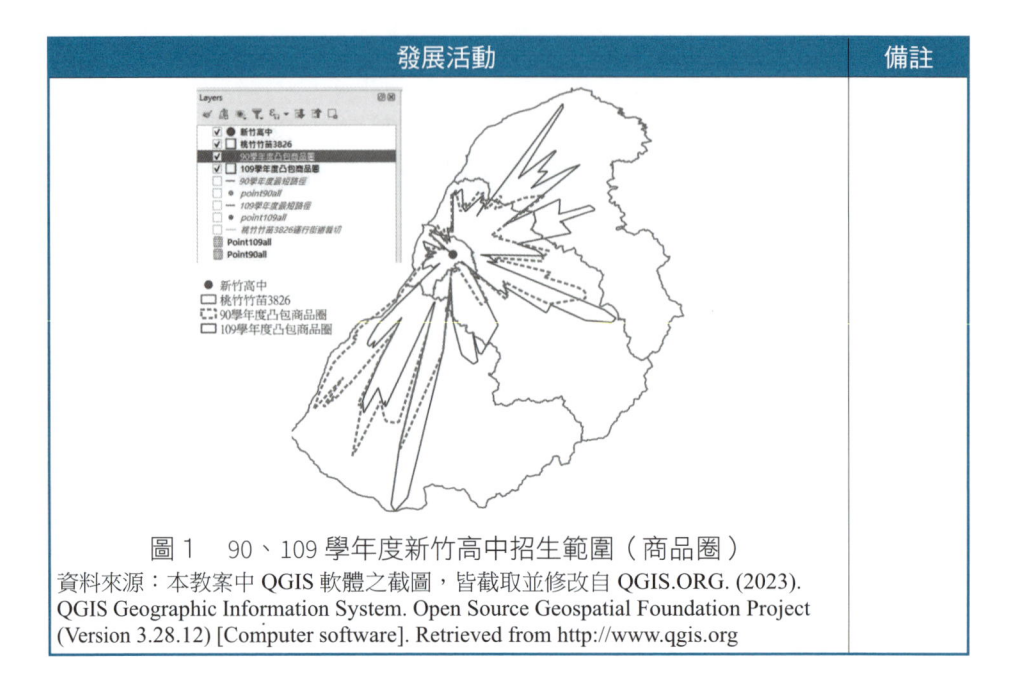

發展活動	備註
圖 1　90、109 學年度新竹高中招生範圍（商品圈） 資料來源：本教案中 QGIS 軟體之截圖，皆截取並修改自 QGIS.ORG. (2023). QGIS Geographic Information System. Open Source Geospatial Foundation Project (Version 3.28.12) [Computer software]. Retrieved from http://www.qgis.org	

2. 第三堂課：如何呈現新竹高中通勤區

發展活動	備註
一、議題瞭解	5 分鐘
教育部於 2001 年起推動高中職社區化政策，國家教育研究院為評估高中職社區化政策成效，並於 104 學年調查，結果顯示高中職學生通勤時間，平均單趟為 30 分鐘，換算成市區車行時速 50 km/hr 來看，高中職學生的單趟通勤距離約 25 公里。 請同學們思考：為瞭解高中職社區化政策在新竹中學的推行成效，我們可以用什麼方式呈現新竹中學學生從住家到學校的通勤距離？（導入探究的提問） 　　參考答案：必須先取得學生住家地址資料，並透過 GIS 將住址到 　　學校間的距離進行可視化呈現	
二、議題分析	5 分鐘
使用 QGIS 計算新竹高中學生從住家到學校的通勤距離時，宜計算兩點間的直線距離？還是用最短路徑分析？（建構探究的提問） 　　參考答案：要呈現實際通勤狀況，計算兩點間直線距離較無意義。 　　計算最短距離（路網分析）與平均通勤距離較能呈現。	

發展活動	備註
三、QGIS 實機操作 利用 QGIS 計算學生住家地址到學校的最短距離（路網分析）與平均通勤距離。 （一）以學生平均通勤距離討論通勤區變化。透過路網分析功能，計算兩個學年度學生平均通勤距離，如圖 2、圖 3。 （二）計算出 90 學年度最短（非直線）通勤路線平均距離為 10.457 km，109 學年度最短通勤路線平均距離為 9.625 km，如圖 4、圖 5。兩個學年度間的平均通勤距離縮短，假設 109 學年度因為運輸革新，使新竹高中招生範圍（商品圈）變大，有更多來自遠距離的學生，但計算學生通勤距離平均值後，卻比 90 學年度縮短，可見短距離通勤的學生數量增加。若是可以取得 90 學年度、109 學年度申請住宿的學生名單，將這些學生的通勤距離校正為零，則更能反映日常通勤距離的實際變化。 圖 2　90 學年度最短路徑分析 圖 3　109 學年度最短路徑分析	40 分鐘

發展活動

圖 4　90 學年度通勤距離平均值

圖 5　109 學年度通勤距離平均值

（三）由 QGIS 製圖成果解讀，從民國 90 年到 109 年，高中職社區化政策在新竹中學的推行成效如何？

參考答案：學生平均通勤距離縮短，顯示高中職社區化政策有正面成效。

3. 第四至五堂課：從新竹高中學生通勤現象檢視 SDG 11 永續城鄉目標（一）

發展活動	備註
一、議題瞭解 因歷年來高中職社區化等相關政策之推動，如：適性就近入學、社區高中直升獎勵措施、繁星計畫等，確實讓新竹中學學生的平均通勤距離縮短，學生適性就近入學比例增加。試想，此一教育趨勢在實現永續發展目標 4「優質教育」，「確保有教無類、公平以及高品質的教育」的同時，是否也有助於聯合國 SDGs 目標 11「永續城鄉」目標的達成呢？（導入探究的提問） 11.2：在西元 2030 年以前，為所有的人提供安全的、負擔的起、可使用的，以及可永續發展的交通運輸系統，改善道路安全，尤其是擴大公共運輸，特別注意弱勢族群、婦女、兒童、身心障礙者以及老年人的需求。 11.6：在西元 2030 年以前，減少都市對環境的有害影響，其中包括特別注意空氣品質、都市管理與廢棄物管理。	5 分鐘
二、議題分析 雖然新竹中學學生通勤最短距離平均值縮短，但實質通勤行為還必須進一步檢視，例如學生住址分布的集中趨勢與通勤交通區位條件等。熱區圖（Heatmap）適合用來呈現點資料的集中趨勢，正可用於識別點資料的高度密集區域，進而分析可能的通勤交通模式。	5 分鐘
三、利用 TGOS 展點繪製熱區圖（核密度圖）	20 分鐘
四、利用 QGIS 繪製熱區圖（核密度圖） （一）向註冊組申請提供去識別化的學生住址 1. 將各個學年度的住址資料整理，例如全形、半形統整，錯別字訂正。 2. 利用全國門牌地址定位服務，將各個學年度住址轉出為 TWD97 平面坐標 CSV 檔案（參見內政部國土測繪中心，n.d.）。 （二）取得縣市界線圖資、鄉鎮市區界線圖資，以選取功能取出探究範圍 1. 在 TGOS 地理開放資料下載縣市界圖資 TWD97 球面坐標（參見內政部資訊服務司，n.d.）。 2. 圖資重新投影成為 TWD97 平面直角坐標。 3. 利用選取功能取出桃竹竹苗縣市界（繪製商品圈、最短距離路網分析圖）。 4. 在 TGOS 地理開放資料下載鄉鎮市區界圖資 TWD97 球面坐標。 5. 利用選取功能取出竹竹苗鄉鎮市區界（繪製通勤熱區圖）。 6. 加入 TXT 圖層（CSV 檔）。	70 分鐘

發展活動	備註
（三）資料處理與分析 1. 利用 QuickOSM 取得桃竹竹苗附近街道資料，並裁切出桃竹竹苗範圍。 2. 利用路網分析新竹高中到學生住家地址的最短距離。 3. 利用幾何分析功能演算新竹高中招生商品圈（凸包）。 4. 轉出各住家地址最短距離 CSV 檔，再計算平均通勤距離。 （四）繪製通勤熱區圖 利用 QGIS 熱區圖功能，繪製新竹高中兩個學年度通勤熱區圖（如圖6、圖7）。 圖6　90 學年度竹中 QGIS 繪製通勤熱區圖 圖7　109 學年度竹中 QGIS 繪製通勤熱區圖	

4. 第六堂課：從新竹高中學生通勤現象檢視 SDG 11 永續城鄉目標（二）

發展活動	備註
一、議題瞭解：教師說明與引導	5 分鐘
（一）從上堂課的製圖成果判斷，新竹高中學生 90 學年度通勤熱區主要在新竹市北區、東區，以及新竹縣的竹北火車站一帶。109 學年度則向北集中，且集中在高鐵六家站附近。然而，高鐵六家站附近到新竹中學之間，使用公共運具的單趟通勤時間至少需要 50 分鐘，遠遠超過家長汽機車平均接送的 20 分鐘。因此，根據新竹高中 106 學年度通勤方式的問卷調查，居住竹北的學生，多選擇家長汽機車接送的方式，且比例高達七成以上，如圖 8。 圖 8　竹北市以汽車通勤上學比例高 （竹北 75.0%、竹東 16.7%、峨嵋 2.8%、湖口 2.8%、新豐 2.8%、新埔 0.0%、尖石 0.0%） 資料來源：胡宇恆（2018）。從中地理論看國立新竹高中商品圈變遷。取自 https://www.shs.edu.tw/Customer/Winning/EssayIndex	
（二）從永續發展目標 11.2、11.6 兩項，思考新竹高中學生們實質的通勤模式，與永續發展目標 11 的連結？（建構探究的提問） 11.2：在西元 2030 年以前，為所有的人提供安全的、負擔的起、可使用的，以及可永續發展的交通運輸系統，改善道路安全，尤其是擴大公共運輸，特別注意弱勢族群、婦女、兒童、身心障礙者以及老年人的需求。 11.6：在西元 2030 年以前，減少都市對環境的有害影響，其中包括特別注意空氣品質、都市管理與廢棄物管理。	5 分鐘

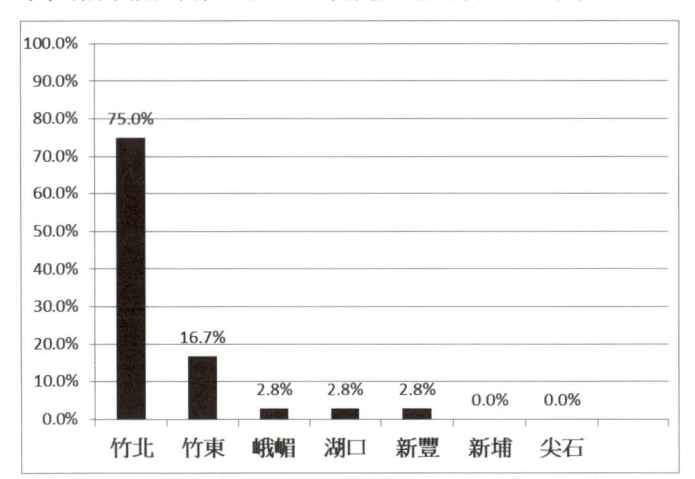

地理資訊力
永續發展議題教學新方向

發展活動	備註
二、議題分析	
（一）你認為地理學中的那些概念或理論，可以用來解釋或分析新竹高中通勤熱區的變化，以及學生實際通勤行為現象？（建構探究的提問）	10 分鐘
參考答案：都市擴張（都市成長、都市化與郊區化）、運輸革新、時空輻輳（Time-Space Convergence）、時空輻散（Time-Space Divergence）、中地理論（Central Place）、市場區域（Market Area）。	
（二）新竹縣市都市擴張的現象對永續發展目標 11.2、11.6 形成何種挑戰？（建構探究的提問）	5 分鐘
參考答案：新竹高中的通勤距離縮短，通勤熱區集中回應了高中職社區化政策，理應可以對應到 11.2、11.6 兩項子目標。然而，深入探究發現，新竹高中整體通勤空間範圍的擴大，以及近年來汽車為主的交通方式，反映了新竹縣市間的運輸革新，主要是公路里程數延長，與私人汽車運具的增加。因此，新竹高中通勤距離縮短，通勤熱區集中，這兩項趨勢雖然呼應了高中職社區化政策，但並沒有辦法落實永續發展目標 11.2 與 11.6 的細項目標。	
（三）針對以上現象，你認為提出何種建議可以改善學生通勤現況，使永續發展目標 11.2、11.6 更加落實？（深化探究的提問）	5 分鐘
參考答案：由於新竹縣市之間的運輸革新主要為公路里程延長與汽車普及，故新竹高中通勤熱區的竹北市學生們，以高比例的私人運具（汽車）通勤，這一汽車通勤的趨勢與永續目標是反其道而行，可見執政者需要針對此一現象，提供更多永續的大眾運輸方式，且在教育現場呼籲推廣，才能真正落實永續。	
三、延伸探究（書寫於學習單）	20 分鐘
（一）思考這套工具（熱區圖繪製功能）除了應用在通勤熱區的分析外，還可以應用在哪些議題上？	
（二）思考如何透過空間資訊科技，呈現竹北市的都市成長與都市化現象。	
（三）思考如何透過空間資訊科技，呈現竹北市高鐵站附近村里的郊區化與運輸革新狀況。	
（四）探討有竹中入學資格，但選擇就近就讀的學生的抉擇原因與人數變化，是否與高中社區化政策相呼應？	

附錄一、學生學習活動表單

表單 1：第六堂課學習單

延伸探究：

一、思考這套工具（熱區圖繪製功能）除了應用在通勤熱區的分析外，還可以應用在哪些議題上？

二、思考如何透過空間資訊科技，呈現竹北市的都市成長與都市化現象。

三、思考如何透過空間資訊科技，呈現竹北市高鐵站附近村里的郊區化與運輸革新狀況。

四、探討有竹中入學資格，但選擇就近就讀的學生的抉擇原因與人數變化，是否與高中社區化政策相呼應？

地理資訊力
永續發展議題教學新方向

表單 2：學生應用教師設計之評量基準表進行自評，並依據單元課程架構與課堂學習歷程，應用 ORID（Objective, Reflective, Interpretive, and Decisional）法撰寫心得 → 評量即學習（Assessment as Learning, AAL）

任務要求	超乎預期	符合預期	可以期待
我能以地理系統、地理視野的觀點，連結社會環境議題與永續發展目標間的意義			
我能思辨聯合國優質教育目標，與教育部高中職社區化政策間的價值連結			
我能思辨聯合國永續城鄉目標，與高中職社區化政策間的價值連結，並能進行整合評價。			
我能透過各式的開放資料，蒐集解決永續城鄉及永續交通的問題所需的網路圖資服務資料			
我能運用地理資訊系統技能和工具處理與分析資料，嘗試進行新竹高中通勤熱區空間分析			
我願意持續關心並嘗試規劃探究重大社會或環境問題的執行策略			

心得

ORID 法
O（Objective）：觀察客觀、事實。自問：「發生了什麼事？」、「我觀察到什麼？」
R（Reflective）：感知內在感受、反應。自問：「什麼事讓我有正面／負面的感受？」、「什麼事讓我印象深刻？」
I（Interpretive）：詮釋意義、價值。自問：「我為什麼會產生正面／負面的感受？」、「我有什麼學習與領悟？」
D（Decisional）：產生決定、行動。自問：「我能做出什麼改變？」、「我能怎麼應用所學？」

第二章　從高中學生通勤現象檢視 SDG 11 永續城鄉目標之成效——以新竹中學為例

附錄二、QGIS 操作步驟

更詳細的操作步驟請掃描 QR Code，或參見 https://www.ainoscopress.com/download/files/213-310/index.html 下載簡報檔案。

（一）招生範圍（商品圈）繪製

1. 步驟一：透過申請，向學校行政單位（註冊組）取得課程所需的幾個學年度住址資料，並進行去識別化等資料整理程序。

	A	B	C	D	E
1	年級	戶籍:郵遞區號	戶籍:縣市	戶籍:鄉鎮市區	戶籍:村里街號
2	1	360	苗栗縣	苗栗市	嘉盛里17鄰為公路000號
3	1	302	新竹市	北區	中山路000號00樓
4	1	302	新竹縣	竹北市	鹿場里00鄰文興路000號
5	1	300	新竹市	東區	博愛街00號00樓之0
6	1	300	新竹市	東區	公園路000號000樓
7	1	351	苗栗縣	頭份市	文化里00鄰文化街000巷0號
8	1	300	新竹市		四維路00巷000號00樓之0
9	1	300	新竹市		關新北路000號000樓
10	1	300	新竹市		鐵道路一段000巷000號000樓
11	1	300	新竹市		鐵道路二段000巷000弄000號
12	1	300	新竹市		志平路000號
13	1	300	新竹市		公道五路二段000號000F
14	1	300	新竹市		武陵路000巷000號000樓
15	1	363	苗栗縣	公館鄉	館東村興東街000號
16	1	302	新竹縣	竹北市	成功六街000號000樓
17	1	303	新竹縣	湖口鄉	光復東路000號000樓
18	1	302	新竹縣	竹北市	自強北路000巷000號000樓
19	1	302	新竹縣	竹北市	十興里16鄰莊敬三路000之000號000樓
20	1	300	新竹市	東區	高翠路000巷000弄000號
21	1	300	新竹市		光華二街000巷000號000樓

2. 步驟二：在 TGOS 註冊帳號（參見內政部資訊服務司，n.d.），利用批次地址比對服務，產出 TWD97 平面坐標資料。

(1) 在 TGOS 註冊帳號後，會有一組 API Key（Application Programming Interface Key），沒有期限，只要記得帳號、密碼登入後就可以查詢到。下載網頁提供的範本檔，在 Address 欄位貼上學生的地址，並將 ID 欄位先進行編號，勿變更範本檔其他欄位，一天可以比對一萬筆。

資料來源：截取並修改自內政部資訊服務司（n.d.）。內政地理資訊圖資雲整合服務平台。取自 https://www.tgos.tw/tgos

(2) 系統比對完成後，會寄信到申請的帳號信箱中，不需要在電腦前一直等待。

(3) 將比對完成之桃竹竹苗學生地址 TWD97 平面坐標資料存檔成為 CSV 檔。本教案示範的檔名，90 學年度為 point90all.csv、109 學年度為 point109all.csv。TGOS 轉出之坐標（X,Y）如下：

D Response_X	E Response_Y
248602.959	2743756.72
250583.687	2747656.963
248351.25	2755114.003
226026.67	2699895.259
246256.239	2745603.58
247642.019	2743912.64

3. 步驟三：

(1) 在 TGOS 下載縣市界，解壓縮後在 QGIS 打開，並利用選取功能取出桃竹竹苗縣市界。

載入縣市界圖層，利用選取功能選出桃竹竹苗

(2) 將選取的桃竹竹苗縣市界圖層，按右鍵，選擇 Export 匯出已選擇圖徵，另存新檔。

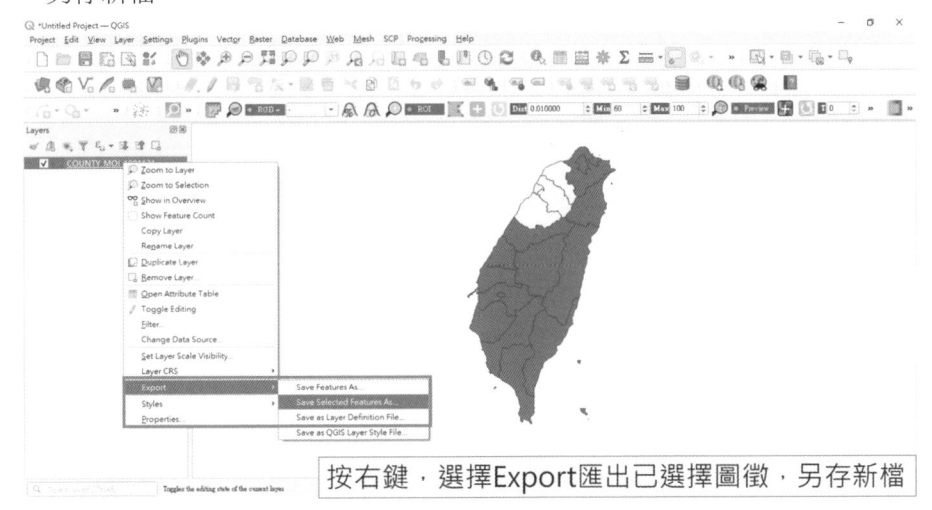

按右鍵，選擇 Export 匯出已選擇圖徵，另存新檔

地理資訊力
永續發展議題教學新方向

(3) 請注意，另存新檔時記得將坐標參考系統（Coordinate Reference System, CRS）選擇為 EPSG3826，TWD97 平面坐標（中央經線 121）。

> 另存新檔時將坐標參考系統選擇為EPSG3826，TWD97平面坐標（中央經線121）

4. 步驟四：

(1) 將步驟二整理好的 90 學年度地址對位完成的 TWD97 平面坐標，檔名 point90all.csv 加入圖層。

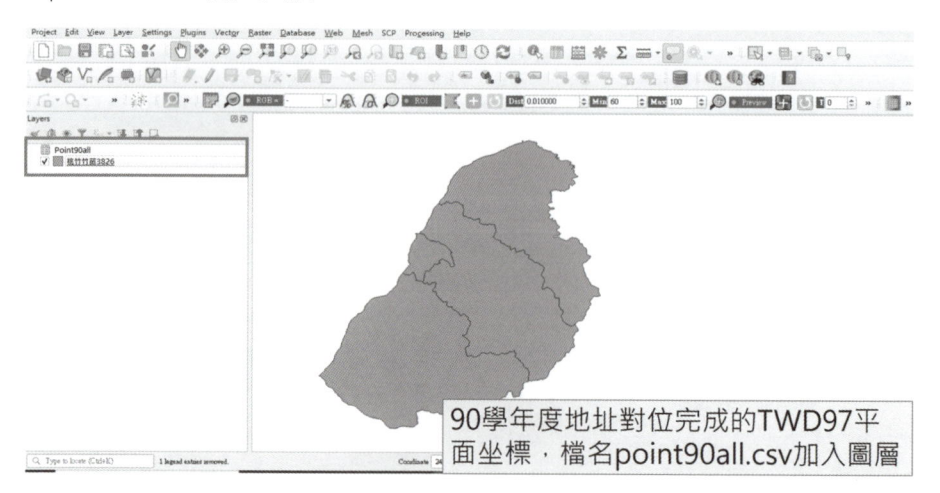

> 90學年度地址對位完成的TWD97平面坐標，檔名point90all.csv加入圖層

(2) 請注意，加入圖層時，務必先點選桃竹竹苗圖層，再選擇加入 Delimited Txt 分隔文字檔圖層功能。

1. 務必先點選桃竹竹苗圖層
2. 再選擇加入 Delimited Txt 分隔文字檔圖層功能

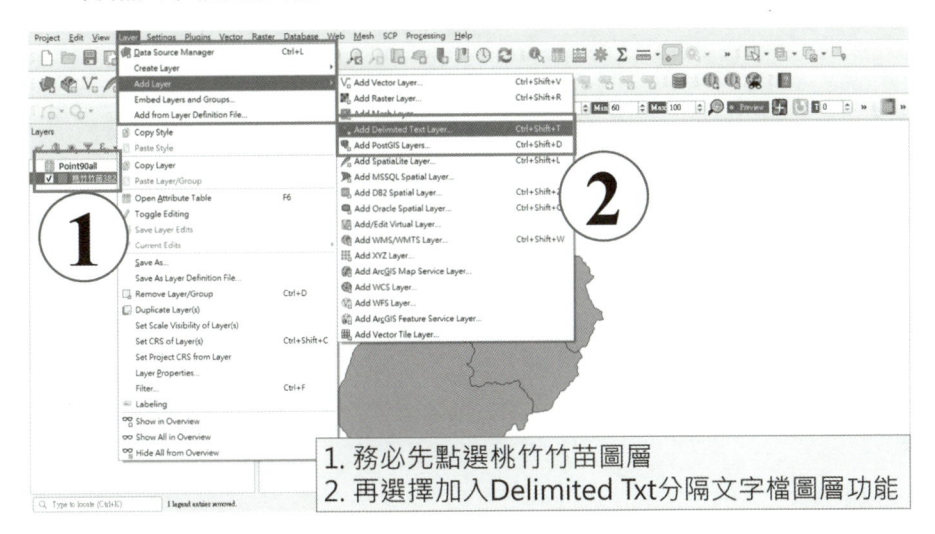

(3) 注意 X、Y 欄位對照，以及 CRS 選擇為 EPSG3826，TWD97 平面坐標（中央經線 121）。

1. 注意 X、Y 欄位對照
2. CRS 選擇為 EPSG3826，TWD97 平面坐標（中央經線 121）

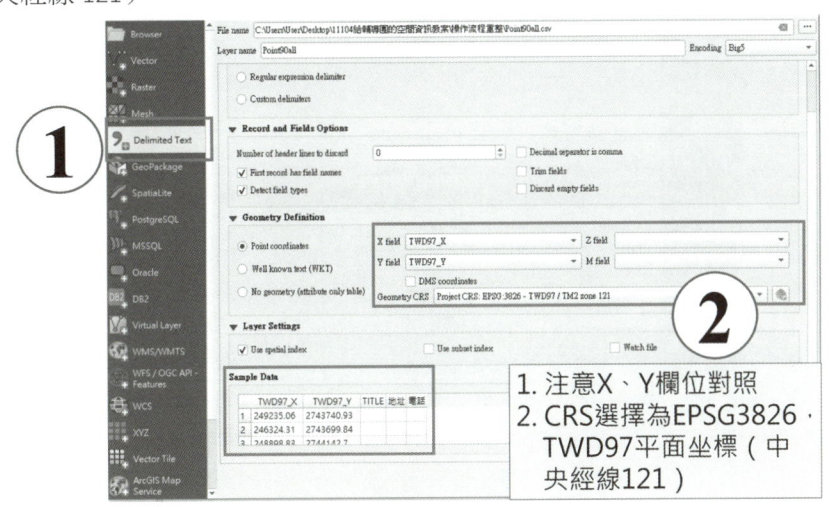

(4) 成功加入圖層，就會出現一個新的點圖層。

成功加入圖層，就會出現一個新的點圖層

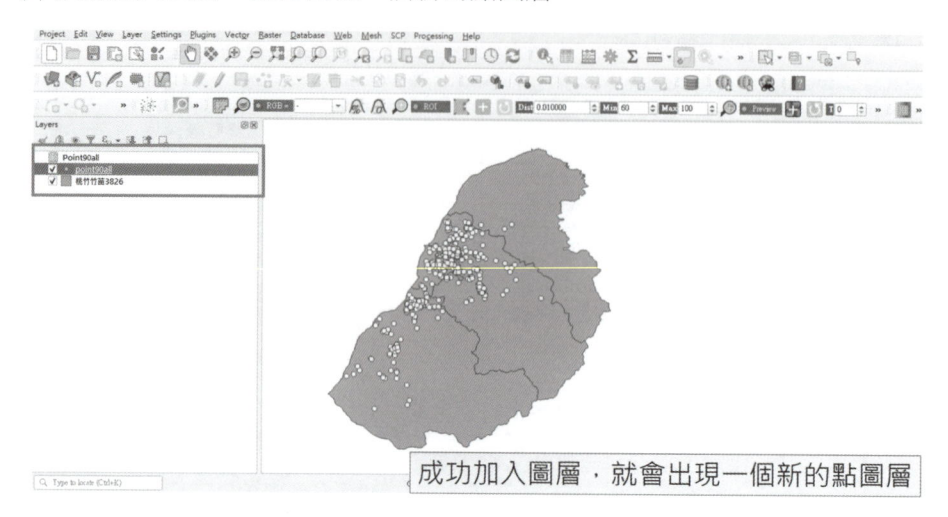

5. 步驟五：

(1) 將桃竹竹苗縣市界改為 Simple Line 輪廓，方便檢視。

桃竹竹苗縣市改為Simple Line輪廓，方便檢視

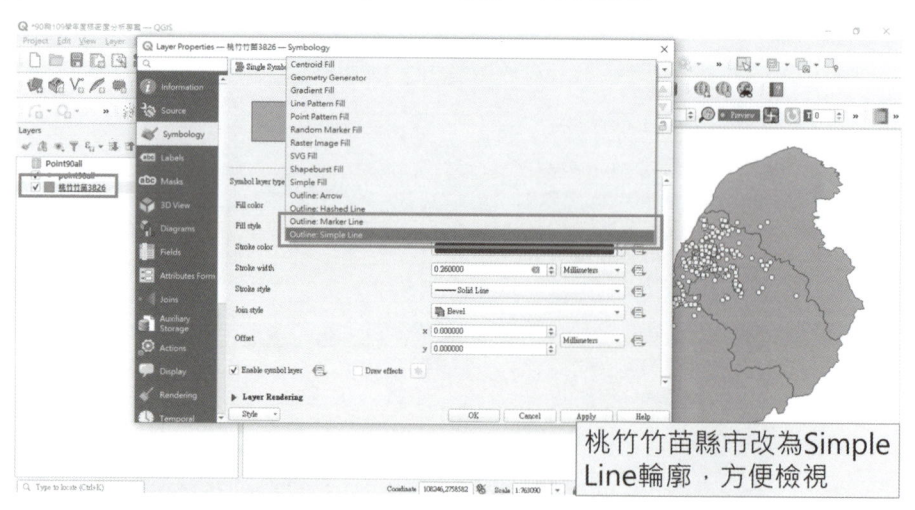

第二章　從高中學生通勤現象檢視 SDG 11 永續城鄉目標之成效──以新竹中學為例

(2) 打開外掛程式 QuickOSM，輸入 street 關鍵字，會跳出 Hightways/Streets，點選此一選項。請注意，QGIS 3.22 版本以上，才能下載外掛程式 QuickOSM，取得桃竹竹苗街道資料（利用 VGI）。

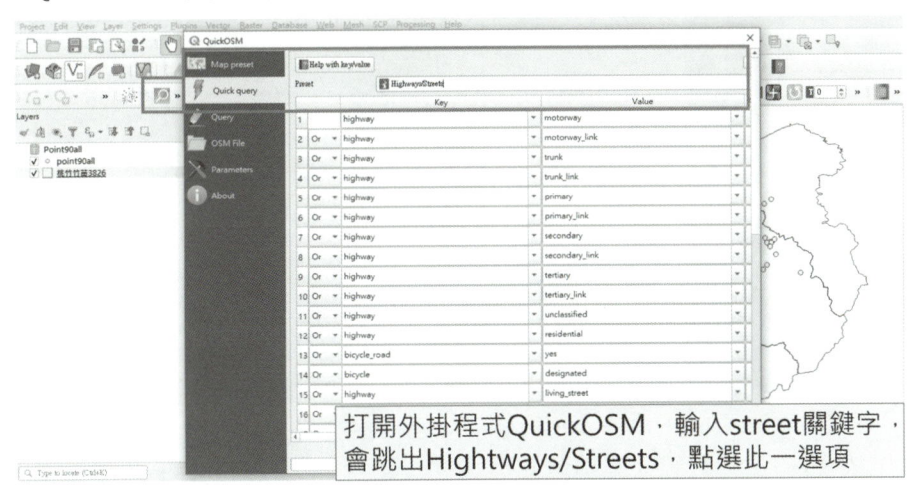

打開外掛程式QuickOSM，輸入street關鍵字，會跳出Hightways/Streets，點選此一選項

(3) 點選 Hightways/Streets 後，出現所有街道相關資料畫面。

點選Hightways/Streets後，出現所有街道相關資料畫面

(4) 將頁面往下拉，可以看到「位於」（In）的選項，再下拉，選擇「圖層範圍」（Layer Extent）（選擇「畫布範圍」〔Canvas Extent〕亦可），選取桃竹

99

地理資訊力
永續發展議題教學新方向

竹苗 3826 作為圖層範圍後，點選右側按鈕「運行查詢」（Run Query）。

「圖層範圍」（Layer Extent）（「畫布範圍」〔Canvas Extent〕亦可）．點選「運行查詢」（Run Query）。

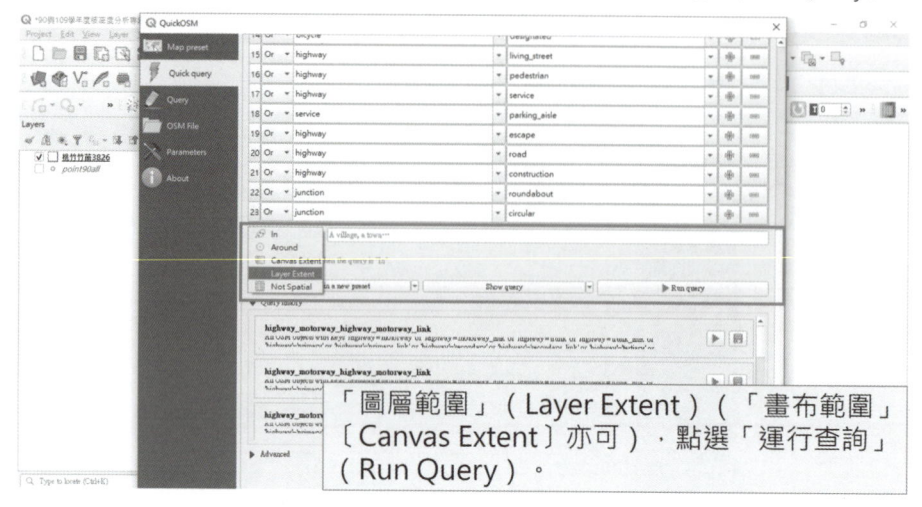

(5) 由於路網資料量龐大，電腦處理速度欠佳者，運算時間偏長，甚至容易當機，所以建議教師可以事先自行運算，取得本課程所需的縣市街道資料，再將這一份路網資料（線資料），放到雲端讓學生下載使用。實際課程內容只需教導學生，如何利用外掛程式 QuickOSM 取得研究需要的街道資料，將此一方法教給學生即可。運算結束後，會出現點、線、面三種圖層的暫存檔。

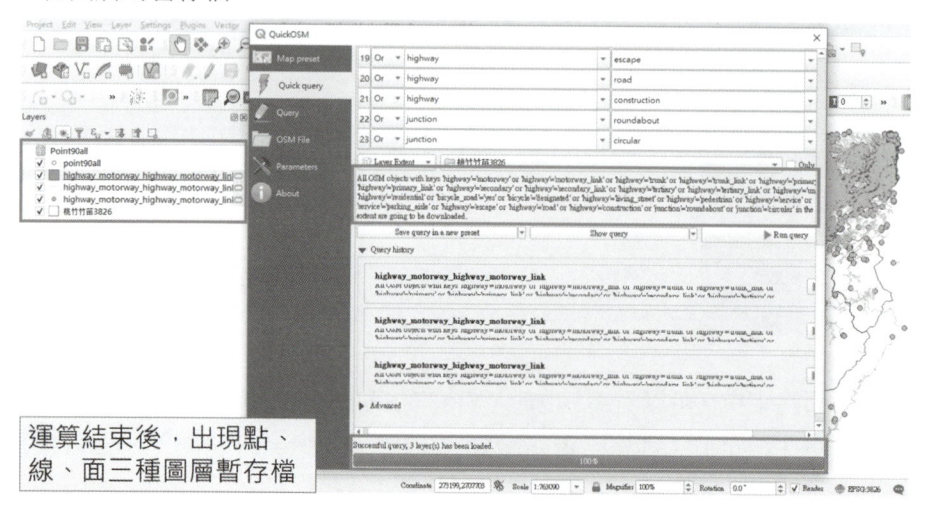

運算結束後，出現點、線、面三種圖層暫存檔

第二章　從高中學生通勤現象檢視 SDG 11 永續城鄉目標之成效——以新竹中學為例

(6) 刪除點、面檔案，在線檔案按右鍵，Export 匯出圖徵，另存新檔為桃竹竹苗 3826 運行街道圖，另存新檔時注意 CRS 要選擇 EPSG3826，TWD97 平面坐標。

> 線檔案按右鍵，Export匯出圖徵，另存新檔為桃竹竹苗3826運行街道圖

(7) 街道另存為桃竹竹苗 3826 運行街道圖檔後，可以將暫存檔刪除。

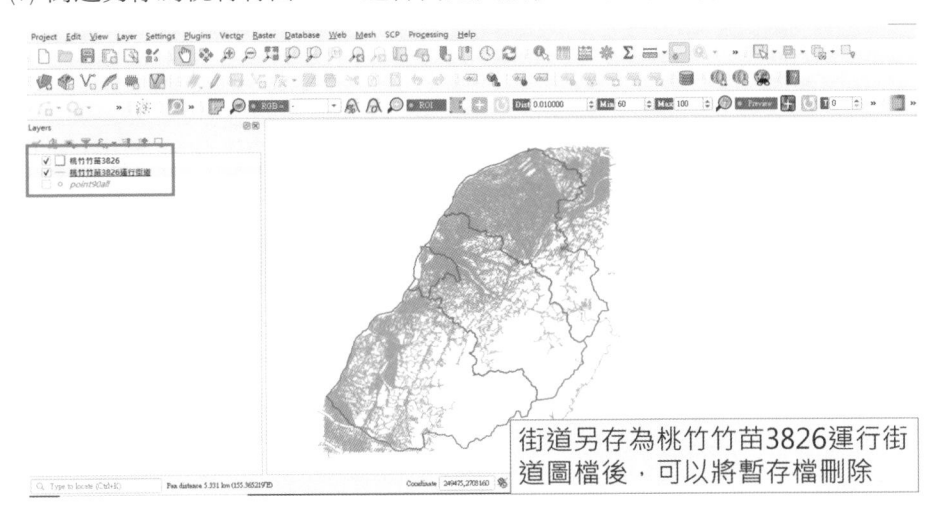

> 街道另存為桃竹竹苗3826運行街道圖檔後，可以將暫存檔刪除

6. 步驟六：

(1) 用桃竹竹苗 3826 圖層裁切出更精確的街道路網資料。

用桃竹竹苗3826圖層裁切出更精確的街道路網資料

(2) 雖然出現紅色警示（空間資料會被降級處理），但仍可執行裁切功能。

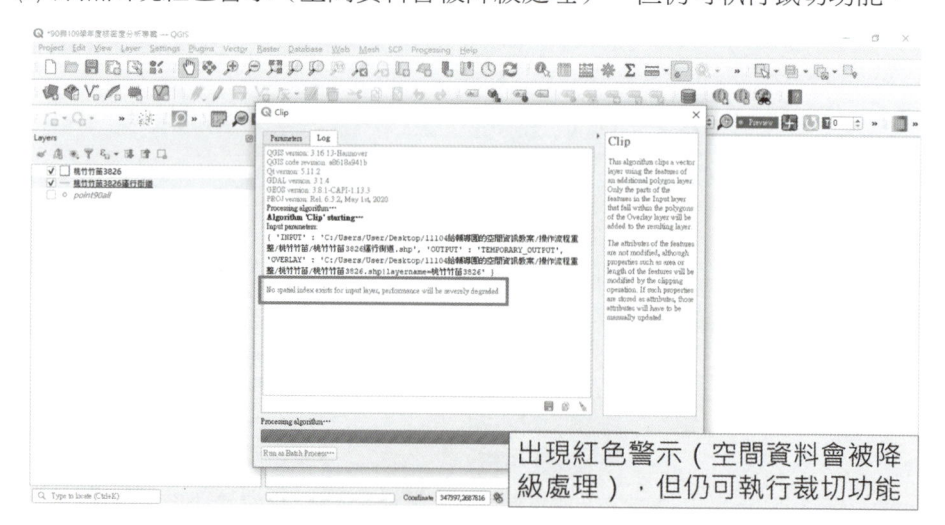

出現紅色警示（空間資料會被降級處理），但仍可執行裁切功能

(3) 裁切成功，出現「剪下」（Clipped）的暫存檔。

裁切成功，出現「剪下」（Clipped）的暫存檔

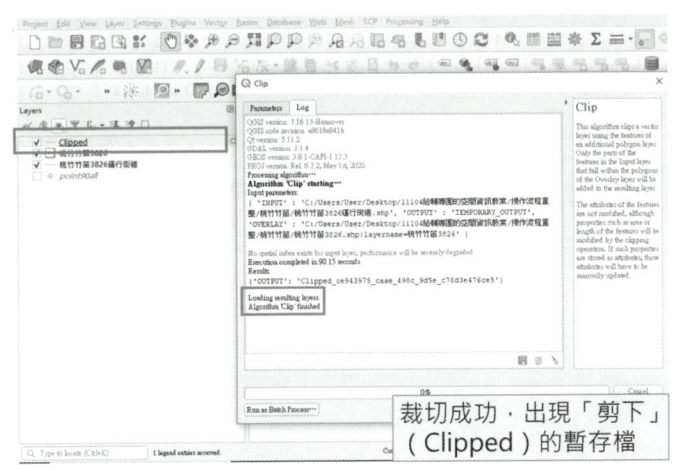

(4) 將「剪下」（Clipped）暫存檔按右鍵，選擇 Export 輸出，另存成桃竹竹苗 3826 運行街道裁切檔案。

將「剪下」（Clipped）暫存檔按右鍵，選擇Export輸出，另存成桃竹竹苗3826運行街道裁切檔案

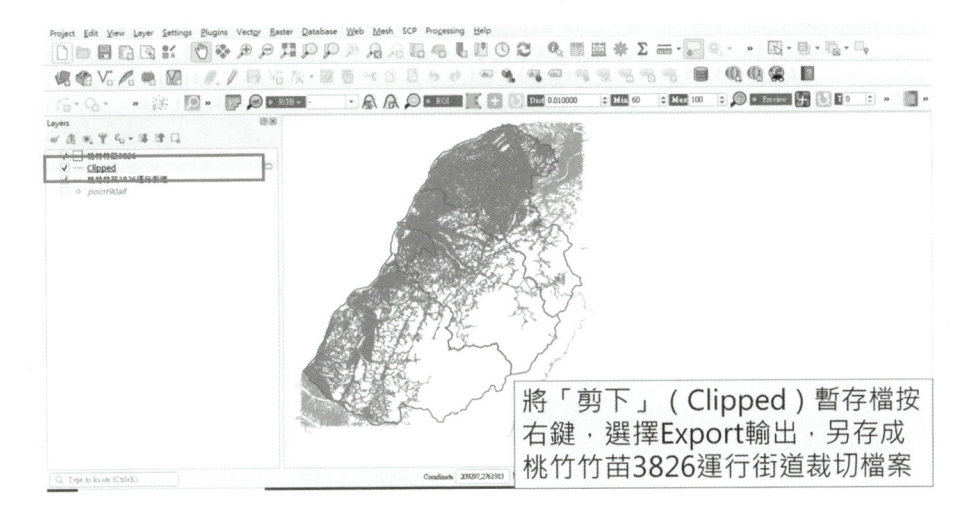

7. 步驟七：

(1) 利用外掛程式 Quick Map Service，將 Google Map 加入圖層檢視，找到新竹高中位置。

地理資訊力
永續發展議題教學新方向

> 用外掛程式Quick Map Service，將Google Map加入圖層檢視，找到新竹高中位置

資料來源：本教案使用之 Google Map 參見 Google（n.d.）。〔國立新竹高級中學地圖〕。2024 年 3 月 10 日取自 https://www.google.com.tw/maps/place/%E5%9C%8B%E7%AB%8B%E6%96%B0%E7%AB%B9%E9%AB%98%E7%B4%9A%E4%B8%AD%E5%AD%B8/@24.7942553,120.9784582,17z/data=!3m1!4b1!4m6!3m5!1s0x346835e43dfd0f29:0xb9af87c30d5706d8!8m2!3d24.7942553!4d120.9810331!16zL20vMDc1Z21k?entry=ttu

(2) 點選新增圖層按鈕（熱鍵，New Shapefile Layer），編輯新增一個新竹高中的點向量圖層，按下熱鍵會出現設定頁面，選擇檔案儲存位置、選擇點資料、選擇 CRS 為 EPSG3826 的 TWD97 平面坐標，在 Name 名稱的欄位鍵入 name（教師自行命名，中英文皆可），按下 Add to Fields List，新增欄位完成。

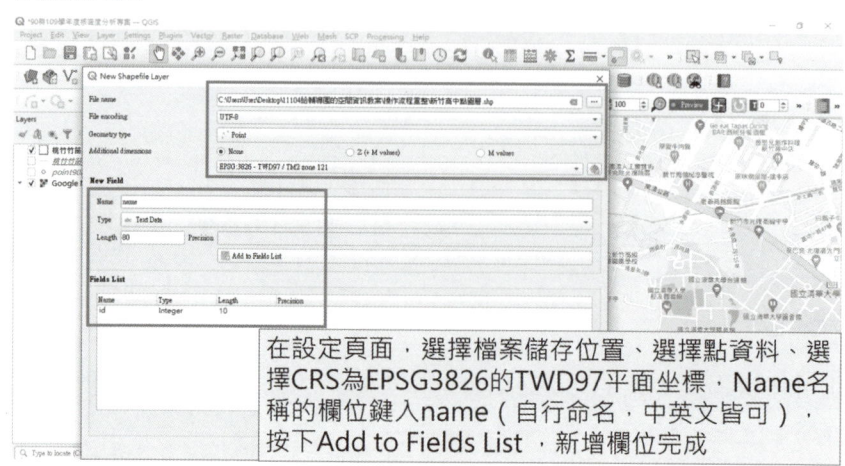

> 在設定頁面，選擇檔案儲存位置、選擇點資料、選擇CRS為EPSG3826的TWD97平面坐標，Name名稱的欄位鍵入name（自行命名，中英文皆可），按下Add to Fields List，新增欄位完成

104

第二章 從高中學生通勤現象檢視 SDG 11 永續城鄉目標之成效——以新竹中學為例

(3) 新增欄位完成後，圖層會出現操作者自行命名的「新竹高中點圖層」，點選黃色筆（編輯功能熱鍵，Toggle Editing），新竹高中點圖層左邊就會出現黃色筆，表示可以編輯的狀態，接著按下黃色筆（熱鍵）右邊的綠色點圖案（新增點圖層熱鍵，Add Point Feature），就可以開始新增新竹高中點圖層。

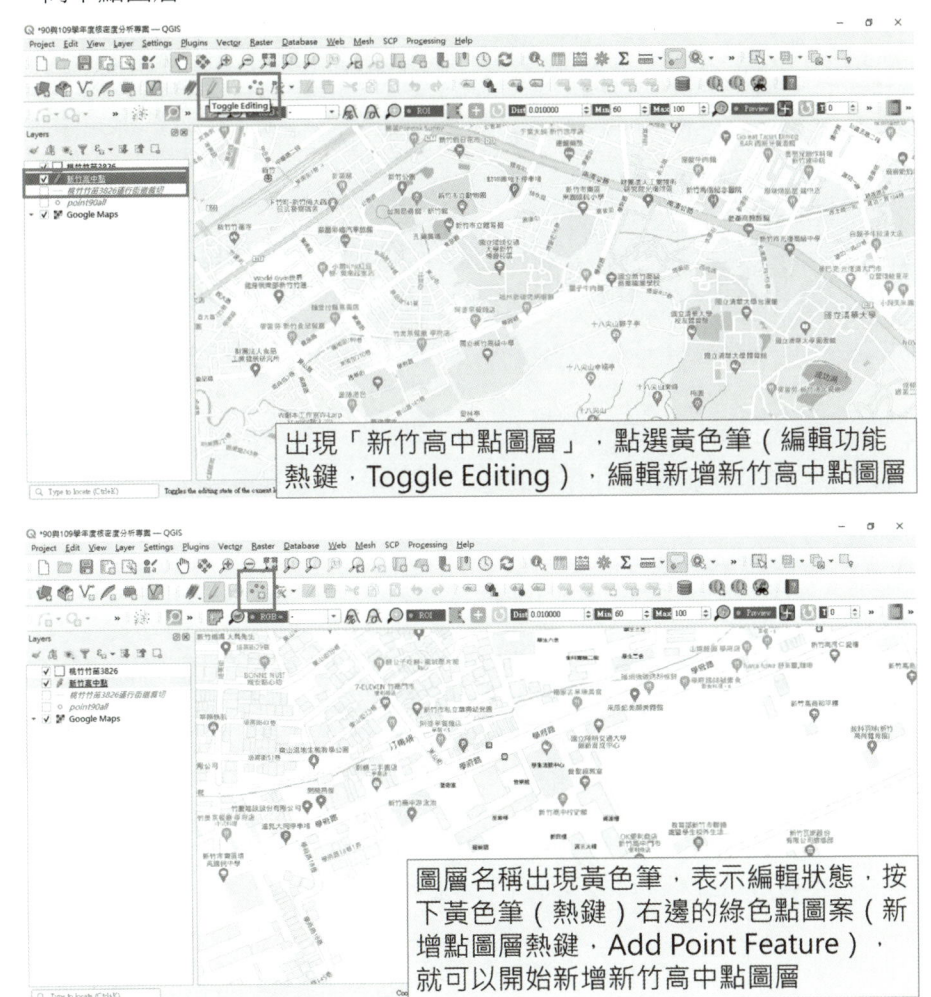

(4) 在新竹高中門口路口交叉處,按下滑鼠左鍵,會彈出點向量圖層的屬性欄位,在 id 輸入 1,在 name 輸入校名(新竹高中),按下 OK。

在新竹高中門口路口交叉處,按下滑鼠左鍵,會彈出點向量圖層的屬性欄位,在id輸入1,在name輸入校名(新竹高中),按下OK

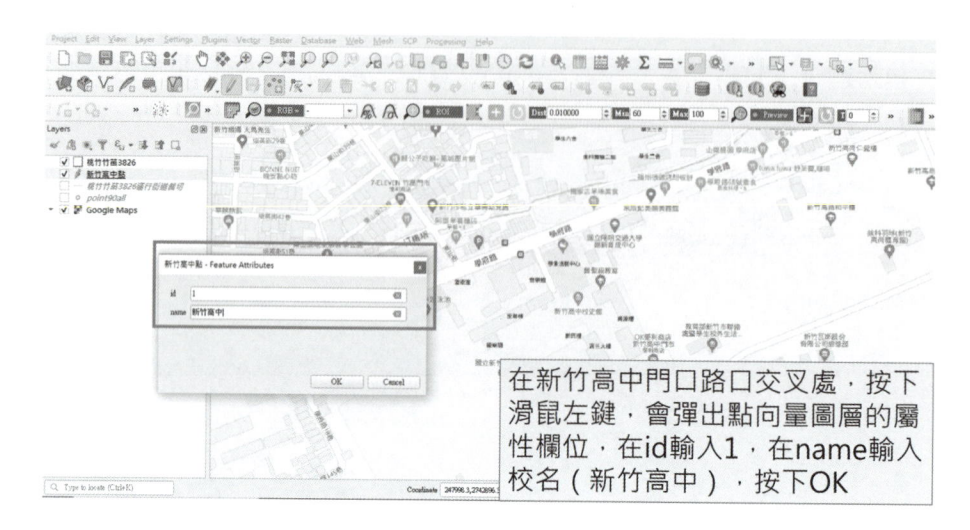

(5) 按下 OK 後,會出現新竹高中點圖層,點的大小與校名標籤可以自行編輯設定。請注意,此時仍在編輯狀態。

點的大小與校名標籤可以自行編輯設定。請注意,此時仍在編輯狀態

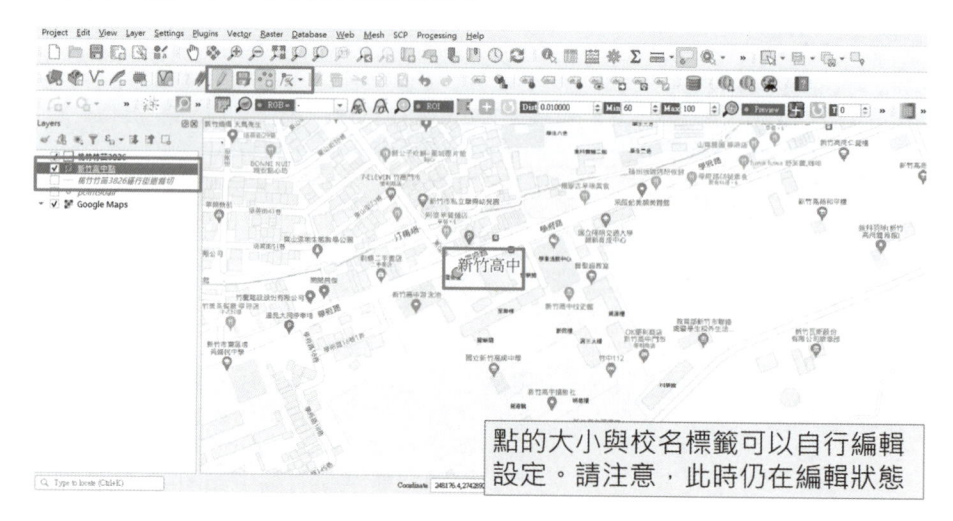

第二章　從高中學生通勤現象檢視 SDG 11 永續城鄉目標之成效──以新竹中學為例

(6) 請再按一次黃色筆（編輯功能熱鍵，Toggle Editing），會彈出是否想將改變的內容儲存，選擇是，結束編輯狀態。

再按一次黃色筆（編輯功能熱鍵，Toggle Editing），會彈出是否想將改變的內容儲存，選擇是，結束編輯狀態

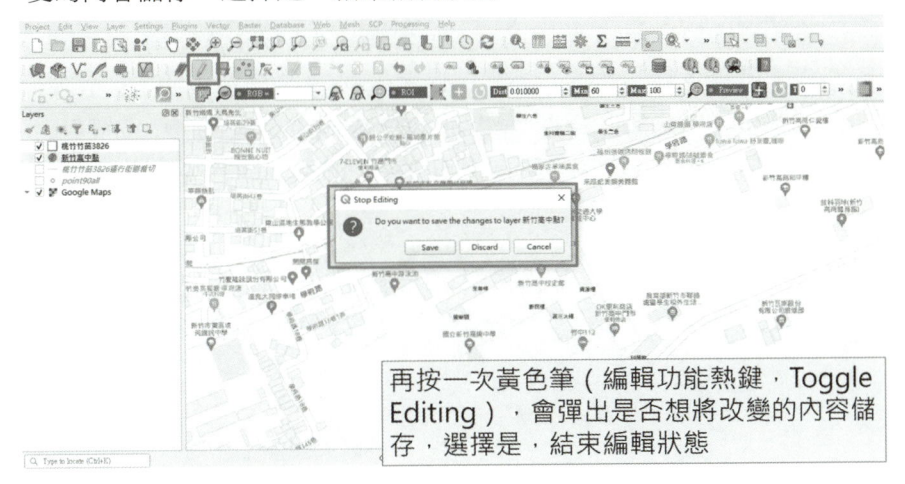

8. 步驟八：

(1) 準備利用步驟六裁切完成的桃竹竹苗街道圖層，進行步驟四完成的 90 學年度學生住址點向量圖層，與步驟七完成的新竹高中點圖層，兩者間最短路徑路網分析。

裁切完成的桃竹竹苗街道圖層，進行步驟四完成的 90 學年度學生住址點向量圖層，與步驟七完成的新竹高中點圖層，兩者間最短路徑路網分析

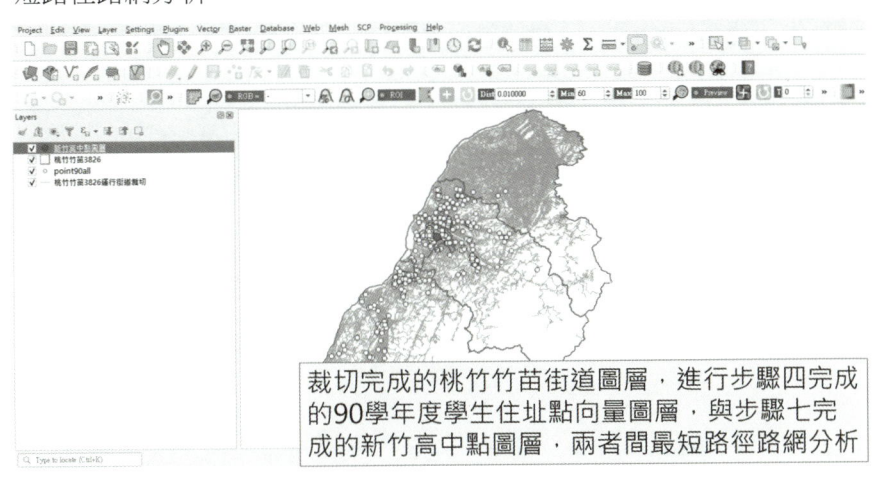

(2) 點選藍色齒輪（地理運算工具熱鍵，Toolbox），彈出各式分析功能視窗，選擇 Network 網路分析中的 Shortest Path 最短路徑 Layer（90 學年度地址點向量圖層）to Point（新竹高中）。點選後，會彈出設定視窗，要分析的路網圖層為步驟六完成的「桃竹竹苗 3826 運行街道裁切」，計算路徑類型已經預設為最短，選擇步驟四完成的學生地址點圖層，End Point 的右邊三個點按下後，在圖上點選到新竹高中的點，接著按「運行」。

> 路網圖層為步驟六完成的「桃竹竹苗3826運行街道裁切」，計算路徑類型預設為最短，選擇學生地址點圖層，End Point的右邊三個點按下後，在圖上點選到新竹高中的點，接著按「運行」。

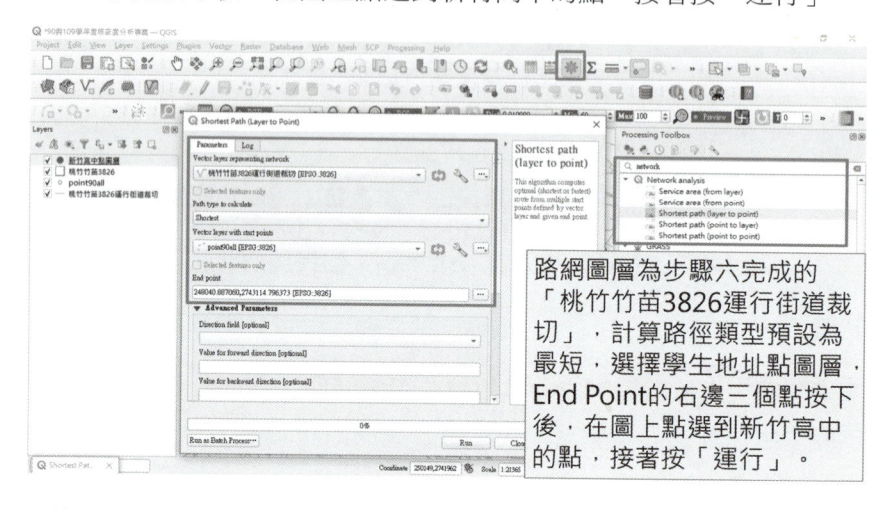

(3) 運算中，運算速度因為電腦功效而異。

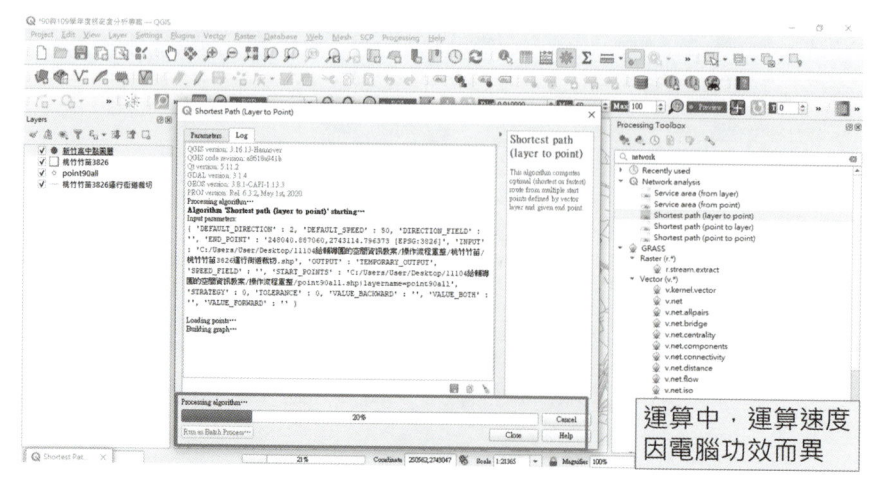

> 運算中，運算速度因電腦功效而異

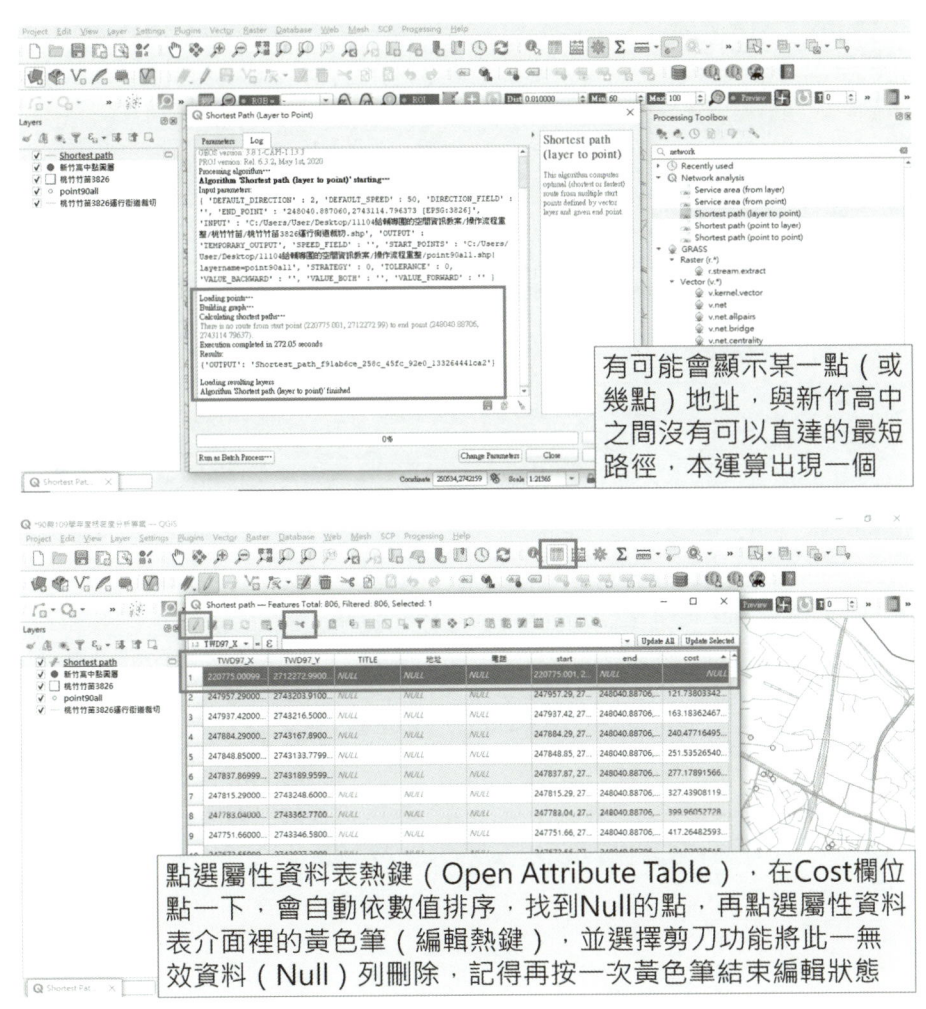

第二章　從高中學生通勤現象檢視 SDG 11 永續城鄉目標之成效——以新竹中學為例

(4) 運算結束時，有可能會顯示某一點（或幾點）地址，與新竹高中之間沒有可以直達的最短路徑，本運算出現一個。可以點選屬性資料表熱鍵（Open Attribute Table），在 Cost 欄位點一下，會自動依數值排序，找到 Null 的點，再點選屬性資料表介面裡的黃色筆（編輯熱鍵），並選擇剪刀功能將此一無效資料（Null）列刪除，記得再按一次黃色筆結束編輯狀態。

有可能會顯示某一點（或幾點）地址，與新竹高中之間沒有可以直達的最短路徑，本運算出現一個

點選屬性資料表熱鍵（Open Attribute Table），在Cost欄位點一下，會自動依數值排序，找到Null的點，再點選屬性資料表介面裡的黃色筆（編輯熱鍵），並選擇剪刀功能將此一無效資料（Null）列刪除，記得再按一次黃色筆結束編輯狀態

(5) 運算結果為最短路徑暫存檔,請將最短路徑暫存檔按右鍵,匯出,選擇儲存格式為 ESRI Shape,本示範操作的另存檔,檔名為「90 學年度最短路徑」。

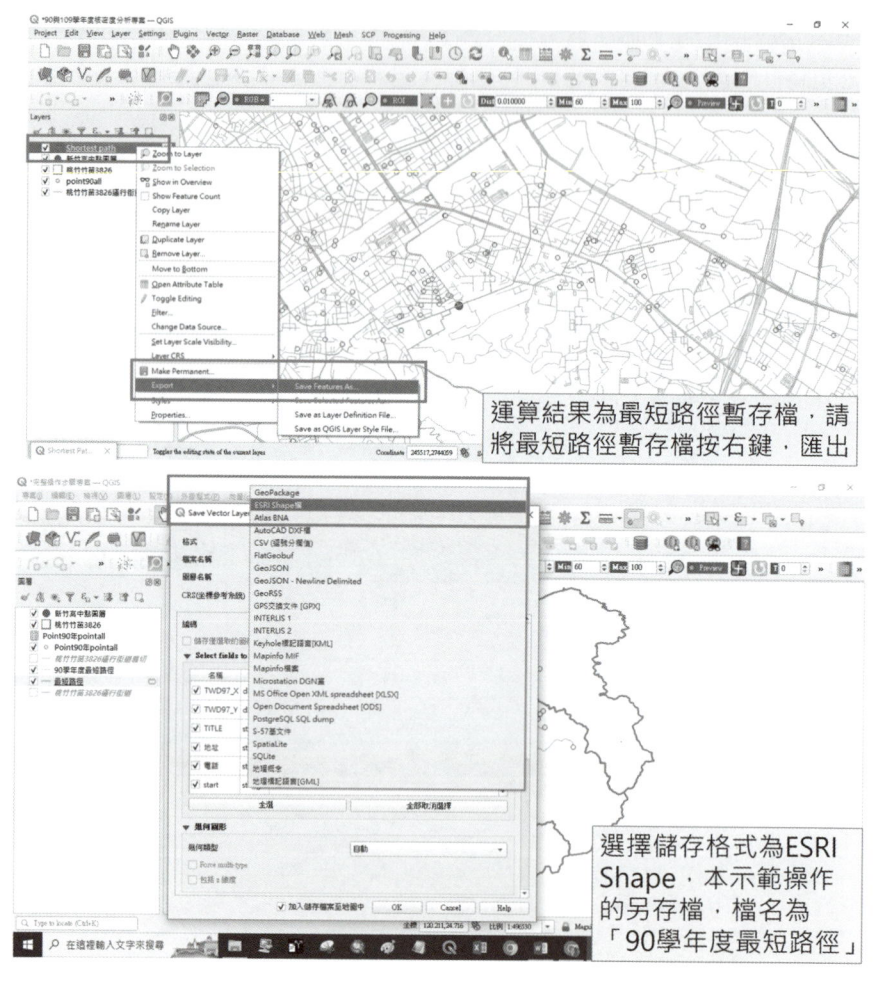

9. 步驟九：

(1) 匯出各個最短距離統計表，檔案為 CSV 檔。完成步驟八之後，請務必注意，先不要刪除最短路徑暫存檔，還需要另外匯出一個最短路徑的 CSV 檔案。

(2) 選擇匯出時，檔案格式注意選擇 CSV 檔，本範例另存為「90 學年度最短路徑公尺.csv」，另存成功後，會自動加入在圖層中，點選屬性資料表（熱鍵），可以看見欄位，Cost 欄位就是各個住址到新竹高中最短距離（公尺）。

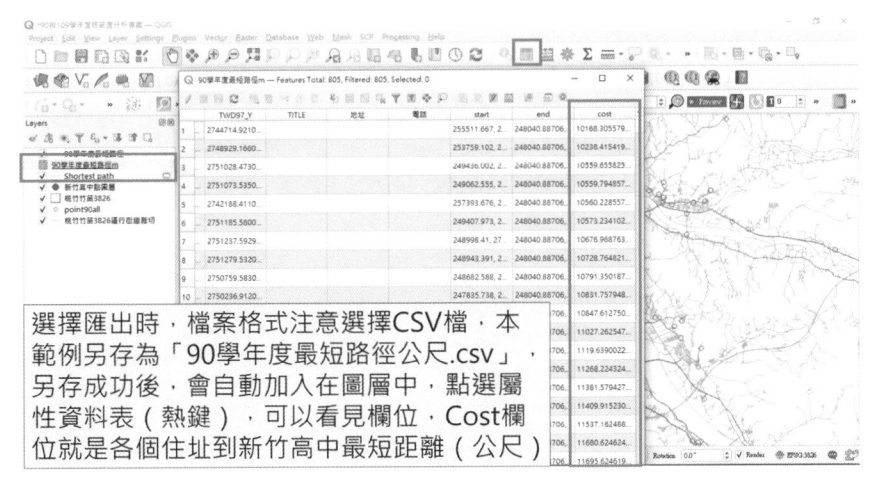

111

(3) 請先將圖層中的「90 學年度最短路徑公尺.csv」檔案移除，以免在 Excel 點選開啟檔案時會顯示為「唯讀」。打開「90 學年度最短路徑公尺.csv」，計算平均距離為 10,456.61 m，約為 10.457 km。

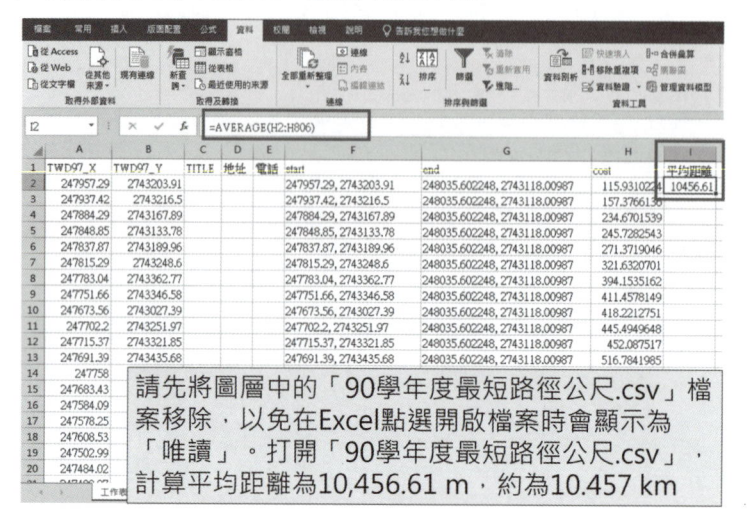

10. 步驟十：畫出 90 學年度商品圈範圍。

(1) 點選藍色齒輪（地理運算工具熱鍵，Toolbox），彈出各式分析功能視窗，在搜尋列輸入 convex hull（凸包），出現向量幾何圖形分析功能。

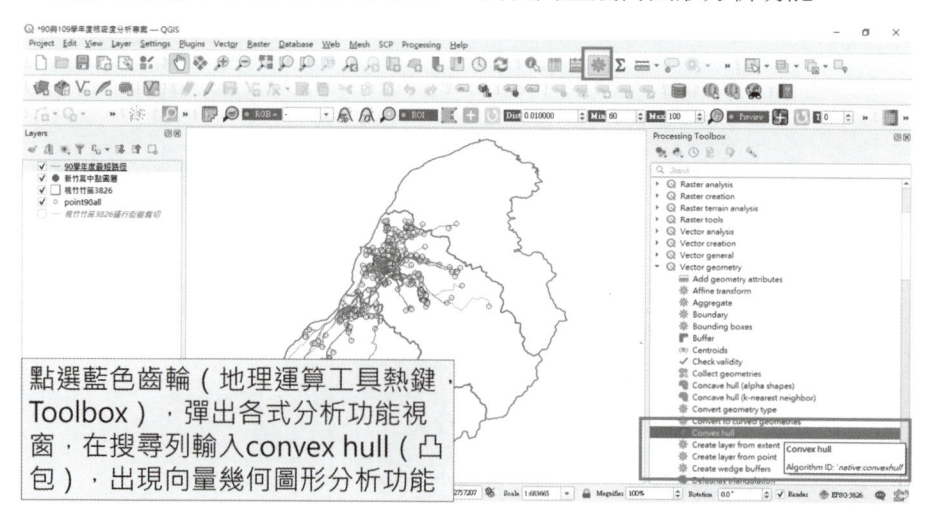

(2) 凸包運算結果如下：

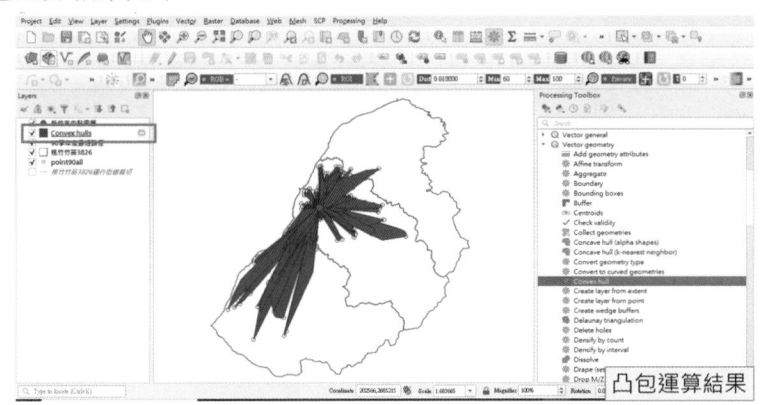

凸包運算結果

(3) 利用向量資料的地理運算工具，「融合」（Dissolve）功能，將凸包融合為一。

利用向量資料的地理運算工具，「融合」（Dissolve）功能，將凸包融合為一

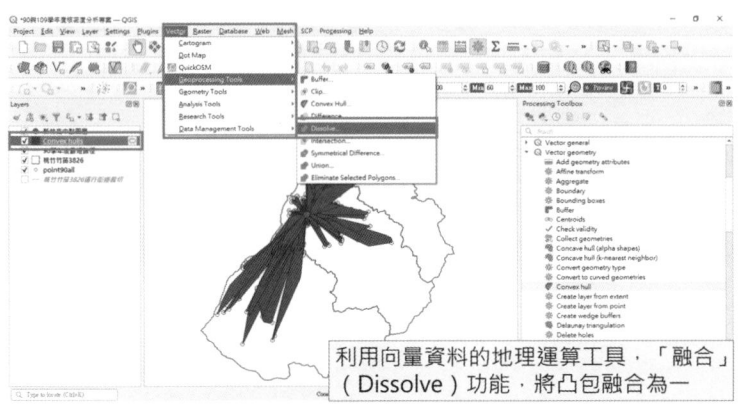

(4) 將凸包融合為一個多邊形，結果如下：

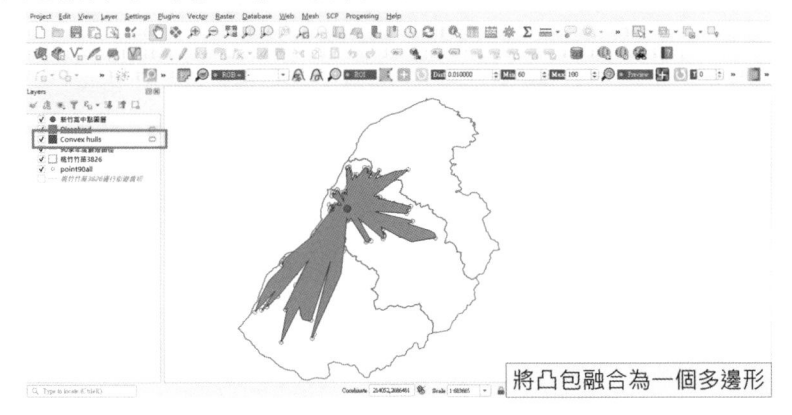

將凸包融合為一個多邊形

(5) 將融合後的凸包另存 Export 為「90 學年度凸包商品圈」。

融合後的凸包另存Export為「90學年度凸包商品圈」

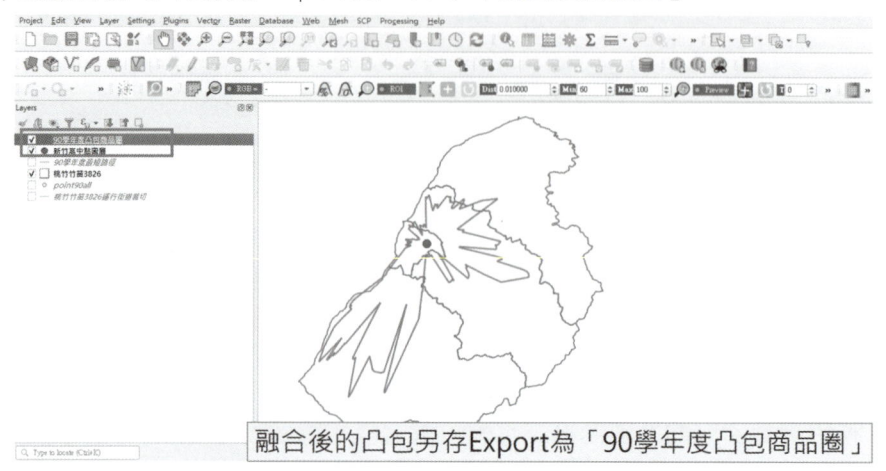

11. 步驟十一：重複步驟一至十，畫出 109 學年度商品圈，計算最短平均距離，比較兩個學年度的招生範圍（商品圈）。

(1) 109 學年度住家地址點圖層。

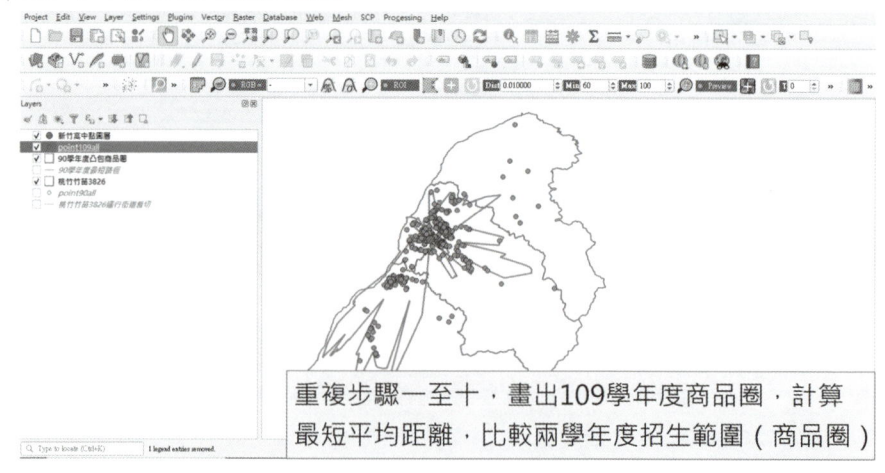

重複步驟一至十，畫出109學年度商品圈，計算最短平均距離，比較兩學年度招生範圍（商品圈）

第二章　從高中學生通勤現象檢視 SDG 11 永續城鄉目標之成效——以新竹中學為例

(2) 計算新竹高中到每一個地址的最短（街道）距離，本次（109 學年度）演算後，也出現一個無法與新竹高中有街道直接相連的地址。

> 計算新竹高中到每一個地址的最短（街道）距離，本次（109學年度）演算後，也出現一個無法與新竹高中有街道直接相連的地址

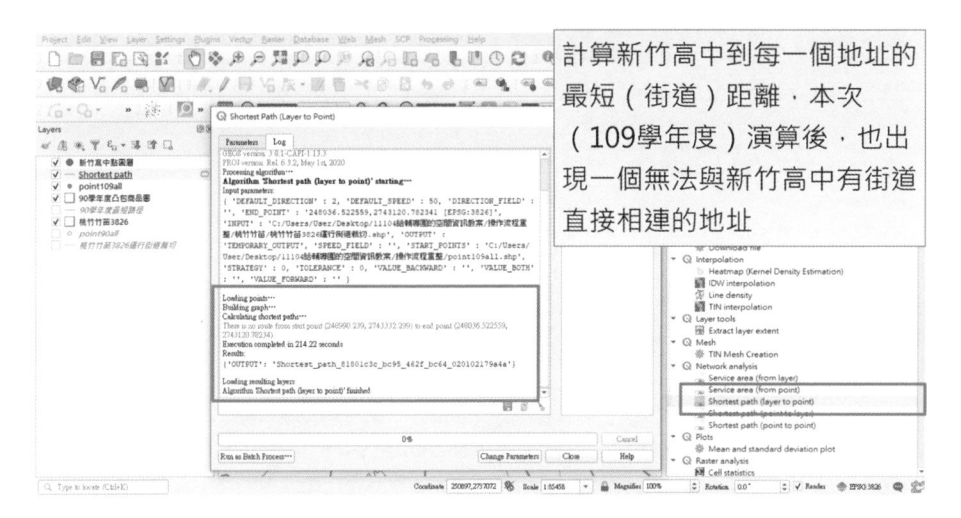

(3) 利用屬性資料表中黃色筆的編輯功能，將暫存檔的無效資料 Null 剪掉（剪刀），再另存成 109 學年度最短路徑 SHP 檔、109 學年度最短路徑 CSV 檔。

> 利用屬性資料表中黃色筆的編輯功能，將暫存檔的無效資料Null剪掉（剪刀），再另存成109學年度最短路徑SHP檔、109學年度最短路徑CSV檔

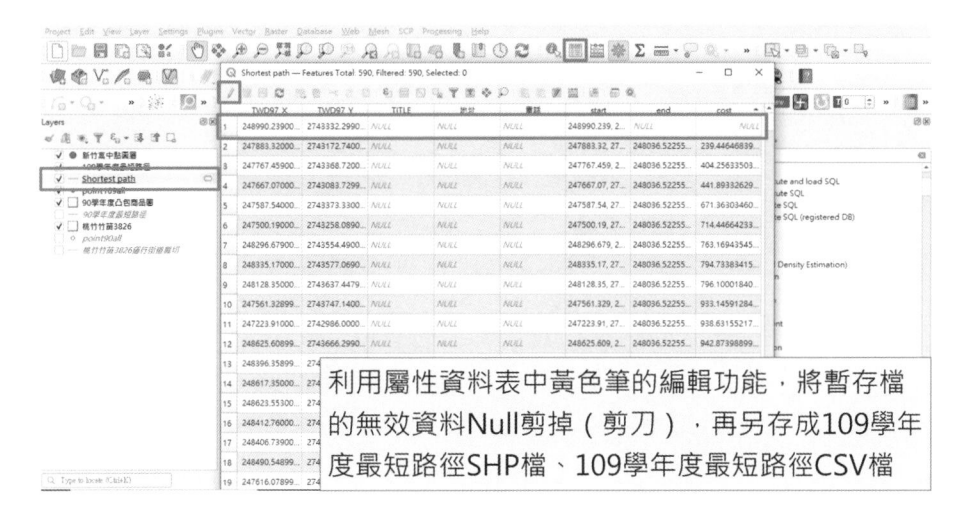

(4) 利用 Excel 開啟 CSV 檔，計算出 109 學年度平均距離，9,625.363 m，約為 9.625 km。

利用Excel開啟CSV檔，計算出109學年度平均距離，9,625.363 m，約為9.625 km

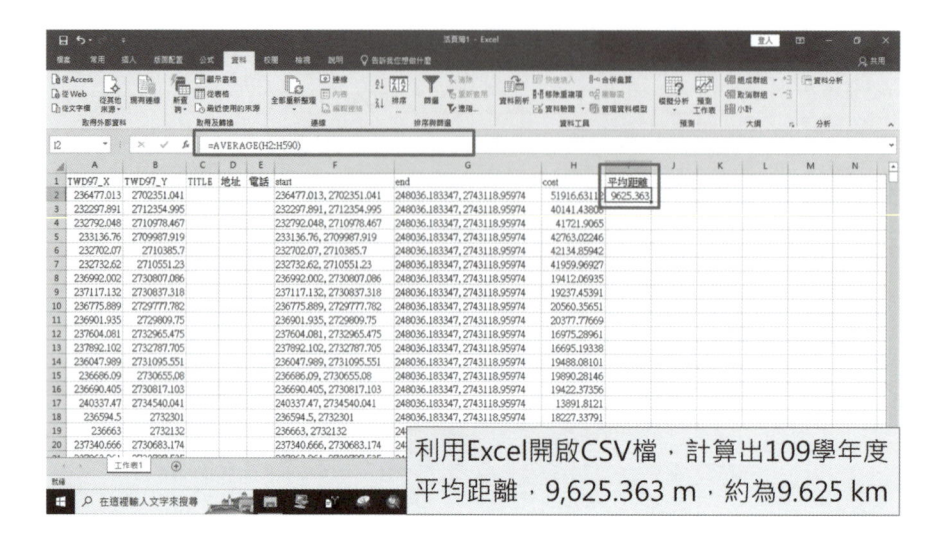

(5) 比較 90 學年度商品圈與 109 學年度商品圈，109 學年度商品圈（範圍）較大。

比較90學年度商品圈與109學年度商品圈，109學年度商品圈（範圍）較大

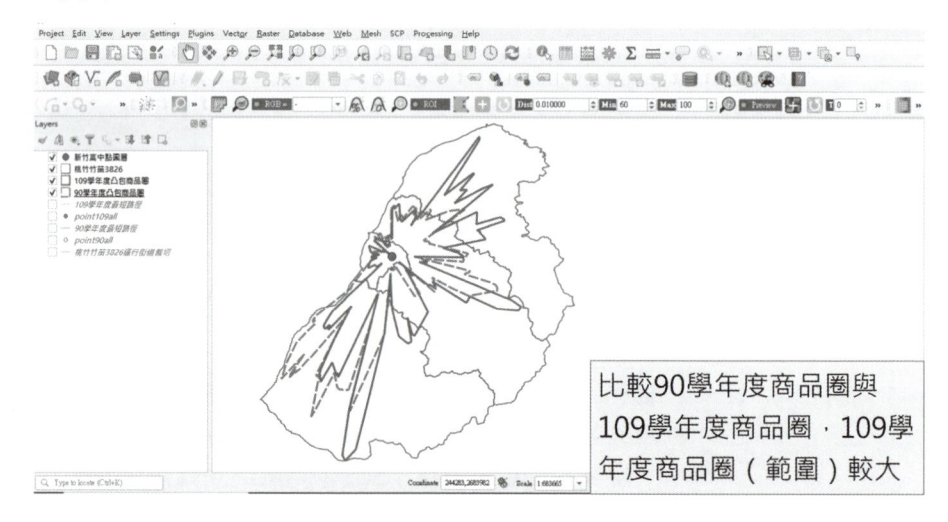

（二）通勤熱區圖（核密度）繪製

1. 步驟一：開啟竹竹苗鄉鎮市區界 SHP 檔、point90all SHP 檔。

    開啟竹竹苗鄉鎮市區界SHP檔、point90all SHP檔

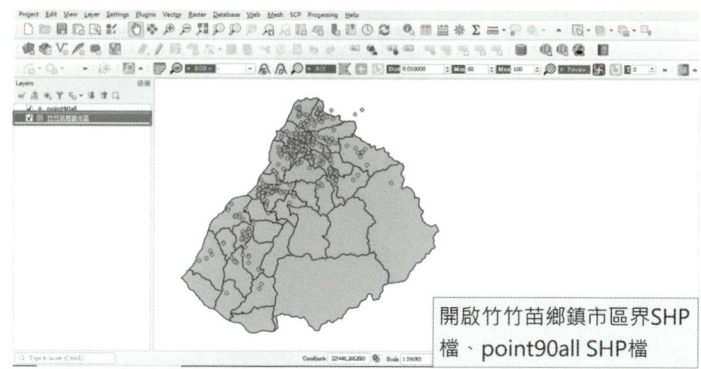

2. 步驟二：在地理運算工具列搜尋 heatmap，會出現 Heatmap（Karnel Density Estimation）功能。

    在地理運算工具列搜尋heatmap，會出現 Heatmap（Karnel Density Estimation）功能

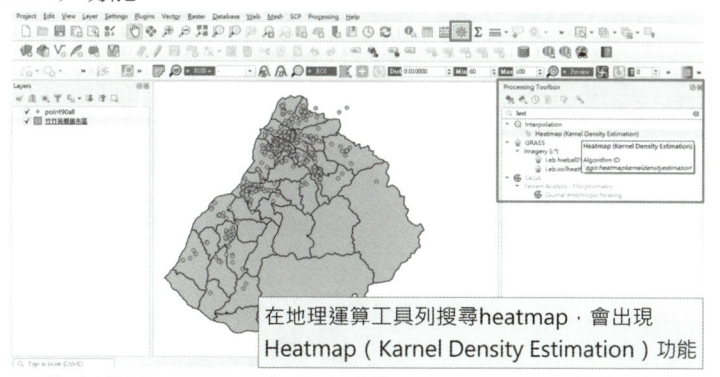

3. 步驟三：設定半徑 1,000 m，像素大小為 20 m × 20 m，運行後出現 Heatmap 暫存檔。

    設定半徑1,000m，像素大小為20m × 20m

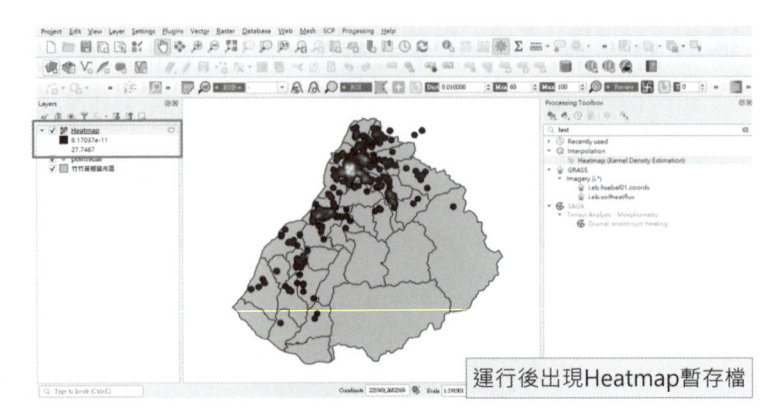

4. 步驟四：將 Heatmap 暫存檔匯出，另存新檔為「90 年 1000m20 網格 .tif」
（TIF 為網格模式圖形檔案格式）。

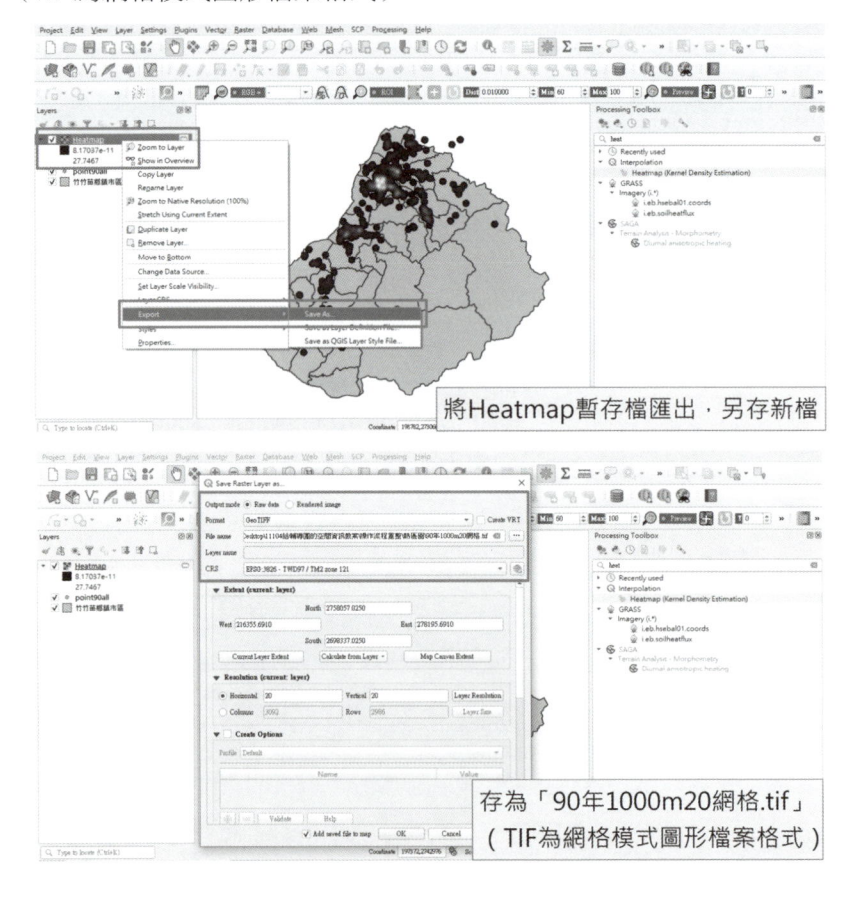

5. 步驟五：在 Properties 中，修改色彩，繪圖類型選擇 Singleband Pseudocolor 單波段偽彩色，Interpolation 選擇 Linear 線性。

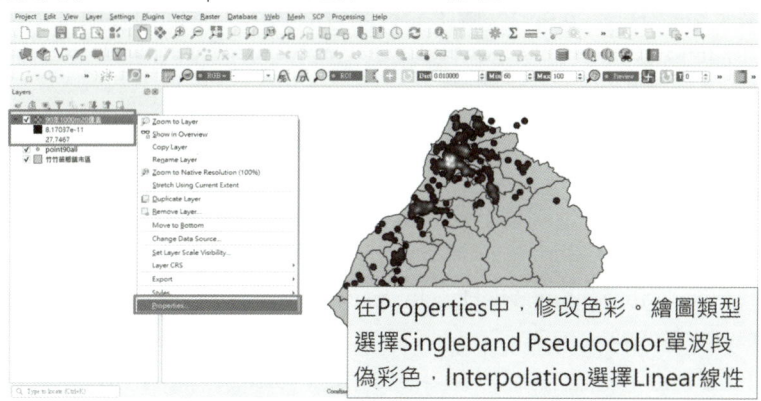

6. 步驟六：Color Ramp 色彩映射表選擇 Spectral，並且選擇 Invert Color Ramp（調換，讓數值較高者顯示為紅色，較低者為藍色）。

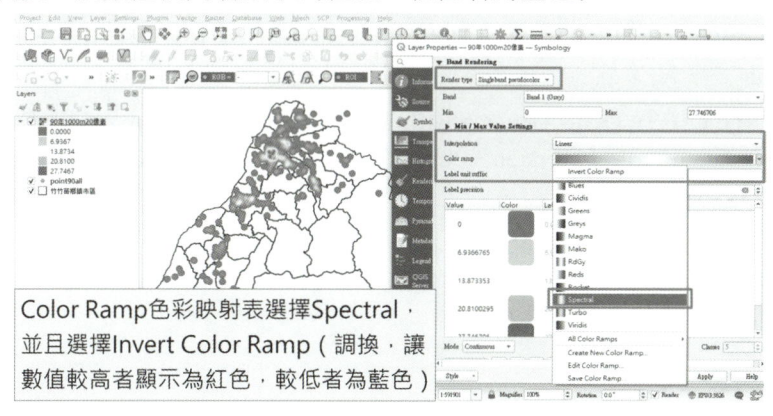

7. 步驟七：重複步驟一至六，繪製 109 學年度通勤熱區圖。

附錄三、參考資料

內政部國土測繪中心（n.d.）。**國土測繪圖資服務雲：全國門牌地址定位服務**。取自 https://address.nlsc.gov.tw/U09EIPWeb/Login?returnURL=https://address.nlsc.gov.tw/SOALogin

內政部資訊服務司（n.d.）。**內政地理資訊圖資雲整合服務平台**。取自 https://www.tgos.tw/tgos

胡宇恆（2018）。**從中地理論看國立新竹高中商品圈變遷**。取自 https://www.shs.edu.tw/Customer/Winning/EssayIndex

The Global Goals for Sustainable Development（n.d.）。**17 項永續發展目標**。取自 https://globalgoals.tw/

Google（n.d.）。〔國立新竹高級中學地圖〕。2024 年 3 月 10 日取自 https://www.google.com.tw/maps/place/%E5%9C%8B%E7%AB%8B%E6%96%B0%E7%AB%B9%E9%AB%98%E7%B4%9A%E4%B8%AD%E5%AD%B8/@24.7942553,120.9784582,17z/data=!3m1!4b1!4m6!3m5!1s0x346835e43dfd0f29:0xb9af87c30d5706d8!8m2!3d24.7942553!4d120.9810331!16zL20vMDc1Z21k?entry=ttu

QGIS.ORG. (2023). QGIS Geographic Information System. Open Source Geospatial Foundation Project (Version 3.28.12) [Computer software]. Retrieved from http://www.qgis.org

第三章

有醫無醫？從良好健康與福祉目標看新竹醫療空間正義問題

詹世軒　新竹市曙光女中教師
戴伊瑋　新竹市曙光女中教師

一、旨趣說明

　　108課綱正式上路之後，新課綱強調以核心素養，作為課程發展主軸，強調學習中不應只習得知識與技能，更重視學習與生活的統合。甚至能運用自身所學，去關懷我們周遭的環境。

　　我們何其有幸，能參加新竹市地理輔導團，與志同道合夥伴合作，在一次又一次的共備課程之中，我們對於地理資訊系統與課程教案開發，有更進一步的瞭解，操作也像吃了大補丸一樣，從一開始的茫然，不知該從何下手，到已經學會做圖、出圖的技能。收穫不僅於此，在學校的授課也能從學習者，搖身變成為了教學者。畢竟身為地理人，看圖做圖，本來就是我們與其他科目最大的不同之處，也是我們最基本需要會的。

　　而高中地理科教學在新課綱課程中，除了原本的部定必修外，又多了空間資訊科技、社會環境議題，與探究與實作三門加深加廣選修課程，提供了工具（Geographic Information Systems, GIS），幫助學生可以利用工具（技能），去探索更多自己生活周遭環境的議題（情意），更可以利用地理所學（知識）去發現自己生活之中潛藏的問題。

　　新竹地區在臺灣一直被認為是所得名列前茅的地區之一。然而除了所得

地理資訊力
永續發展議題教學新方向

收入外,新竹的其他資源分配,是否能跟上所得收入的腳步,向上進步呢?因此我們選擇以新竹醫療資源的分布不均,作為主題來探究背後的真相——新竹醫療空間分布的不正義。

在此教案之中,我們將帶各位進入新竹的醫療資源空間,來看看新竹醫療機構與資源的分布情形,來發現隱藏在看似均質化之中的差異性,哪些是醫療資源豐富地區,哪些是醫療資源明顯不足之處。而我們又該如何解決醫療資源不足地區的問題?

二、教案提要

課程名稱	地理加深加廣選修課程——以空間資訊科技進行社會環境議題的探究與實作
授課年段	高二或高三
單元名稱	有醫無醫?從良好健康與福祉目標看新竹醫療空間正義問題
單元節數	六節
設備需求	電腦教室、QGIS 軟體

三、單元教學計畫
（一）單元課程架構
1. 主要社會環境空間議題

　　隨著各國的日益進步，醫療衛生的條件提高，滿足國民的醫療衛生資源所需，是政府必要的責任，在聯合國的 17 項永續發展目標（Sustainable Development Goals, SDGs）中，目標 3 是「確保健康及促進各年齡層的福祉」（本教案提及之 17 項永續發展目標，中文皆參見 The Global Goals for Sustainable Development, n.d.），而其中目標 3.8 是「實現醫療保健涵蓋全球的目標，包括財務風險保護，取得高品質基本醫療保健服務的管道，以及所有的人都可取得安全、有效、高品質、負擔得起的基本藥物與疫苗」。本教案在此目標下檢視醫療服務與健保品質完善的臺灣，是否還存在著其他醫療的問題呢？

　　以新竹地區來說，因為新竹縣市的位置相近，再加上醫院設置成本等因素，新竹縣市的醫療資源需要互相共享。但因新竹縣市幅員廣大，在需要緊急救護時，新竹地區醫療資源的區位分布，是否能符合緊急醫療救助條件，讓大新竹地區的居民能享有完善的醫療資源呢？如果緊急醫療救助的資源不足，能否有其他的配套措施，以降低距離造成的遺憾？

2. 空間思考與空間問題

　　要評估新竹地區醫療資源是否完善，不能僅從該地區的人均醫療資源數量是否足夠進行衡量，必須將取得醫療照護的空間因素一起考量，評估取得醫療資源的距離成本，才能充分反映出醫療正義的現象。

　　因此若從新竹地區各鄉鎮醫療機構的分布狀況進行分析與討論，其醫療資源是否完善？若再進一步從緊急醫療照護的醫治量能來討論，新竹地區哪些醫療院所能提供 24 小時的緊急醫療救助服務？而各鄉鎮到這些提供 24 小時緊急服務的醫療院所的空間距離成本又是如何？這些問題的釐清，將有助於理解新竹地區的醫療資源課題。

3. 空間資料的蒐集

資料名稱	資料來源		資料種類	資料格式／性質
111年6月行政區醫療院所統計_鄉鎮市區	■自行產製	☐地址轉換坐標 ■地面定位 ☐地圖數化 ☐其他	■向量式資料 ☐網格式資料 ☐文字格式空間資料 ☐WMTS網路圖磚服務 ☐其他	☐CSV ☐JSON ■SHP ☐KML ☐KMZ ☐TIF ☐其他
坐標系統 ☐WGS84 ☐TWD67 ☐TWD97 ☐球面坐標 ■平面坐標	■網路圖資	☐基本地圖類：Google Map、Google Earth、OSM、通用版電子地圖等 ■綜合性網站：TGOS、SEGIS、政府資料開放平臺 Open Data 等 ☐主題性地圖網站：臺灣百年歷史地圖、內政部地圖資訊服務網、臺灣地質資料整合查詢系統等 ☐VGI（FB、IG、Flickr、Google Map 評價等） ☐其他		

註：WMTS: Web Map Tile Service; WGS84: World Geodetic System 84; TWD67: Taiwan Datum 1967; TWD97: Taiwan Datum 1997; OSM: OpenStreetMap; TGOS: Taiwan Geospatial One Stop; SEGIS: Socio-Economic Geographic Information System; VGI: Volunteered Geographic Information.

4. 資料處理與分析

空間資料的處理		空間資料的分析
■坐標定位 ☐坐標整合 ☐掃描數化 ■空間對位 ■裁切／切除 ☐合併／融合 ■空間查詢 ■屬性查詢	☐空間關係查詢 ■屬性資料表 Join ■資料格式轉換 ■空間資料編修與統計 ■屬性資料編修與統計 ■空間與屬性資料結合 ■向量與網格資料轉換 ☐其他	☐疊圖分析 ☐環域分析 ■路網分析（路徑分析、服務區分析） ■密度分析（熱區圖） ☐內插分析 ☐地形分析（坡度、坡向、稜谷線、剖面圖、集水區水系、淹水模擬、視域分析等） ■空間關聯性分析 ☐其他

5. 空間觀點的呈現與表達

為了瞭解新竹地區的居民是否能享有完善的醫療資源，透過 GIS 功能，繪製地圖呈現新竹縣市醫療院所的分布狀況，再計算各鄉鎮到緊急醫療院所的平均距離與時間，並依據結果分析緊急醫療救助服務的醫院分布，是否能滿足新竹地區居民的需求以及可能延伸出哪些問題？

（二）單元學習目標

1. 認知目標

1-1 學生能說明以地理視野觀察地表現象及議題的方法（地 1a-V-3）：能以新竹各醫療院所分布說明新竹市的醫療院所分布特色。

1-2 學生能分辨地理基本概念、原理原則與理論的意義（地 1a-V-1）：能以新竹不同等級醫療院所分布，瞭解中地理論特色。

2. 技能目標

2-1 學生能根據地理系統與地理視野的觀點，利用地理技能的方法發掘各種社會及環境問題（地 3a-V-1）：能將醫療院所分布位置轉換成空間坐標，並觀察其空間分布特色。

2-2 學生能從各類資料辨識現象的型態、關聯與趨勢，解讀資料蘊含的意義（地 3b-V-3）：能透過分析新竹地區是否有完善的醫療資源，瞭解如何分析資料與判讀圖表。

3. 態度目標

3-1 學生能敏銳察覺新竹各等級醫療院所所代表的社會及環境變遷的內涵（地 2a-V-1）。

3-2 學生能具備地方感與鄉土愛，關懷其他地區的社會及環境議題（地 2b-V-1）。

地理資訊力
永續發展議題教學新方向

（三）單元學習重點（依據 108 課綱普通型高中社會領域地理科綱要）

1. 學習內容

D. 空間概念
- a. 空間內涵
- b. 空間思考

E. 空間資訊的獲取與處理
- a. 資料來源
- b. 資料處理與呈現

F. 空間資訊的應用
- b. 人文與社會

N. 地理方法的實踐
- a. 探究與實作

2. 學習表現

地 Da-V-2　空間的類別與社會性。

地 Db-V-3　問題探究：利用地圖觀察或標定某地表現象的發生地點，討論其空間分布型態與成因。

地 Ea-V-1　空間資料的種類與獲取。

地 Eb-V-1　空間資料的處理。

地 Eb-V-2　空間資料的分析。

地 Eb-V-3　空間資訊的呈現。

地 Eb-V-4　地圖設計。

地 Eb-V-5　問題探究：針對特定地理議題繪製主題地圖，進行議題討論。

地 Fb-V-2　公共衛生應用。

第三章 有醫無醫?從良好健康與福祉目標看新竹醫療空間正義問題

(四) 單元學習活動

1. 第一堂課:從日常中的新聞議題引導學生發現地理問題

發展活動	備註
一、引起動機:教師說明與引導 透過三則新聞報導,引起學生對於聯合國的 17 項永續目標中的目標 3「確保健康及促進各年齡層的福祉」議題做討論,雖然臺灣在醫療服務與健保品質都在世界排名的前端,但醫療資源在臺灣是否還有存在著其他的問題呢? 新聞一:2022 年 4 月 19 日,新竹市立馬偕兒童醫院揭牌,成為大新竹地區唯一專責的兒童醫院(新竹馬偕紀念醫院,2022)。 新聞二:臺大醫院新竹地區共有三家分院,包括新竹分院、竹東分院與生醫園區分院。2021 年三分院將整合為新竹臺大分院(郭宣彣,2020)。 新聞三:竹竹苗三縣市無醫學中心,新竹縣長楊文科與新竹市長高虹安參加臺大新竹分院二週年院慶活動,盼新竹臺大醫院升級為「醫學中心」(彭清仁,2023)。 從這三則新聞中,請學生思考以下問題: (一)根據新聞所提及的內容,這四家醫院(馬偕兒童醫院及臺大新竹三分院)的位置,分別在新竹地區的什麼地方呢?在地圖上標示出來(如圖1)。 圖1 新竹地區地圖	20 分鐘

發展活動	備註
（二）就你的認知，你覺得醫院應該設立在什麼地方呢？醫院的設置會考慮哪些空間因素？是否有特定的空間分布呢？（非正式提問→引起學生注意）	
（三）根據你日常生活的經驗和新聞一所提及的內容，你覺得新竹縣市各區的醫療資源是否能滿足各區的需求？（非正式提問→從事實導向意義）	
二、議題瞭解	10 分鐘
從以上三則新聞，可以瞭解到新竹地區的醫療資源無法滿足新竹各區的需求，以較偏遠的新竹縣尖石鄉來說，當地居民的日常醫療資源的照顧不足，若遇到重大的疾病，山區蜿蜒的山路也難以因應緊急醫療服務。由於新竹地區大量移入外來人口，目前醫療資源的分布是否滿足新竹地區的人口分布現況？根據地理課所學的內容，哪些地理學的論點或是臺灣實行的政策，可以應用在這項議題中進行討論？	
（一）臺灣的醫療資源分級（圖2）：政府為合理分配醫療資源，促進醫療資源的均衡發展，建立了醫療院所分級制度。大致可分為醫學中心、區域醫院、地區醫院與基層診所四個等級，鼓勵民眾就診時，以基層診所為主，再視醫療需求轉診至較高階的院所，藉此提升醫療服務的效率（林聖欽等人，2023，頁45）。	

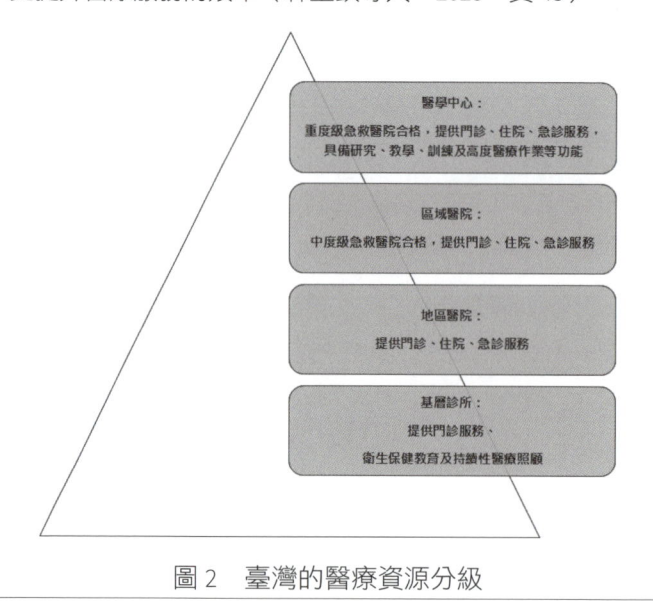

圖2　臺灣的醫療資源分級

發展活動	備註
（二）中地理論指出，在一個地區內，中地等級愈低，市場區域較小，數量也愈多，兩個相鄰的低級中地，距離較近；相對地，中地等級愈高，市場區域較大，數量也愈少，兩個相鄰的高級中地，距離較遠（林聖欽等人，2023，頁40）。我們可以如何應用中地理論解釋說明醫療院所分級制度的空間配置？	
三、議題分析	15分鐘
（一）參考「用數據看臺灣」網站〈用圖表呈現臺灣醫療資源分配〉一文（李佳勳，n.d.），回答下列問題：	
1. 臺灣的醫學中心主要集中在哪些縣市？	
2. 哪些縣市是臺灣醫療資源相對較少的地區？	
3. 臺灣醫療資源分布是否平均？	
4. 醫療資源分布的多寡可能和什麼因素有關？	
（二）從「用數據看臺灣」網站〈用圖表呈現臺灣醫療資源分配〉一文（李佳勳，n.d.），發現嘉義市醫療資源充足可能的原因為何？新北市醫療資源反而不充足的可能原因為何？	
（三）利用「用數據看臺灣」網站〈用圖表呈現臺灣醫療資源分配〉（李佳勳，n.d.），查詢新竹醫療資源排名。你覺得新竹縣市的醫療資源是否充足？	
四、總結	5分鐘
如果我們採用聯合國的17項永續目標中的目標3「確保健康及促進各年齡層的福祉」的這個議題來檢視，雖然臺灣在醫療服務與健保品質都在世界排名的前端，但從以上分析可見，臺灣內部實則存在醫療資源分布不均的問題。我們如果要透過地理的觀點，檢視一地醫療資源是否符合SDG 3，必須探討哪些影響因素？需要哪些資料作為佐證？以及如何透過GIS進行空間分析？	
參考答案：還必須考量當地人口數量、醫療數量、醫療等級、醫療可近性等因素。	

2. 第二至三堂課：透過 GIS 進行醫療資源分布的探討與分析

發展活動	備註
為檢視一地醫療資源是否符合 SDG 3，基於第一堂課所討論的結果，於接下來的兩堂課運用 Quantum GIS（QGIS）進行實機操作。 **一、蒐集資料存放於目標資料夾中** （一）從 SEGIS 下載「111 年 06 月醫療院所分布圖 _ 全國」（參見內政部社會經濟資料服務平臺，n.d.-b）。 （二）從衛生福利部醫院評鑑資訊專區（n.d.-c）取得新竹縣、市各鄉鎮市區的醫療機構等級資料（區域醫院、地區醫院，新竹縣市無醫學中心）。 （三）從 SEGIS 下載「111 年 6 月行政區醫療院所統計 _ 鄉鎮市區」。 **二、QGIS 資料處理與分析** （一）繪製新竹縣市醫療院所分布圖（如圖 3）。 圖 3　新竹縣市醫療院所分布圖 （二）分析並繪製新竹縣市兩公里內醫療院所熱區圖（如圖 4）。 圖 4　新竹縣市兩公里內醫療院所熱區圖	80 分鐘

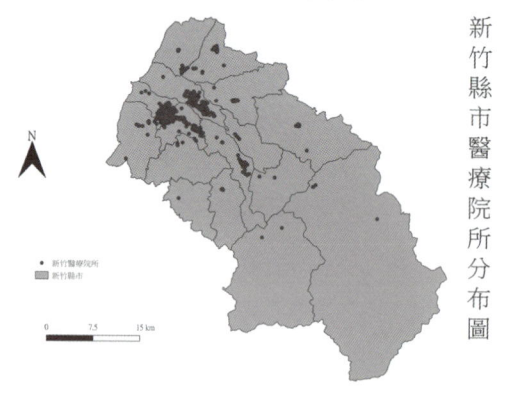

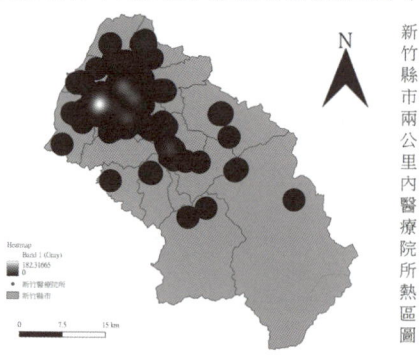

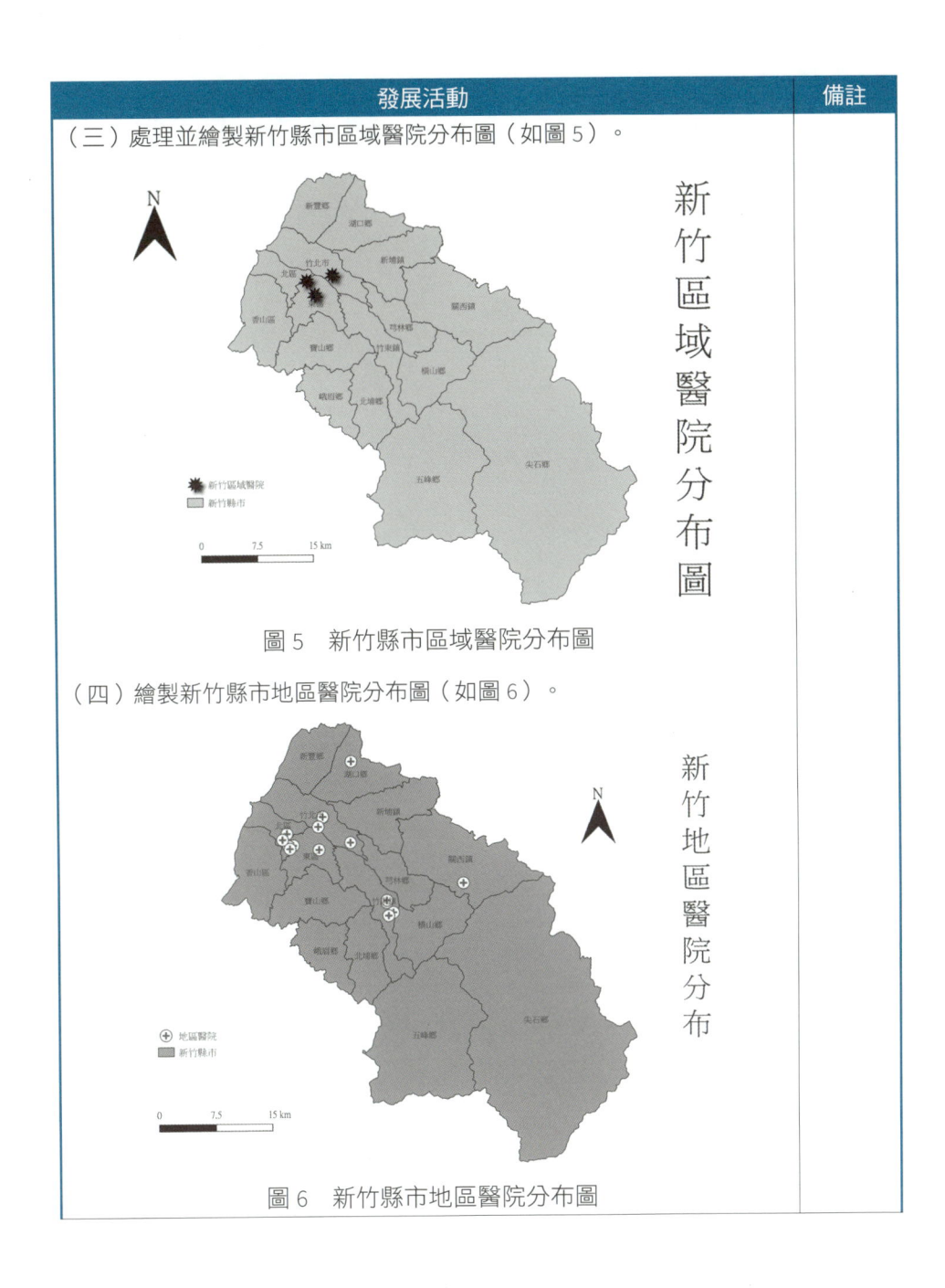

第三章　有醫無醫？從良好健康與福祉目標看新竹醫療空間正義問題

發展活動	備註
（三）處理並繪製新竹縣市區域醫院分布圖（如圖5）。 圖5　新竹縣市區域醫院分布圖 （四）繪製新竹縣市地區醫院分布圖（如圖6）。 圖6　新竹縣市地區醫院分布圖	

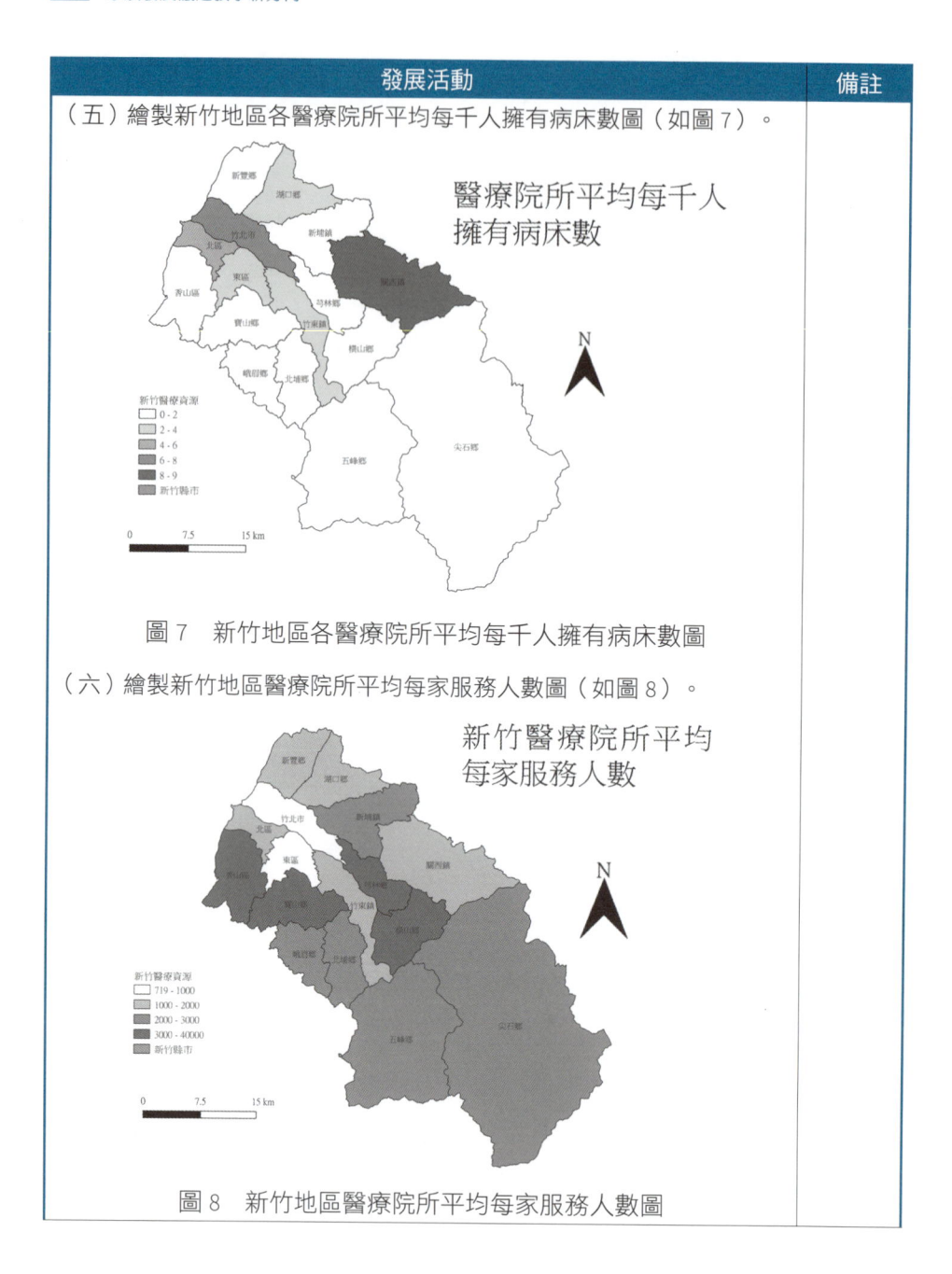

發展活動	備註
（五）繪製新竹地區各醫療院所平均每千人擁有病床數圖（如圖7）。 圖7　新竹地區各醫療院所平均每千人擁有病床數圖 （六）繪製新竹地區醫療院所平均每家服務人數圖（如圖8）。 圖8　新竹地區醫療院所平均每家服務人數圖	

發展活動	備註
三、議題分析 （一）請同學根據繪製出來的「新竹縣市醫療院所分布圖」，透過小組討論下列問題： 1. 新竹地區醫療院所的分布是否平均？ 　　參考答案：不平均。 2. 新竹地區哪些鄉鎮市區擁有較多的醫療院所？ 　　參考答案：新竹市東區、新竹縣竹北市、新竹縣竹東鎮。 3. 新竹地區哪些鄉鎮市區較缺乏醫療院所？ 　　參考答案：新竹縣橫山鄉、北埔鄉、峨眉鄉、尖石鄉、五峰鄉。 （二）請同學根據繪製出來的「新竹地區各醫療院所平均每千人擁有病床數圖」以及「新竹地區醫療院所平均每家服務人數圖」，透過小組討論下列問題： 1. 新竹地區醫療資源的分布是否平均？ 　　參考答案：不平均。 2. 新竹地區醫療資源集中在哪些鄉鎮市區？ 　　參考答案：新竹市東區、北區、新竹縣竹北市、關西鎮。 3. 哪些鄉鎮市區醫療資源較不足？ 　　參考答案：新竹市香山區、新竹縣寶山鄉、橫山鄉。 4. 哪些鄉鎮市區的醫療資源分布可能與你想像的不同？原因是？ 　　參考答案：新竹縣關西鎮病床數多（因為關西培靈醫院病床數多為提供精神病患醫療服務）；尖石、五峰平均每家服務人數少（因為尖石五峰人口數少）。 5. 影響新竹各鄉鎮市區醫療資源分布多寡的可能原因為何？ 　　參考答案：人口密度。 （三）結論 新竹縣市各鄉鎮市區的醫療院所與醫療資源分布明顯不均，民眾在尋求一般醫療照顧時，雖然有所不便，但仍可透過交通轉運就醫，然而在面臨更為緊急的醫療照護需求時，恐緩不濟急。因此在審視醫療資源分布是否具有空間正義性時，更應審視緊急醫療服務分布的合理性。	20 分鐘

3. 第四至五堂課：透過 GIS 進行緊急醫療服務分布的探討與分析

發展活動	備註
一、引起動機 透過三則新聞報導，引起學生對於一地醫療資源是否足夠的討論。 　　新聞四：2006 年 11 月 18 日，前臺中市長夫人邵曉鈴，在助選之後的回程途中，在國道三號北上發生嚴重車禍。就近送至奇美醫院柳營分院急救，而撿回一命（網路編輯組，2006）。 　　新聞五：2007 年 1 月 26 日，藝人許瑋倫因趕往南投廬山拍攝戲劇而致車禍重傷。有報導指出因為當時錯過了黃金急救時間，所以來不及搶救，兩天後傷重不治（陳麗如，2007）。 　　新聞六：2019 年 10 月 10 日，尖石後山民眾葛細・阿拉亞回想起先生病發的那一天，心存感激的說：「幸好發病時人在山下」，若事發在鎮西堡的家中，光叫救護車送下山就要三到四小時，根本來不及救（陳偉婷，2019）。 這三則新聞，因為送醫時間的差異，可能造成不同的結果。送醫原因種類很多，有些是慢性疾病，有些則是突然發生的事故，需要緊急醫療。因此如何把握黃金急救時間及時送醫，便顯得非常重要。醫療院所是否有 24 小時的緊急醫療救助服務、各地區與醫療院所的距離及送醫所花費的時間，也是探討一地醫療資源充不充足的重要課題之一。	10 分鐘
二、議題瞭解：緊急醫療可及性範圍的界定 若要瞭解新竹地區是否皆能夠完善的獲得地區醫院及區域醫院所提供的 24 小時急診資源的服務，可以透過 GIS 的路網分析功能，計算出 24 小時急診資服務的醫院到各鄉鎮市區間的最短行車距離，進行新竹各鄉鎮市區 24 小時急診服務資源的可及性分析。 新北市消防局對於緊急責任醫院的送醫原則為救護車後送時間為 15 分鐘，若以 40 km/hr 來做計算，10 公里內為救護車最佳救援時間上限，超過 10 公里表示其緊急醫療可及性需要改善。	5 分鐘
三、QGIS 實機操作（操作步驟見附錄二） 上衛生福利部醫院評鑑資訊專區（n.d.-a）搜尋新竹地區這些醫療院所內，有哪些醫院有「24 小時急診服務」。 （一）繪製新竹地區提供 24 小時急診服務的**地區醫院**分布圖（如圖 9）。	70 分鐘

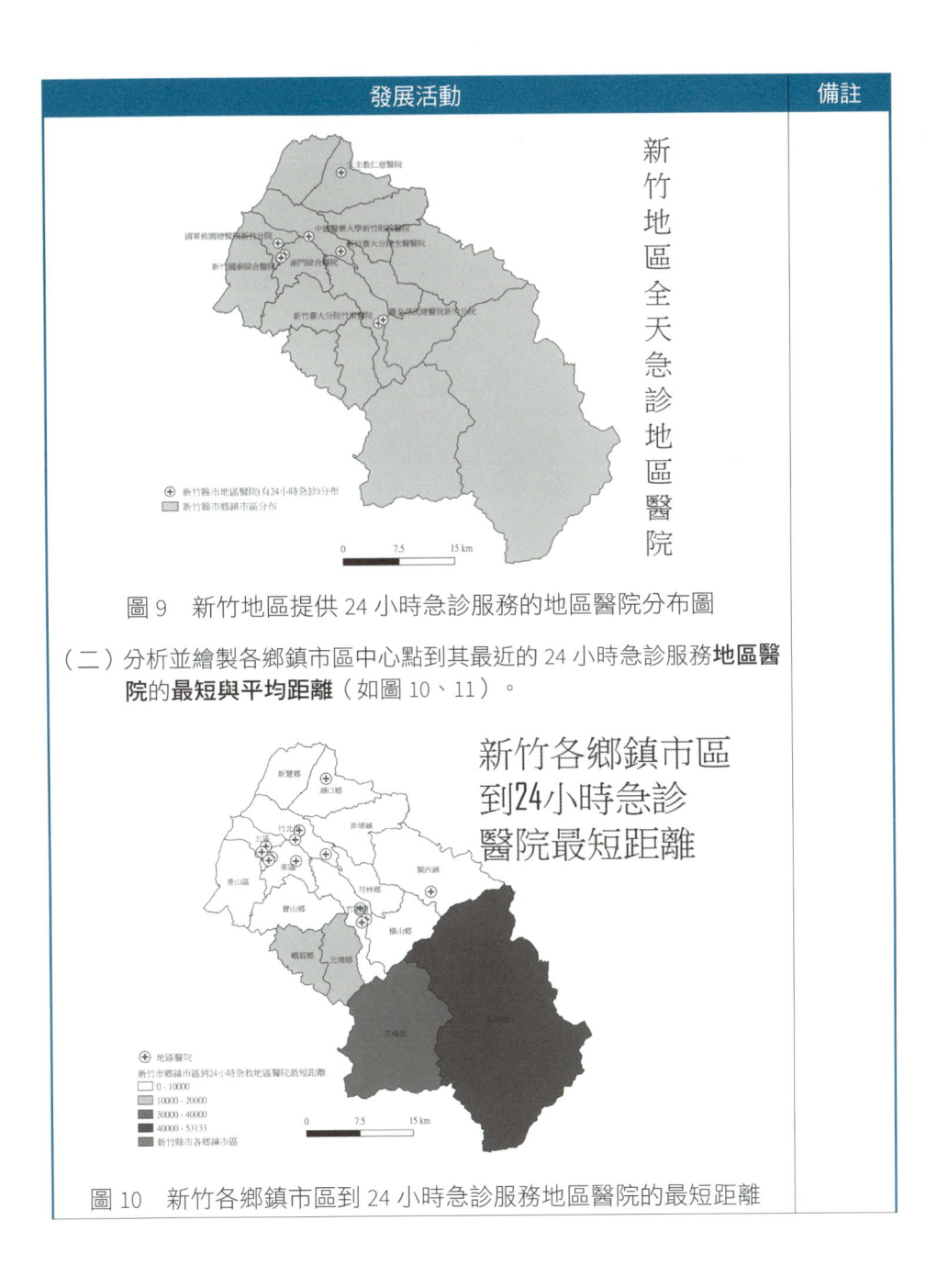

發展活動	備註

圖9　新竹地區提供 24 小時急診服務的地區醫院分布圖

（二）分析並繪製各鄉鎮市區中心點到其最近的 24 小時急診服務**地區醫院**的**最短與平均距離**（如圖 10、11）。

圖 10　新竹各鄉鎮市區到 24 小時急診服務地區醫院的最短距離

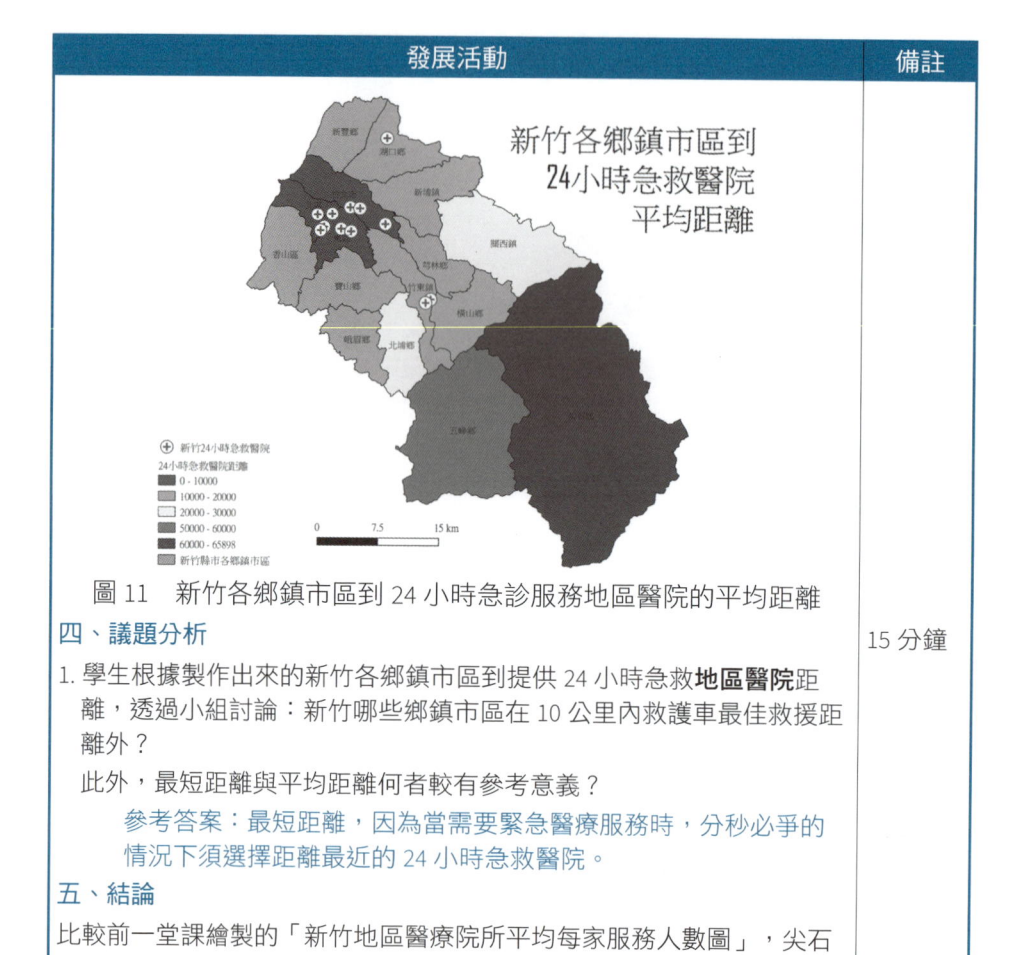

發展活動	備註
![新竹各鄉鎮市區到24小時急救醫院平均距離地圖] 圖11　新竹各鄉鎮市區到24小時急診服務地區醫院的平均距離	
四、議題分析 1. 學生根據製作出來的新竹各鄉鎮市區到提供24小時急救**地區醫院**距離，透過小組討論：新竹哪些鄉鎮市區在10公里內救護車最佳救援距離外？ 　此外，最短距離與平均距離何者較有參考意義？ 　　參考答案：最短距離，因為當需要緊急醫療服務時，分秒必爭的情況下須選擇距離最近的24小時急救醫院。 **五、結論** 比較前一堂課繪製的「新竹地區醫療院所平均每家服務人數圖」，尖石鄉和五峰鄉的醫療資源看似充足，但從「新竹各鄉鎮市區到24小時急診服務地區醫院的最短／平均距離」進一步審視，卻發現其緊急醫療服務其實是嚴重不足的，無法符合 SDG 3 的理想。	15 分鐘

4. 第六堂課：觀點分析與推論

發展活動	備註
一、問題思考 （一）回到一開始的核心問題，新竹地區的居民是否能享有完善的醫療資源？若是透過中地理論來看新竹地區的醫療資源狀況，在新竹地區哪些鄉鎮屬於較高級的中地？而其所提供的醫療資源有哪些等級？哪些屬於較低級的中地，所提供的醫療資源僅有哪些等級？這些不同等級的中地，所提供的醫療資源差異為何？ （二）新竹地區的醫療資源空間分布是否符合中地理論的模型？ （三）中地理論主要是基於經濟學成本效益的考量，然而符合此理論的醫療空間分布模式是否能滿足現實中偏鄉民眾的真實醫療需求？能否符合 SDG 3 下的醫療資源空間分布正義性？ （四）考量到地形與各鄉鎮人口數的多寡，有哪些方法是可以將緊急醫療資源分配到新竹地區較偏鄉的鄉鎮，讓該地區的居民能夠有完善的緊急醫療資源？ 參考答案：行動醫療車。 二、延伸思考 依照新竹地區的醫療資源分布，你認為要蓋醫學中心還是提供更多地方緊急醫療服務？	30 分鐘
三、完成探究流程圖（書寫於學習單）	20 分鐘

地理資訊力
永續發展議題教學新方向

附錄一、學生學習活動表單

表單：探究流程圖

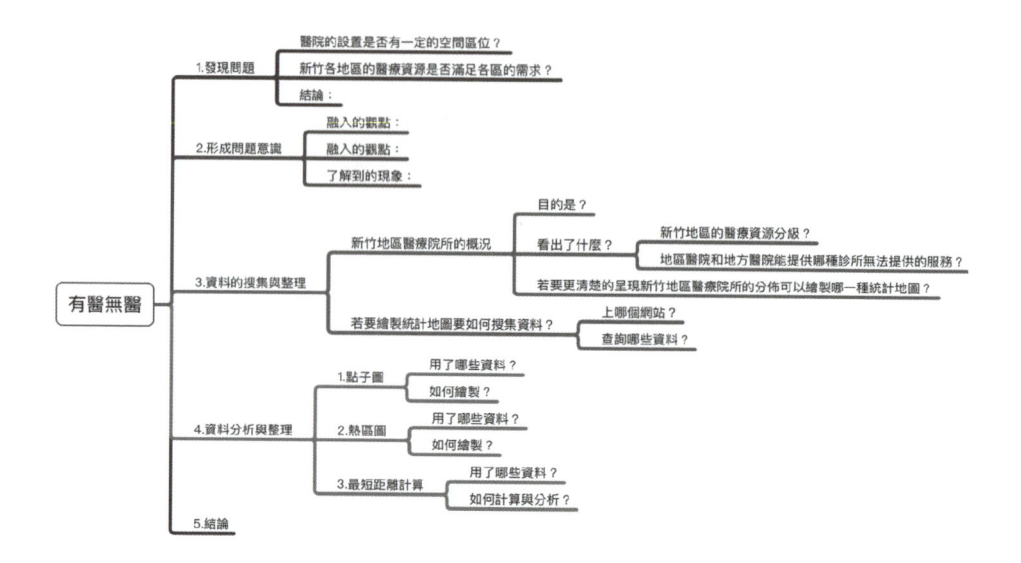

```
有醫無醫
├─ 1.發現問題
│   ├─ 醫院的設置是否有一定的空間區位？
│   ├─ 新竹各地區的醫療資源是否滿足各區的需求？
│   └─ 結論：
├─ 2.形成問題意識
│   ├─ 融入的觀點：
│   ├─ 融入的觀點：
│   └─ 了解到的現象：
├─ 3.資料的搜集與整理
│   ├─ 新竹地區醫療院所的概況
│   │   ├─ 目的是？
│   │   └─ 看出了什麼？
│   │       ├─ 新竹地區的醫療資源分級？
│   │       ├─ 地區醫院和地方醫院能提供哪種診所無法提供的服務？
│   │       └─ 若要更清楚的呈現新竹地區醫療院所的分佈可以繪製哪一種統計地圖？
│   └─ 若要繪製統計地圖要如何搜集資料？
│       ├─ 上哪個網站？
│       └─ 查詢哪些資料？
├─ 4.資料分析與整理
│   ├─ 1.點子圖
│   │   ├─ 用了哪些資料？
│   │   └─ 如何繪製？
│   ├─ 2.熱區圖
│   │   ├─ 用了哪些資料？
│   │   └─ 如何繪製？
│   └─ 3.最短距離計算
│       ├─ 用了哪些資料？
│       └─ 如何計算與分析？
└─ 5.結論
```

附錄二、QGIS 操作步驟

更詳細的操作步驟請掃描 QR Code，或參見 https://www.ainoscopress.com/download/files/213-310/index.html 下載簡報檔案。

第三章　有醫無醫？從良好健康與福祉目標看新竹醫療空間正義問題

（一）繪製新竹縣市醫療院所分布圖

1. 從 SEGIS 下載全國 111 年 6 月各鄉鎮市區的醫療院所分布圖資 → 解壓縮至指定資料夾中 → 從 QGIS 加入向量圖層 SHP 檔。

資料來源：截取並修改自內政部社會經濟資料服務平臺（n.d.-a）。**首頁**。取自 https://segis.moi.gov.tw/STATCloud/Index

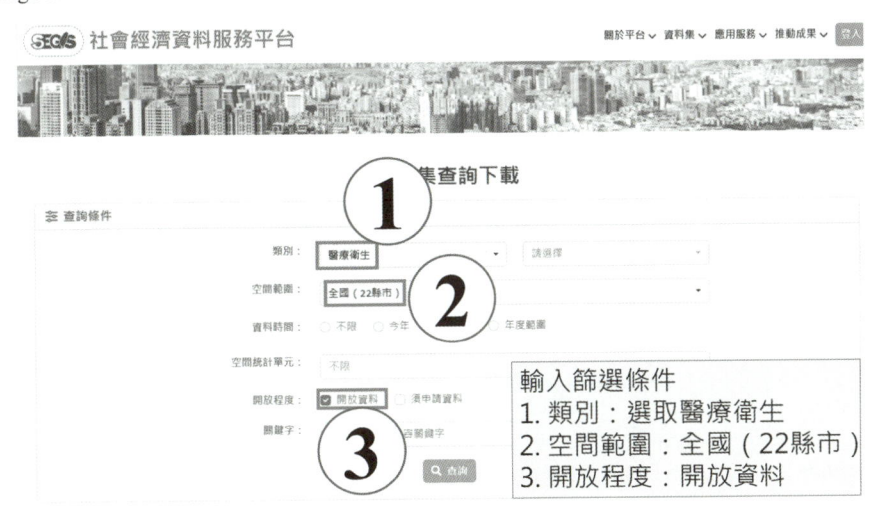

資料來源：截取並修改自內政部社會經濟資料服務平臺（n.d.-b）。**資料集查詢下載**。取自 https://segis.moi.gov.tw/STATCloud/QueryInterface

地理資訊力
永續發展議題教學新方向

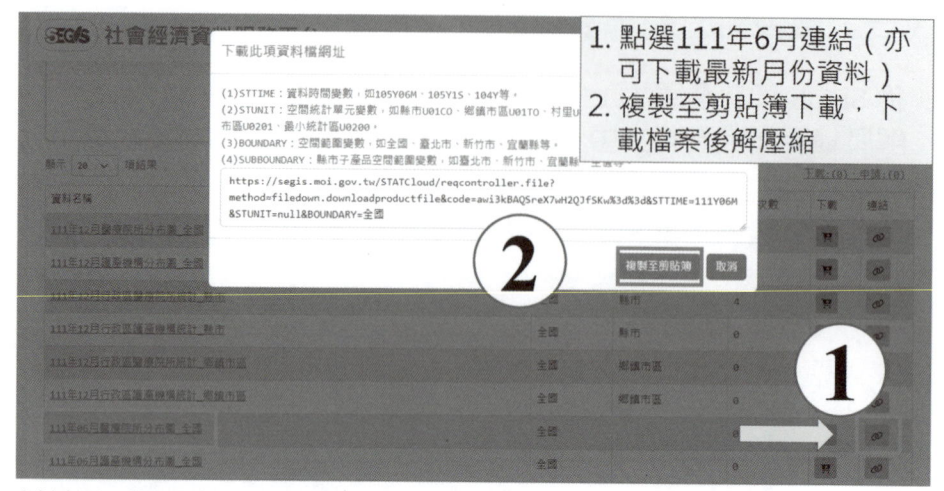

資料來源：截取並修改自內政部社會經濟資料服務平臺（n.d.-b）。**資料集查詢下載**。取自 https://segis.moi.gov.tw/STATCloud/QueryInterface

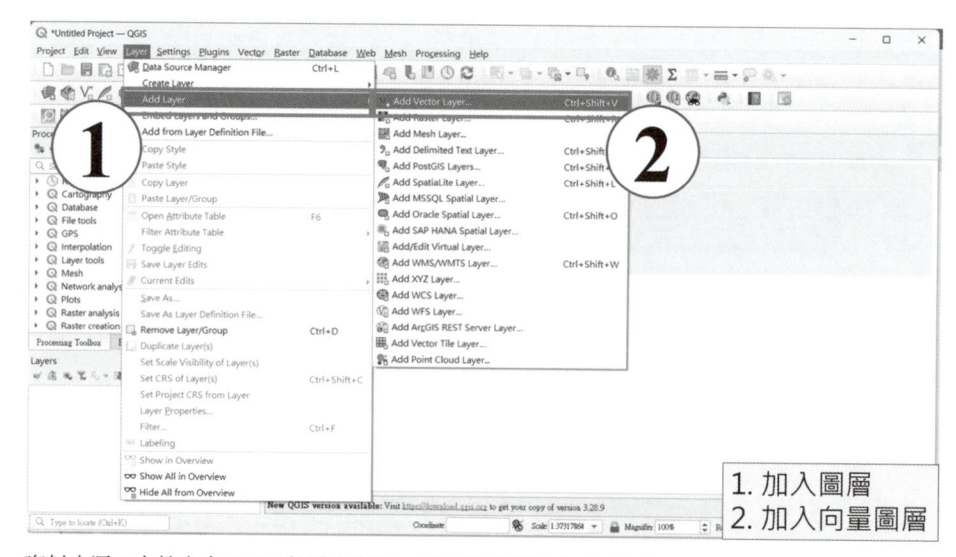

資料來源：本教案中 QGIS 軟體之截圖，皆截取並修改自 QGIS.ORG. (2021). QGIS Geographic Information System. Open Source Geospatial Foundation Project (Version 3.22.0-Białowieża) [Computer software]. Retrieved from http://www.qgis.org

第三章　有醫無醫？從良好健康與福祉目標看新竹醫療空間正義問題

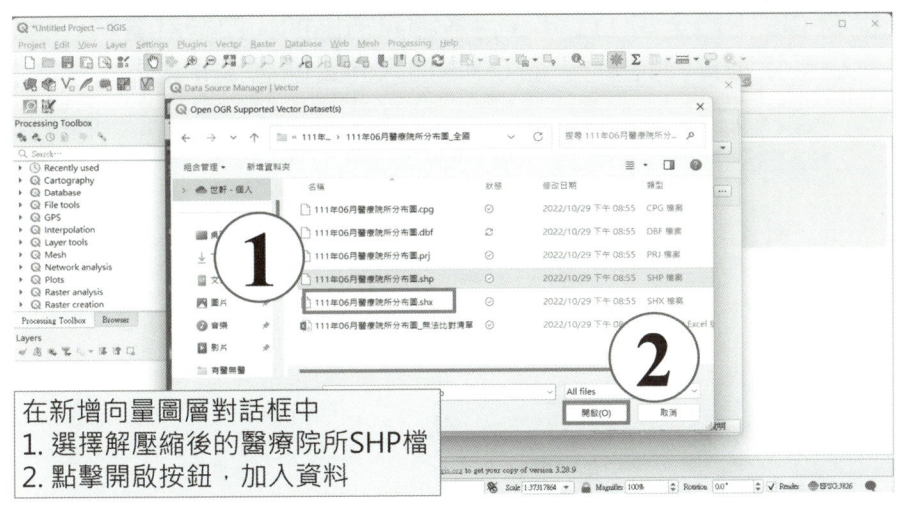

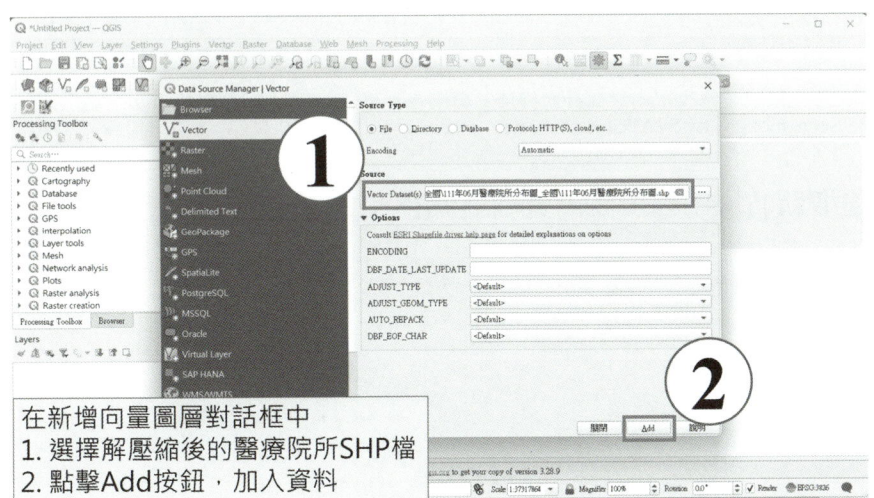

在新增向量圖層對話框中
1. 選擇解壓縮後的醫療院所SHP檔
2. 點擊開啟按鈕，加入資料

在新增向量圖層對話框中
1. 選擇解壓縮後的醫療院所SHP檔
2. 點擊Add按鈕，加入資料

地理資訊力
永續發展議題教學新方向

2. 從 SEGIS 下載全國 111 年 9 月各鄉鎮市區的人口統計資料 → 解壓縮至指定資料夾中 → 從 QGIS 加入向量圖層 SHP 檔。

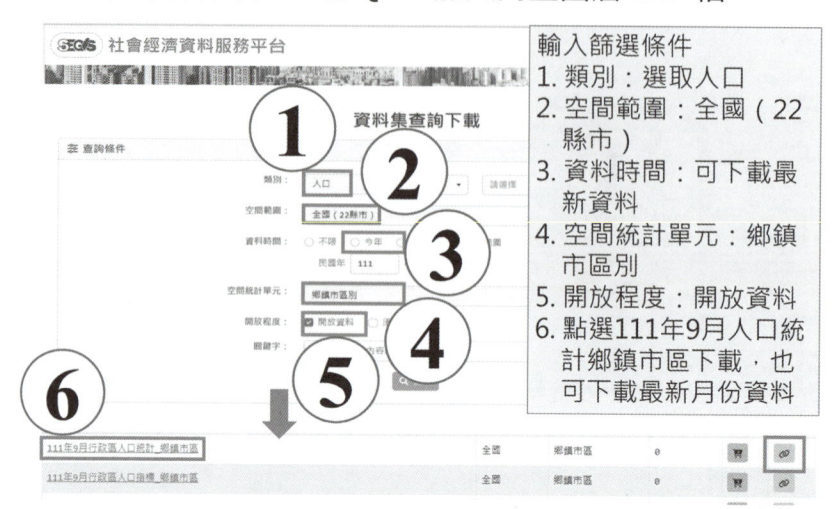

輸入篩選條件
1. 類別：選取人口
2. 空間範圍：全國（22 縣市）
3. 資料時間：可下載最新資料
4. 空間統計單元：鄉鎮市區別
5. 開放程度：開放資料
6. 點選111年9月人口統計鄉鎮市區下載，也可下載最新月份資料

資料來源：截取並修改自內政部社會經濟資料服務平臺（n.d.-b）。**資料集查詢下載**。取自 https://segis.moi.gov.tw/STATCloud/QueryInterface

3. 選取新竹縣市醫療院所資料並儲存。

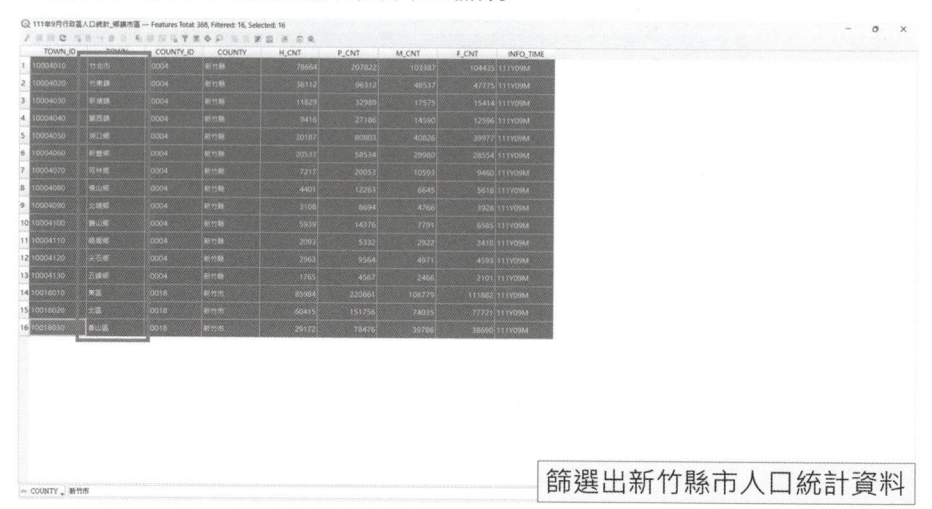

篩選出新竹縣市人口統計資料

第三章 有醫無醫？從良好健康與福祉目標看新竹醫療空間正義問題

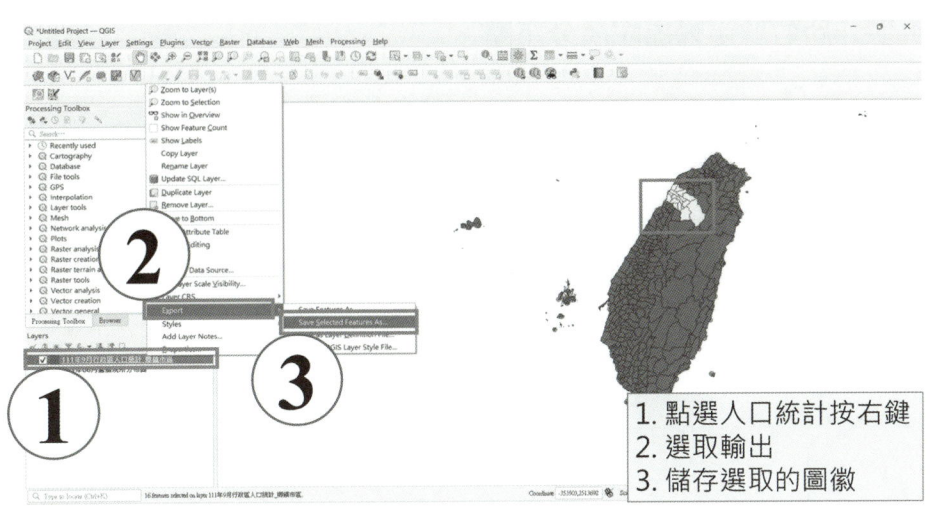

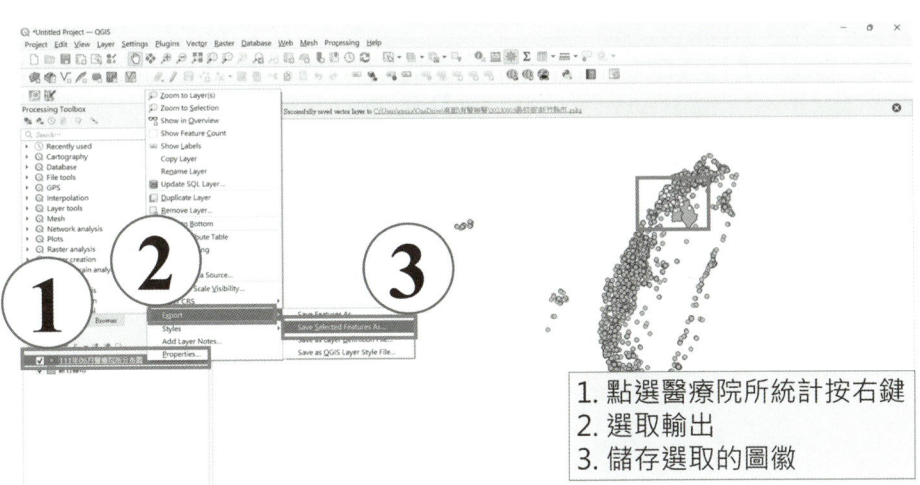

1. 點選人口統計按右鍵
2. 選取輸出
3. 儲存選取的圖徵

1. 點選醫療院所統計按右鍵
2. 選取輸出
3. 儲存選取的圖徵

143

地理資訊力
永續發展議題教學新方向

4. 製作新竹縣市醫療院所分布圖。

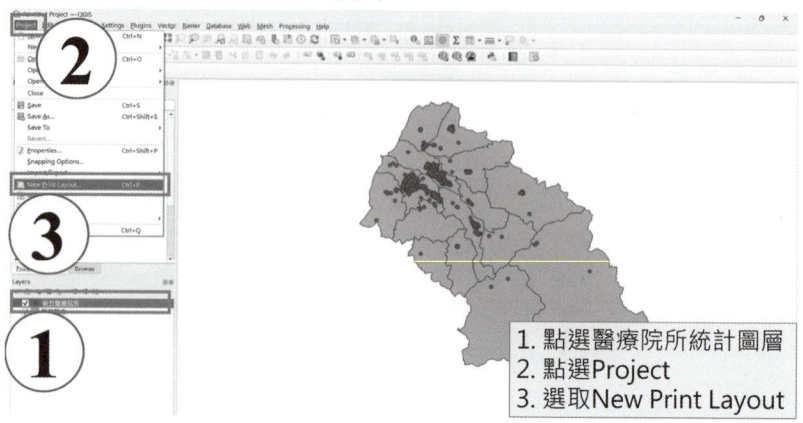

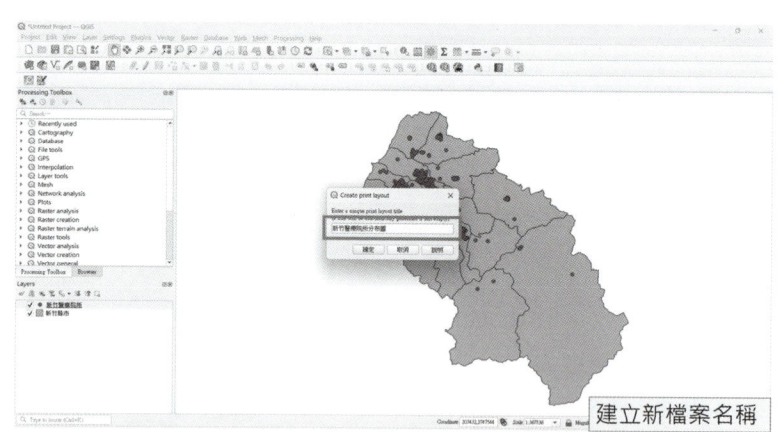

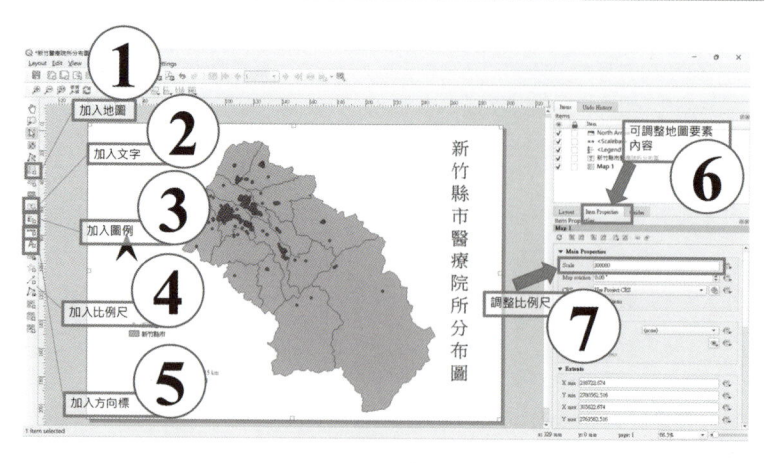

1. 點選醫療院所統計圖層
2. 點選Project
3. 選取New Print Layout

建立新檔案名稱

1. 加入地圖
2. 加入文字
3. 加入圖例
4. 加入比例尺
5. 加入方向標
6. 可調整地圖要素內容
7. 調整比例尺

新竹縣市醫療院所分布圖

144

第三章　有醫無醫？從良好健康與福祉目標看新竹醫療空間正義問題

（二）繪製新竹縣市二公里內醫療院所熱區圖

Processing Toolbox（開啟工具箱）→ Kernel density → Radius（半徑）取 2 km → Poixel size 選 10 → 存檔名為二公里熱區圖 → Run（執行）。

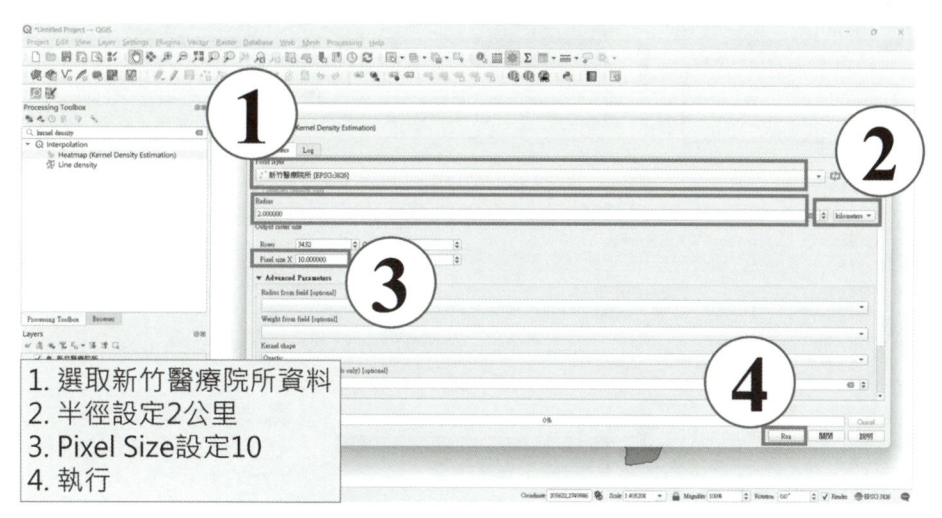

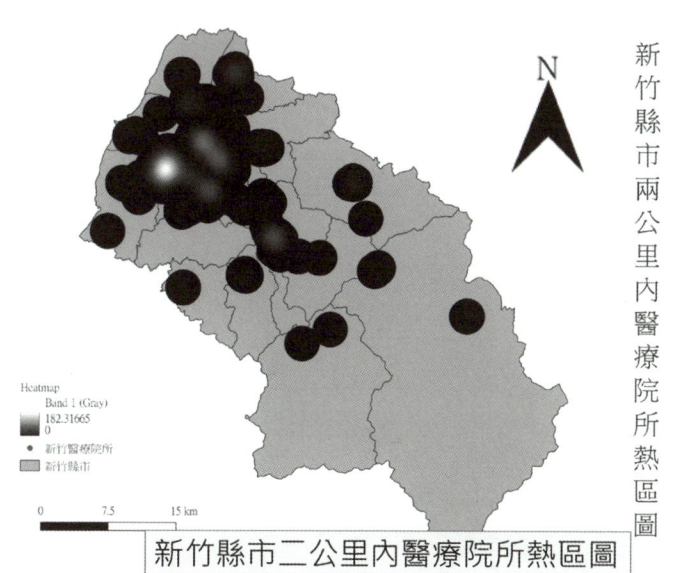

1. 選取新竹醫療院所資料
2. 半徑設定2公里
3. Pixel Size設定10
4. 執行

新竹縣市二公里內醫療院所熱區圖

（三）繪製新竹縣市區域醫院分布圖

1. 利用衛生福利部醫院評鑑資訊專區（n.d.-c）取得新竹縣區域醫院資料。

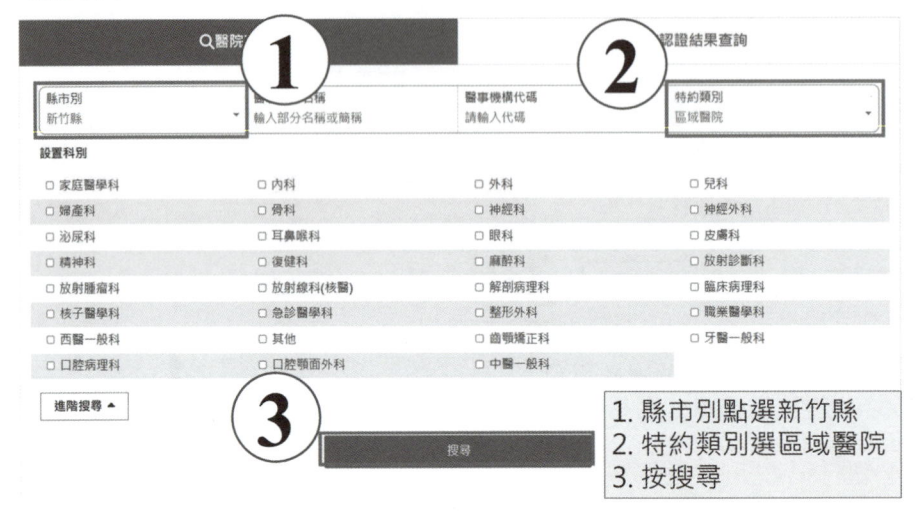

資料來源：截取並修改自衛生福利部醫院評鑑資訊專區（n.d.-b）。**首頁**。取自 https://openinfo.mohw.gov.tw/

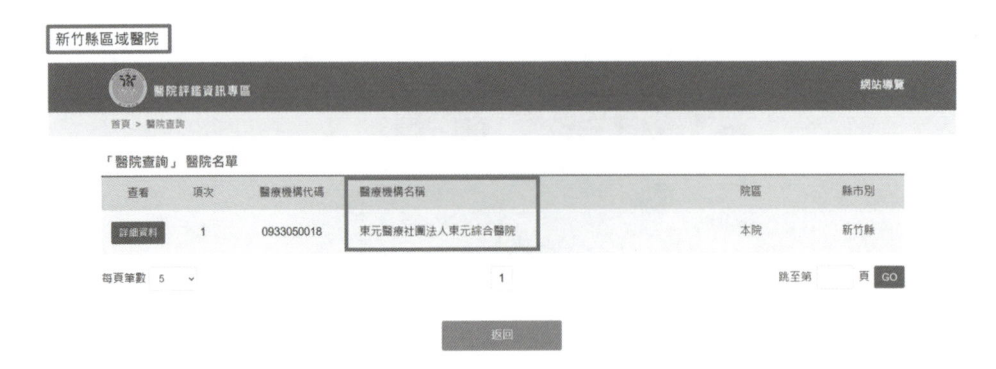

資料來源：截取並修改自衛生福利部醫院評鑑資訊專區（n.d.-c）。**「醫院查詢」醫院名單**。取自 https://openinfo.mohw.gov.tw/

第三章　有醫無醫？從良好健康與福祉目標看新竹醫療空間正義問題

2. 重複動作搜尋新竹市區域醫院資料。

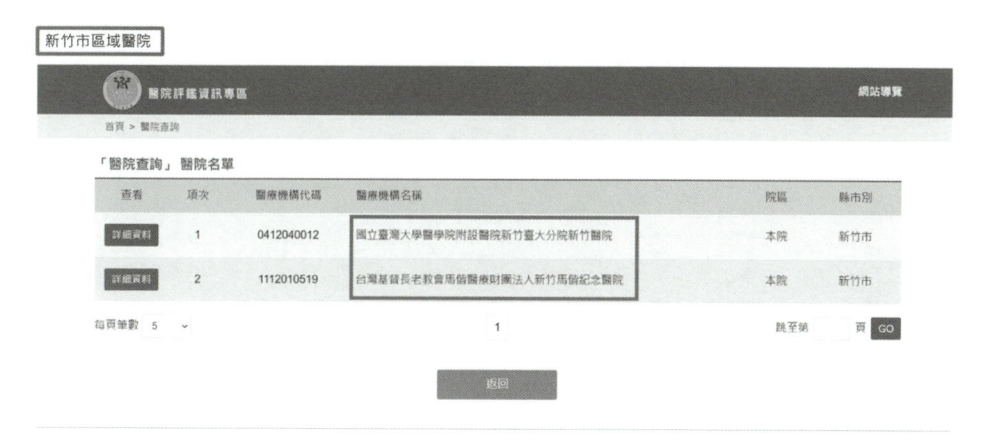

資料來源：截取並修改自衛生福利部醫院評鑑資訊專區（n.d.-c）。**「醫院查詢」醫院名單**。取自 https://openinfo.mohw.gov.tw/

3. 在新竹醫療院所資料圖層建立醫院等級屬性資料（區域醫院、地區醫院）。

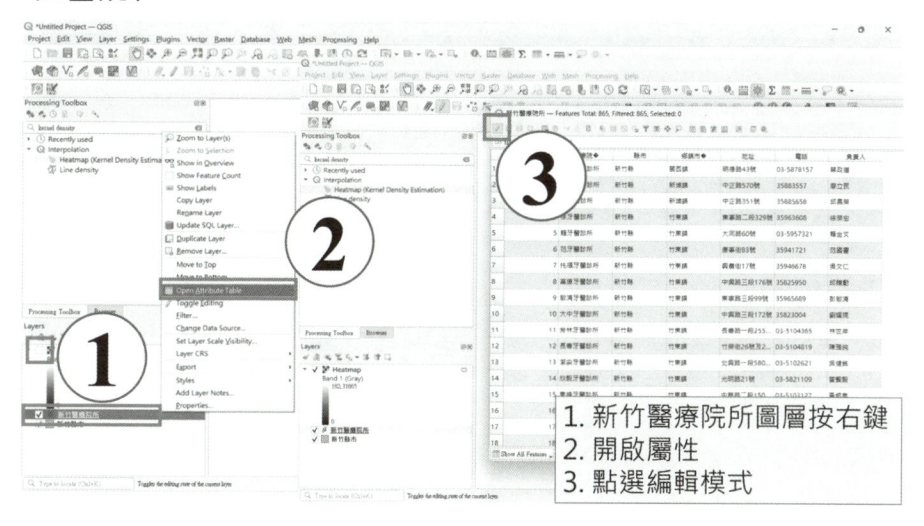

1. 新竹醫療院所圖層按右鍵
2. 開啟屬性
3. 點選編輯模式

地理資訊力
永續發展議題教學新方向

4. 在新竹醫療院所資料圖層搜尋區域醫院。

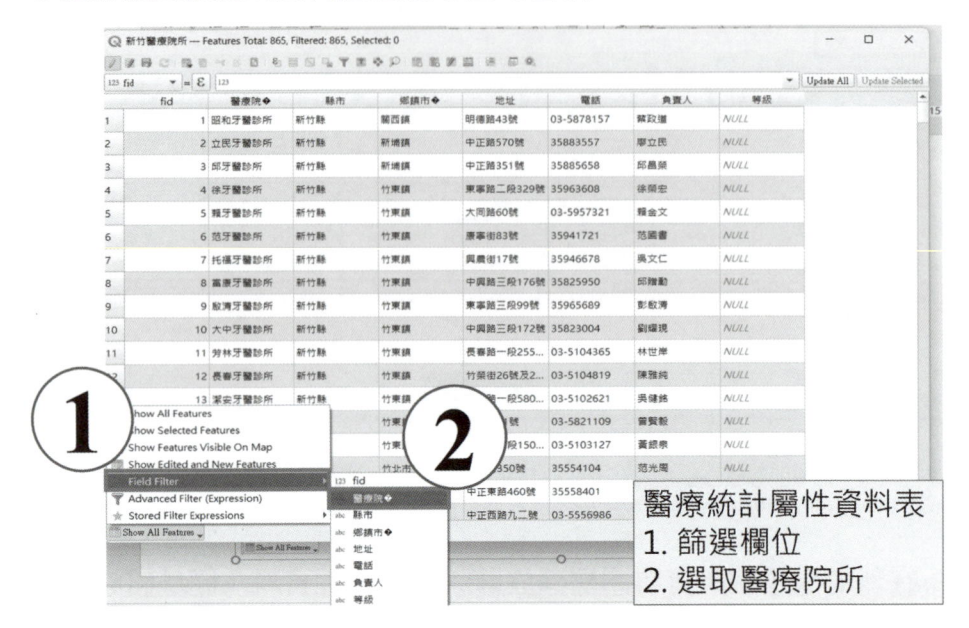

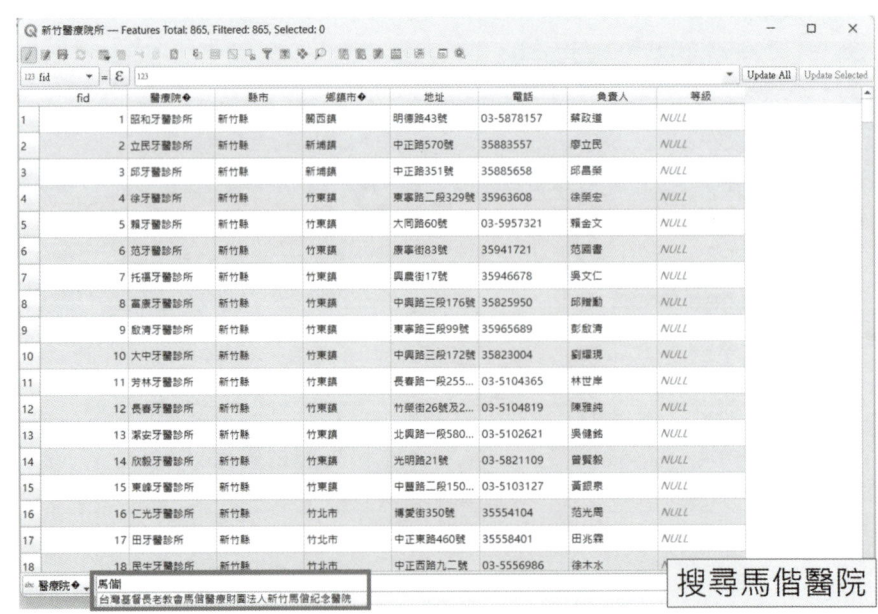

醫療統計屬性資料表
1. 篩選欄位
2. 選取醫療院所

搜尋馬偕醫院

148

第三章　有醫無醫？從良好健康與福祉目標看新竹醫療空間正義問題

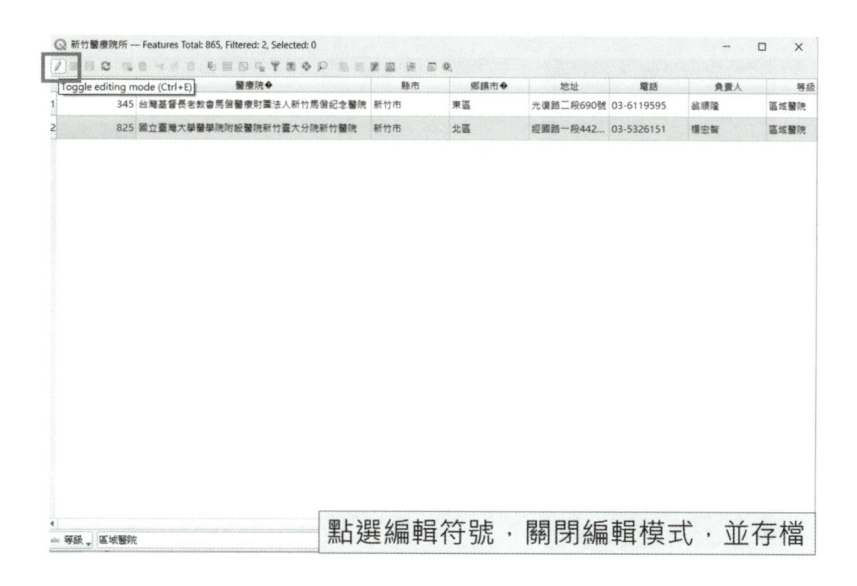

點選編輯符號，關閉編輯模式，並存檔

5. 手動加入新竹縣東元醫院點位資料。

(1) 新增 WMTS 圖層。

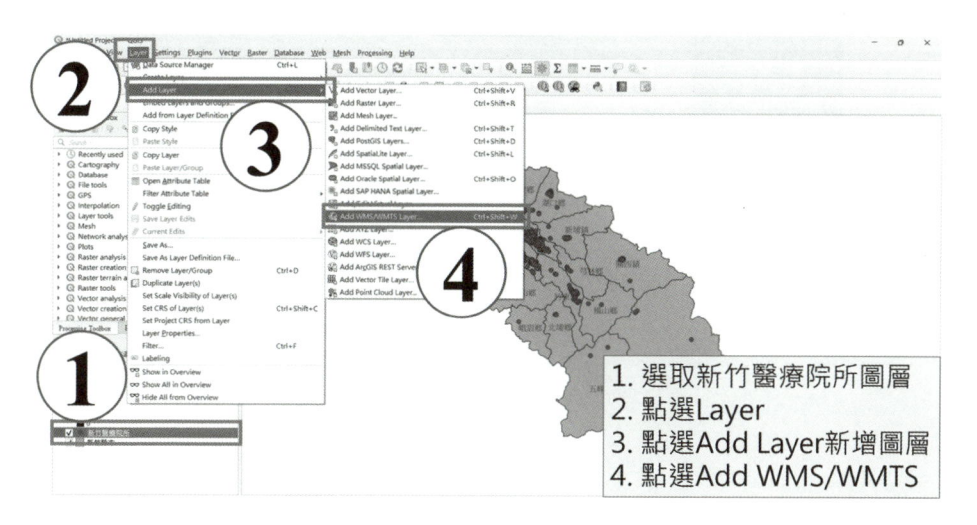

1. 選取新竹醫療院所圖層
2. 點選Layer
3. 點選Add Layer新增圖層
4. 點選Add WMS/WMTS

資料來源：　WMTS 圖層參見內政部國土測繪中心國土測繪圖資服務雲（n.d.）。**WMTS**。取自 http://maps.nlsc.gov.tw/S_Maps/wmt

149

地理資訊力
永續發展議題教學新方向

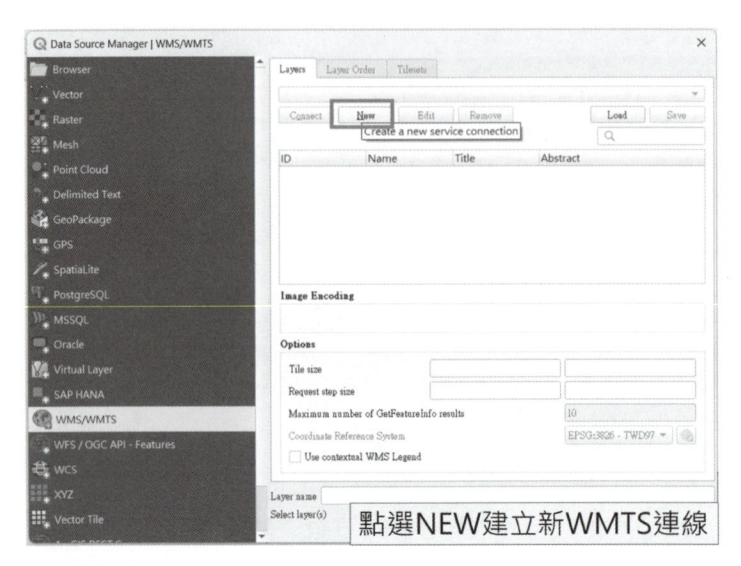

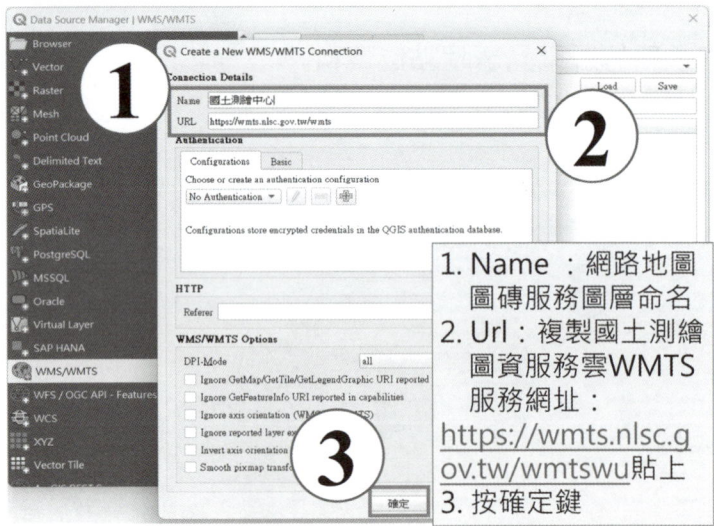

點選NEW建立新WMTS連線

1. Name：網路地圖圖磚服務圖層命名
2. Url：複製國土測繪圖資服務雲WMTS服務網址：https://wmts.nlsc.gov.tw/wmtswu 貼上
3. 按確定鍵

150

第三章　有醫無醫？從良好健康與福祉目標看新竹醫療空間正義問題

(2) 開啟臺灣通用電子地圖（新）。

1. 按Connect連線
2. 搜尋臺灣通用電子地圖（新）

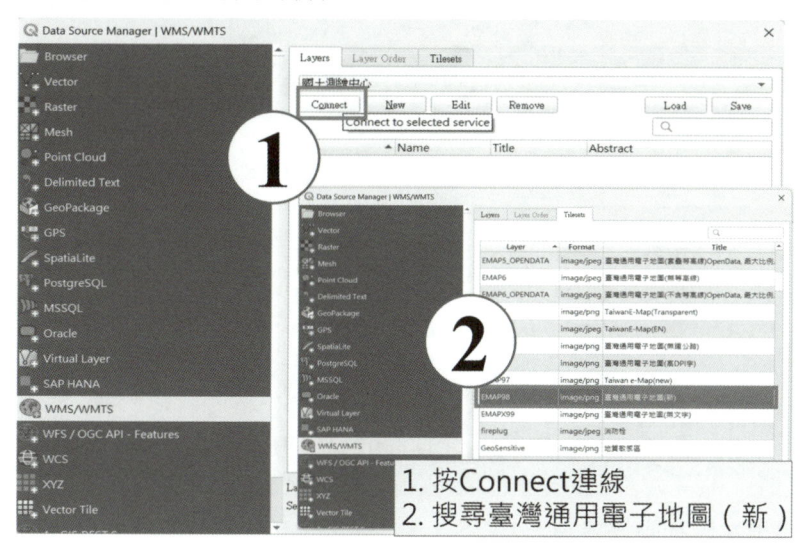

(3) 臺灣通用電子地圖（新）尋找新竹縣東元綜合醫院。

利用臺灣通用電子地圖（新）搜尋新竹縣東元醫院

(4) 新增東元醫院點位資料。

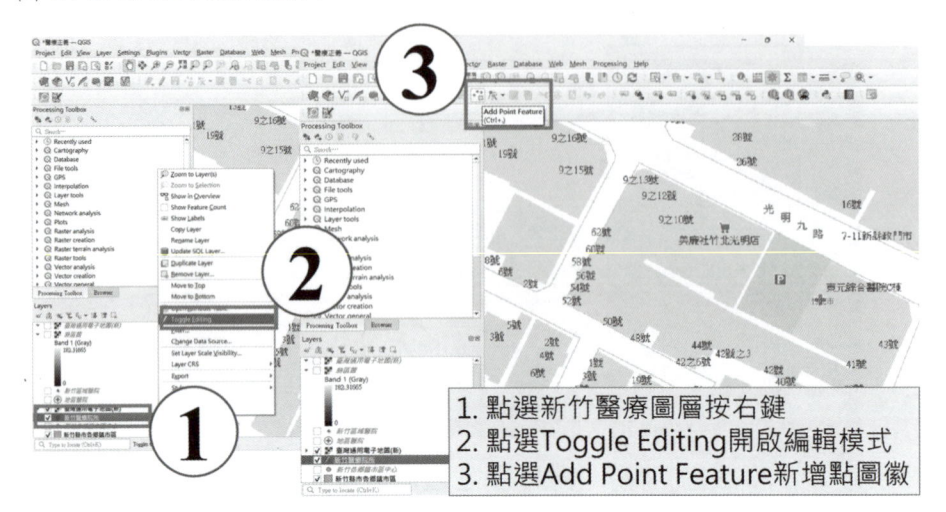

1. 點選新竹醫療圖層按右鍵
2. 點選Toggle Editing開啟編輯模式
3. 點選Add Point Feature新增點圖徽

(5) 新增東元醫院屬性資料。

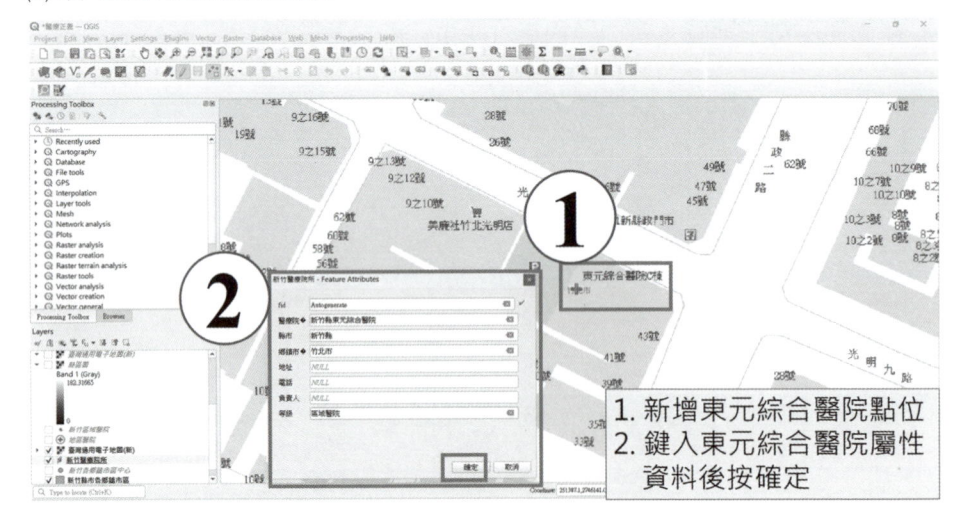

1. 新增東元綜合醫院點位
2. 鍵入東元綜合醫院屬性資料後按確定

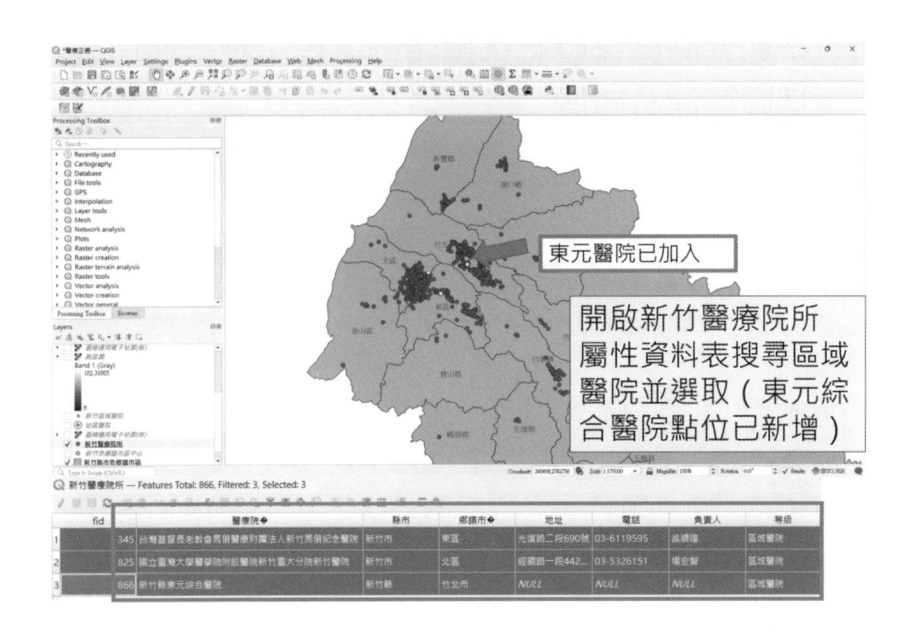

第三章　有醫無醫？從良好健康與福祉目標看新竹醫療空間正義問題

東元醫院已加入

開啟新竹醫療院所屬性資料表搜尋區域醫院並選取（東元綜合醫院點位已新增）

6. 繪製新竹區域醫院分布圖。

新竹區域醫院分布圖

153

地理資訊力
永續發展議題教學新方向

（四）依照新竹區域醫院地圖繪製過程，製作新竹縣市地區醫院分布圖

（無國立臺灣大學醫學院附設醫院新竹臺大分院生醫醫院與新竹市立馬偕兒童醫院，需手動加入）

1. 縣市別點選新竹縣
2. 特約類別選地區醫院
3. 按搜尋

資料來源：截取並修改自衛生福利部醫院評鑑資訊專區（n.d.-b）。**首頁**。取自 https://openinfo.mohw.gov.tw/

資料來源：截取並修改自衛生福利部醫院評鑑資訊專區（n.d.-c）。**「醫院查詢」醫院名單**。取自 https://openinfo.mohw.gov.tw/

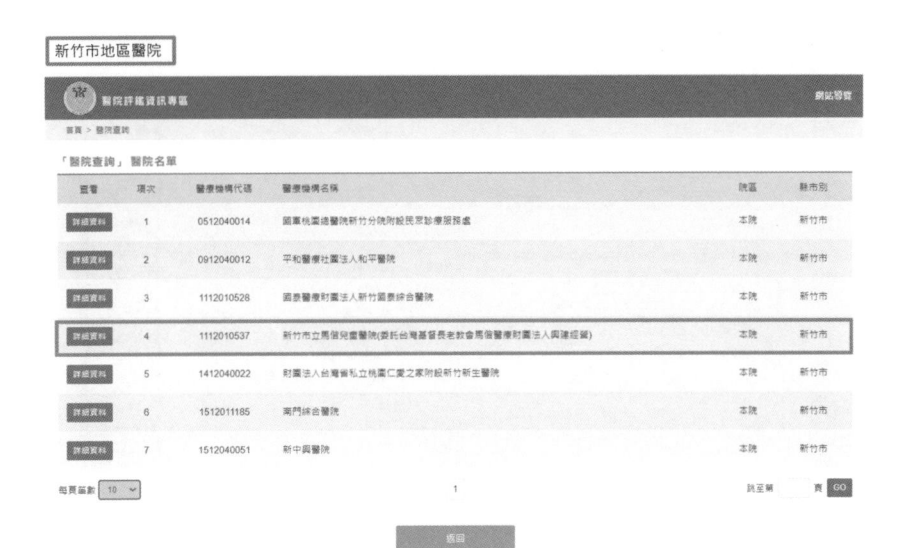

第三章　有醫無醫？從良好健康與福祉目標看新竹醫療空間正義問題

資料來源：截取並修改自衛生福利部醫院評鑑資訊專區（n.d.-c）。**「醫院查詢」醫院名單**。取自 https://openinfo.mohw.gov.tw/

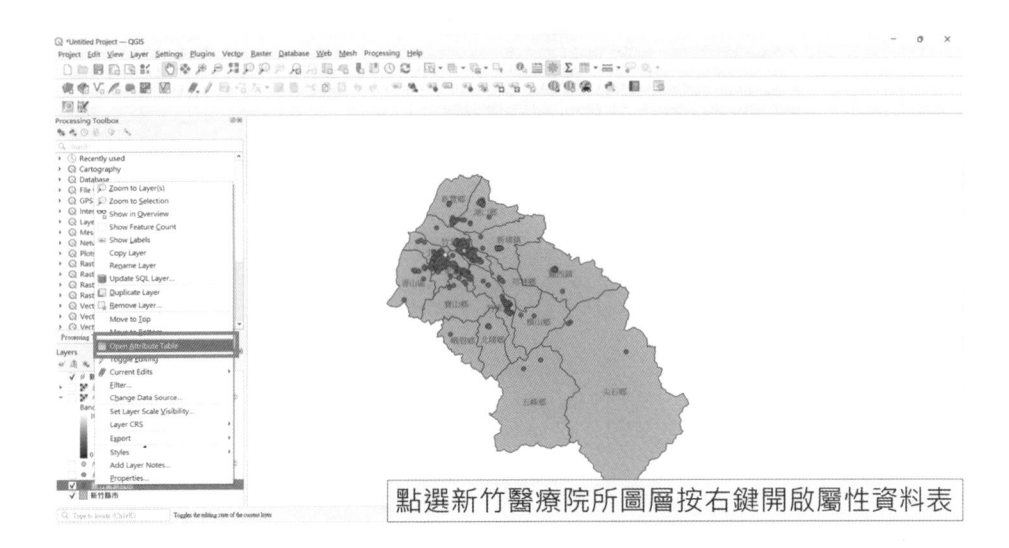

點選新竹醫療院所圖層按右鍵開啟屬性資料表

地理資訊力
永續發展議題教學新方向

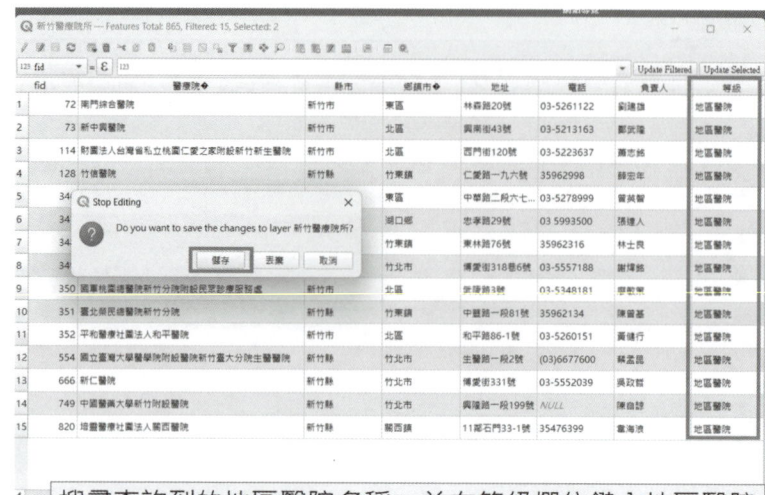

搜尋查詢到的地區醫院名稱，並在等級欄位鍵入地區醫院

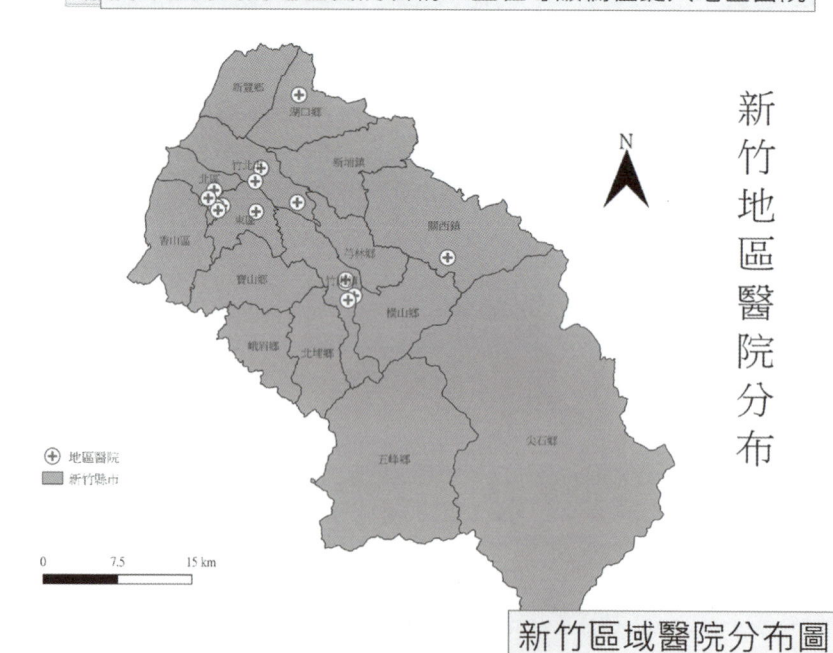

新竹區域醫院分布圖

新竹地區醫院分布

第三章 有醫無醫？從良好健康與福祉目標看新竹醫療空間正義問題

（五）繪製新竹地區各醫療院所平均每千人擁有病床數圖

1. 從 SEGIS 下載全國 111 年 6 月各鄉鎮市區的醫療院所統計資料 → 解壓縮至指定資料夾中 → 從 QGIS 加入向量圖層 SHP 檔。

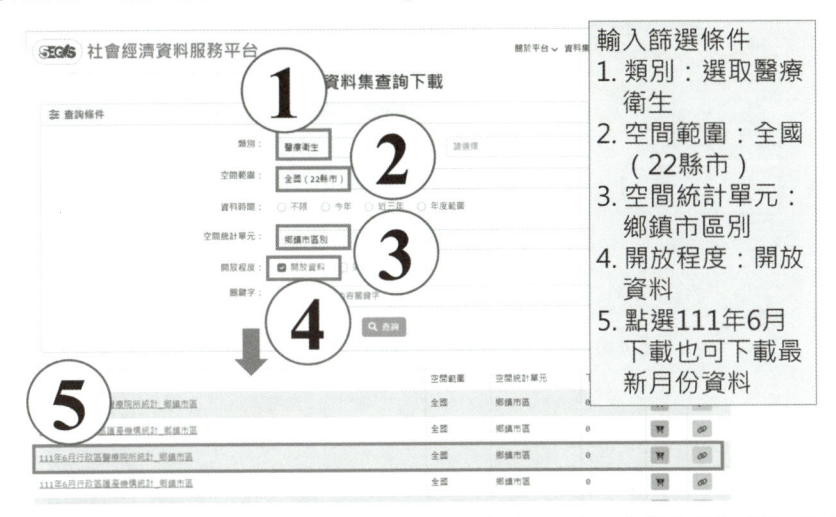

輸入篩選條件
1. 類別：選取醫療衛生
2. 空間範圍：全國（22縣市）
3. 空間統計單元：鄉鎮市區別
4. 開放程度：開放資料
5. 點選111年6月下載也可下載最新月份資料

資料來源：截取並修改自內政部社會經濟資料服務平臺（n.d.-b）。**資料集查詢下載**。取自 https://segis.moi.gov.tw/STATCloud/QueryInterface

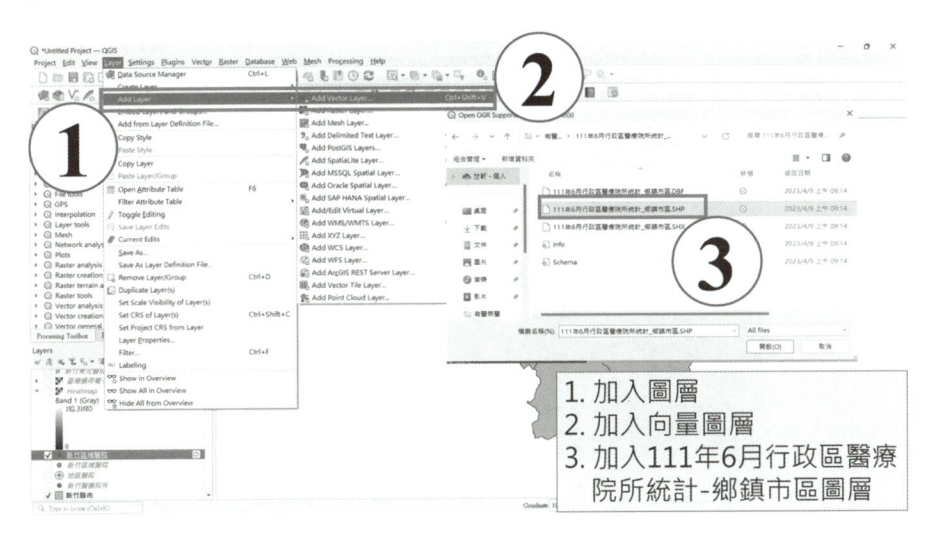

1. 加入圖層
2. 加入向量圖層
3. 加入111年6月行政區醫療院所統計-鄉鎮市區圖層

157

地理資訊力
永續發展議題教學新方向

2. 搜尋新竹縣市行政區醫療院所統計。

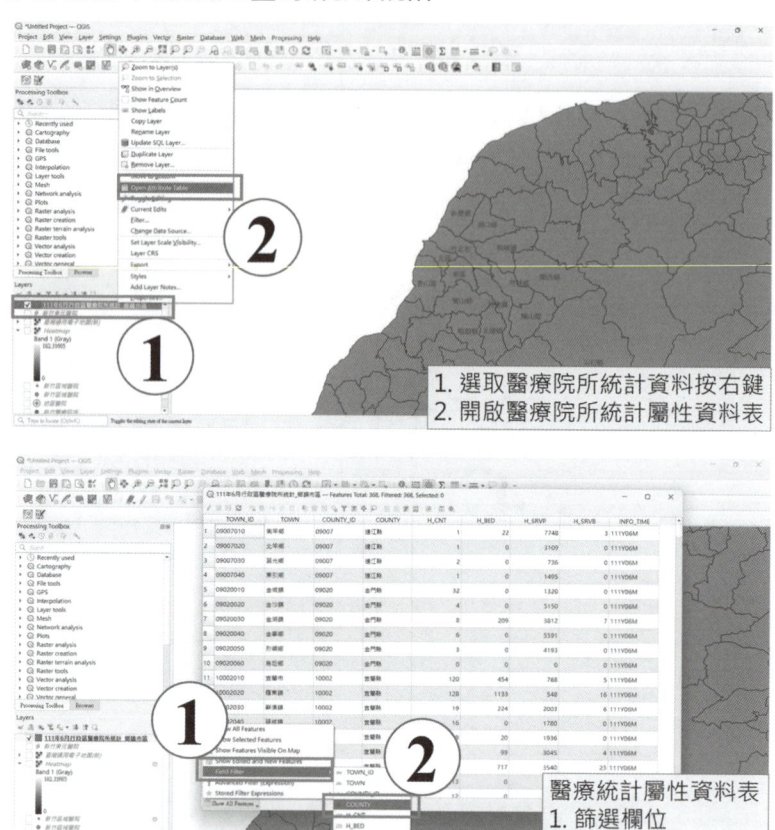

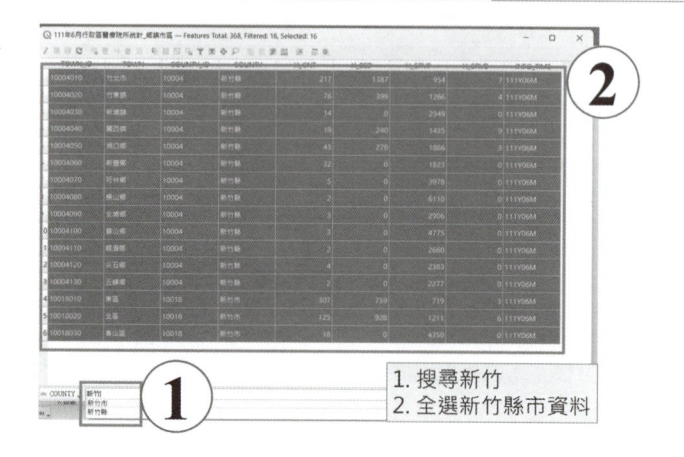

1. 選取醫療院所統計資料按右鍵
2. 開啟醫療院所統計屬性資料表

醫療統計屬性資料表
1. 篩選欄位
2. 選取縣市

1. 搜尋新竹
2. 全選新竹縣市資料

158

第三章　有醫無醫？從良好健康與福祉目標看新竹醫療空間正義問題

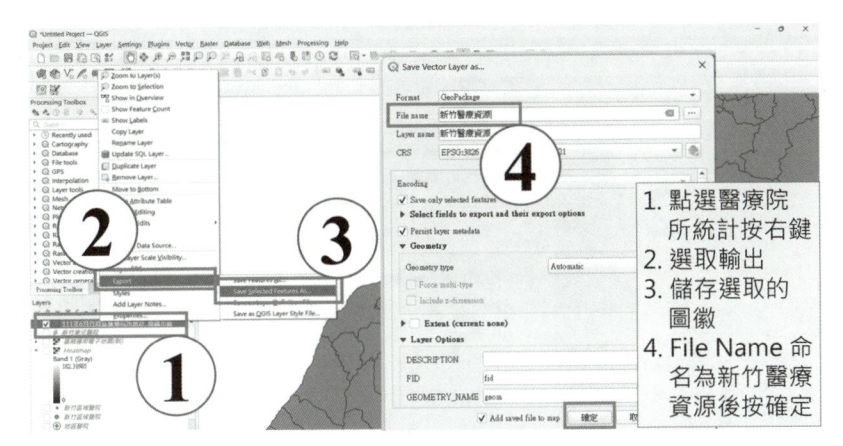

3. 屬性資料又見開啟符號學 → 選取平均每千人擁有病床數 → 設計符號形式。

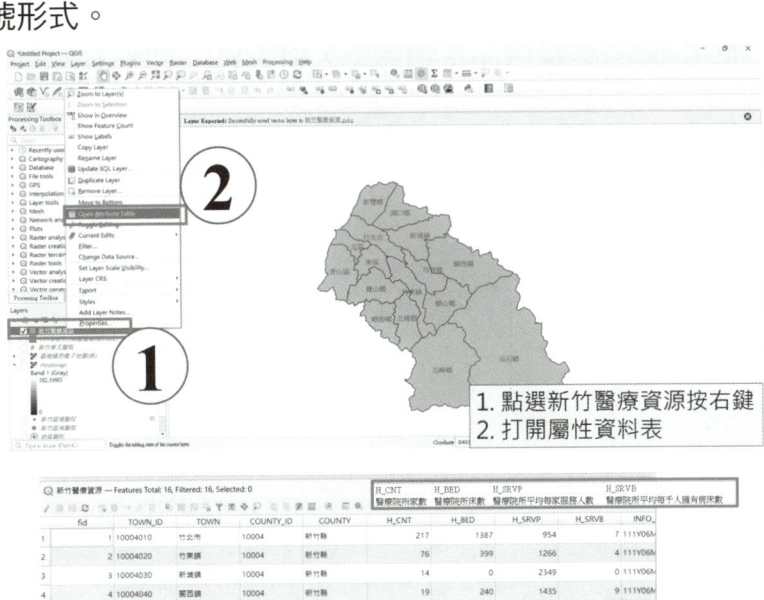

159

地理資訊力
永續發展議題教學新方向

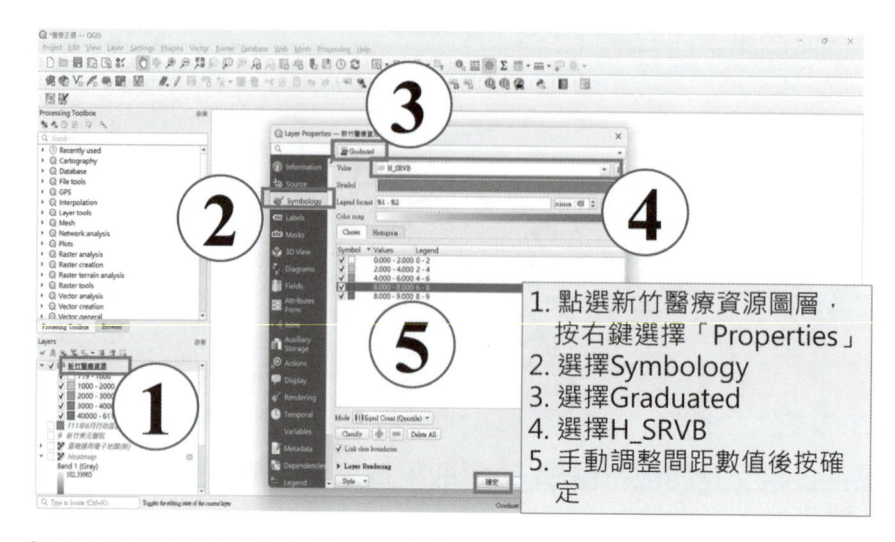

1. 點選新竹醫療資源圖層，按右鍵選擇「Properties」
2. 選擇 Symbology
3. 選擇 Graduated
4. 選擇 H_SRVB
5. 手動調整間距數值後按確定

4. 製作新竹地區各醫療院所平均每千人擁有病床數圖。

醫療院所平均每千人擁有病床數

新竹醫療資源
- 0 - 2
- 2 - 4
- 4 - 6
- 6 - 8
- 8 - 9
- 新竹縣市

新竹地區各醫療院所平均每千人擁有病床數圖

160

第三章　有醫無醫？從良好健康與福祉目標看新竹醫療空間正義問題

（六）繪製新竹地區醫療院所平均每家服務人數圖

（重複上一個步驟，選取醫療院所平均服務人數）

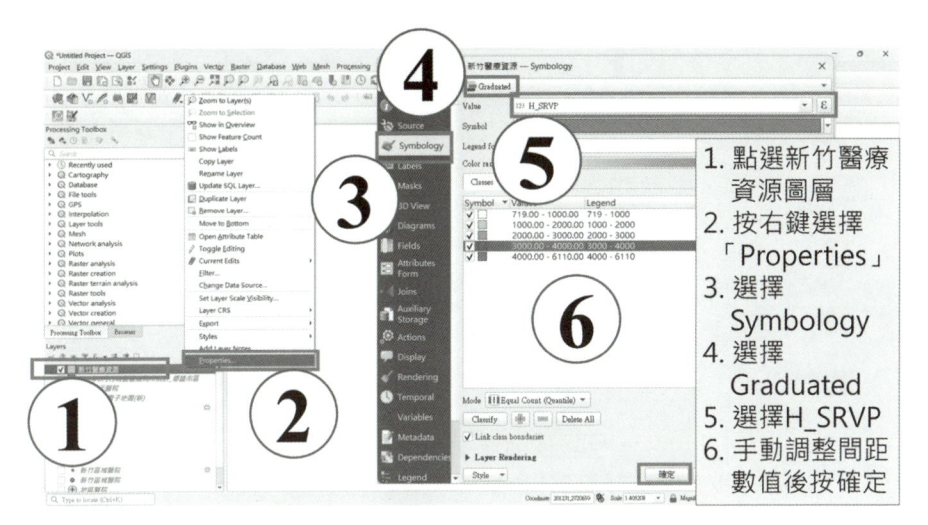

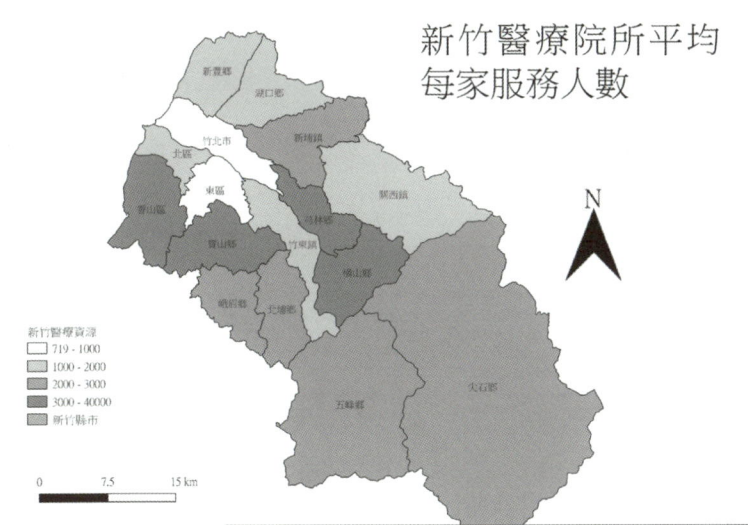

1. 點選新竹醫療資源圖層
2. 按右鍵選擇「Properties」
3. 選擇 Symbology
4. 選擇 Graduated
5. 選擇 H_SRVP
6. 手動調整間距數值後按確定

新竹醫療院所平均每家服務人數

新竹醫療資源
- 719 - 1000
- 1000 - 2000
- 2000 - 3000
- 3000 - 40000
- 新竹縣市

0　7.5　15 km

新竹地區醫療院所平均每家服務人數圖

161

地理資訊力
永續發展議題教學新方向

（七）各鄉鎮市區到 24 小時急救醫院最短距離與平均距離計算

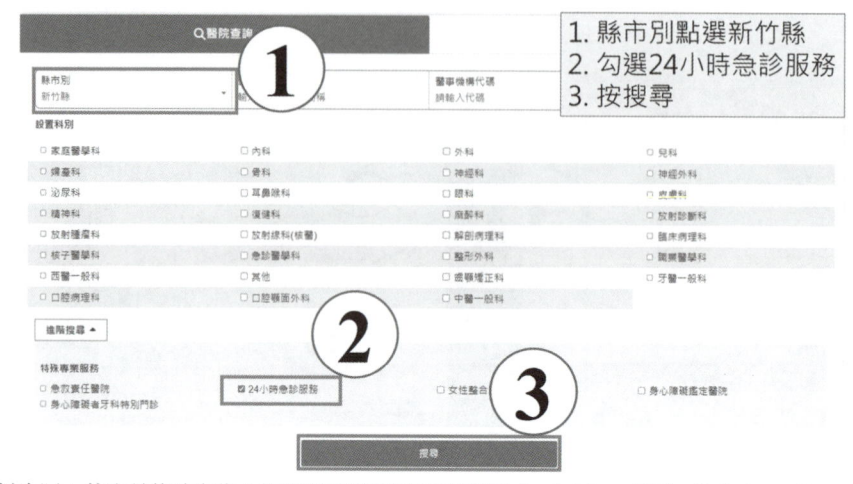

資料來源：截取並修改自衛生福利部醫院評鑑資訊專區（n.d.-b）。**首頁**。取自 https://openinfo.mohw.gov.tw/

1. 搜尋新竹縣市 24 小時急救醫院。

新竹縣：

資料來源：截取並修改自衛生福利部醫院評鑑資訊專區（n.d.-a）。**「24 小時急診服務」醫院名單**。取自 https://openinfo.mohw.gov.tw/

162

第三章　有醫無醫？從良好健康與福祉目標看新竹醫療空間正義問題

新竹市：

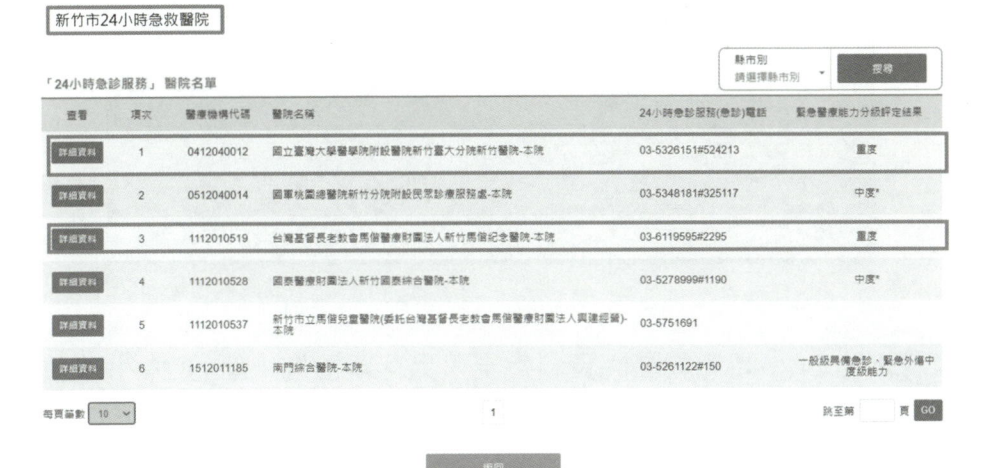

資料來源：截取並修改自衛生福利部醫院評鑑資訊專區（n.d.-a）。「24 小時急診服務」醫院名單。取自 https://openinfo.mohw.gov.tw/

2. 在新竹醫療院所圖層建立新竹 24 小時急救醫院屬性資料（不分區域醫院、地區醫院）。

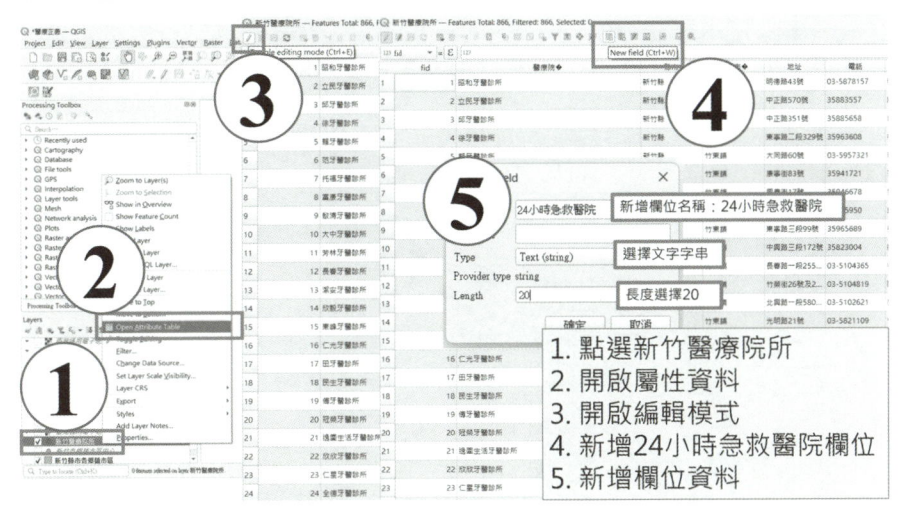

1. 點選新竹醫療院所
2. 開啟屬性資料
3. 開啟編輯模式
4. 新增24小時急救醫院欄位
5. 新增欄位資料

163

地理資訊力
永續發展議題教學新方向

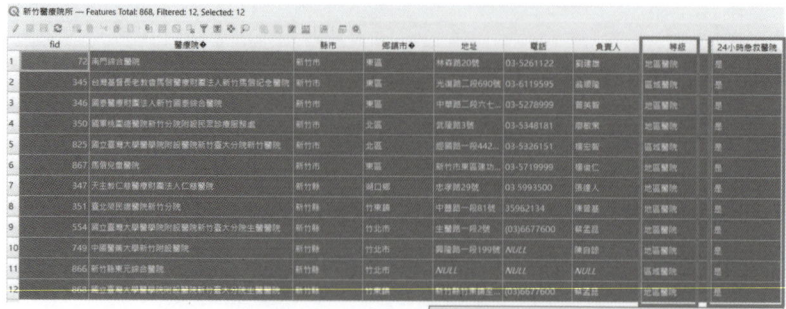

新增24小時急救醫院欄位後全選

3. 將新竹 24 小時急救醫院資料輸出，另存新檔為「新竹 24 小時急救醫院」，並為「新竹 24 小時急救醫院」設計適宜符號。

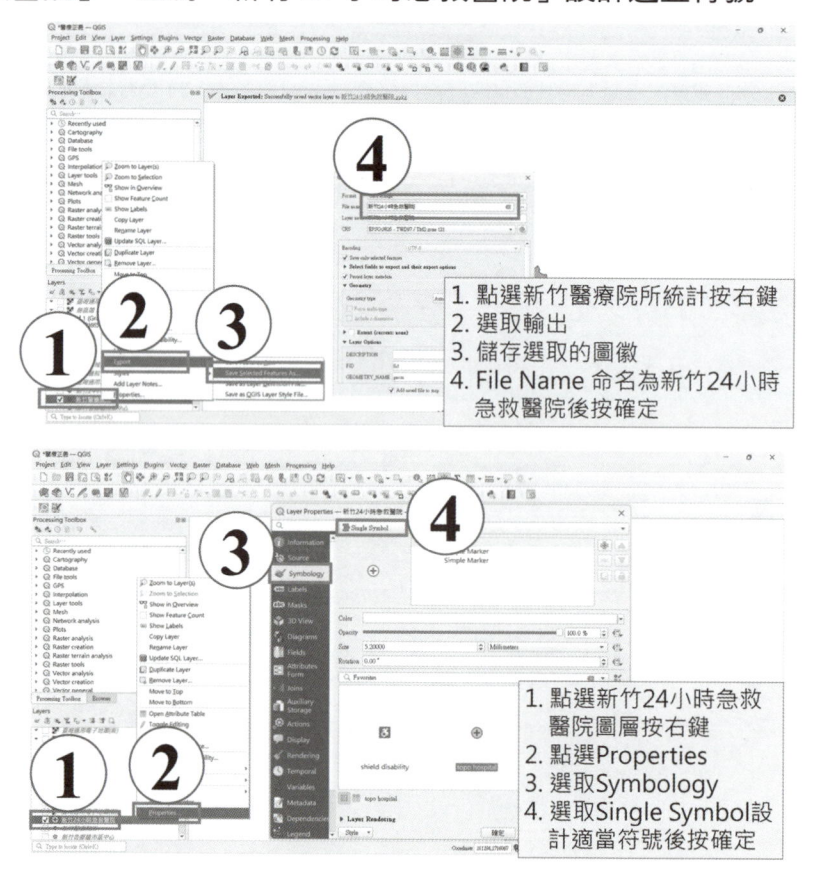

1. 點選新竹醫療院所統計按右鍵
2. 選取輸出
3. 儲存選取的圖徽
4. File Name 命名為新竹24小時急救醫院後按確定

1. 點選新竹24小時急救醫院圖層按右鍵
2. 點選Properties
3. 選取Symbology
4. 選取Single Symbol設計適當符號後按確定

164

第三章　有醫無醫？從良好健康與福祉目標看新竹醫療空間正義問題

4. 製作新竹 24 小時急救醫院分布地圖。

繪製新竹24小時急救醫院分布地圖

5. 製作新竹交通路網地圖。

下載外掛指令 QuickOSM → 開啟 QuickOSM → 完成新竹交通路網（clip 出新竹範圍）。

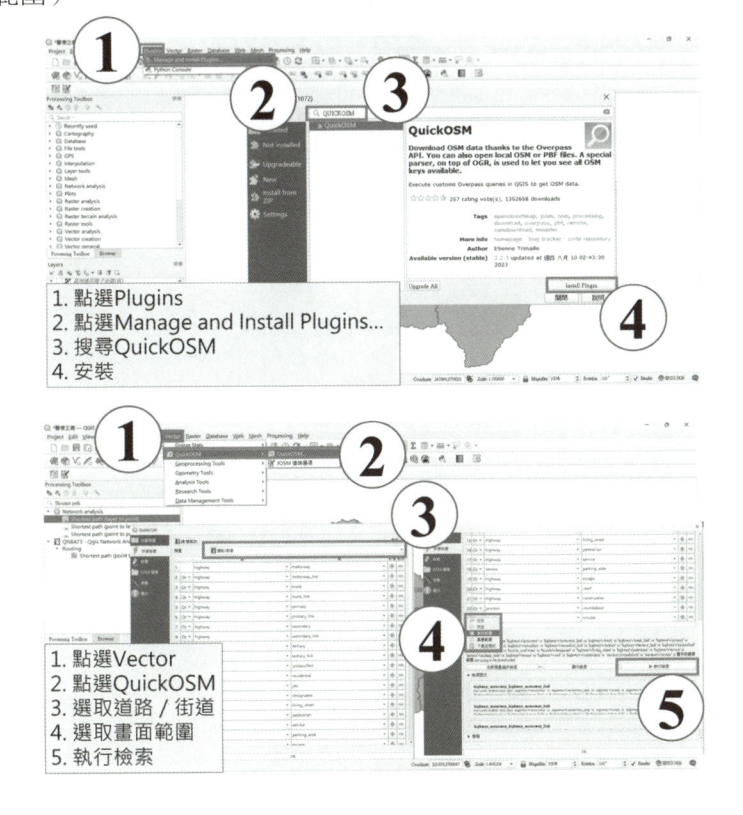

1. 點選Plugins
2. 點選Manage and Install Plugins...
3. 搜尋QuickOSM
4. 安裝

1. 點選Vector
2. 點選QuickOSM
3. 選取道路 / 街道
4. 選取畫面範圍
5. 執行檢索

165

地理資訊力
永續發展議題教學新方向

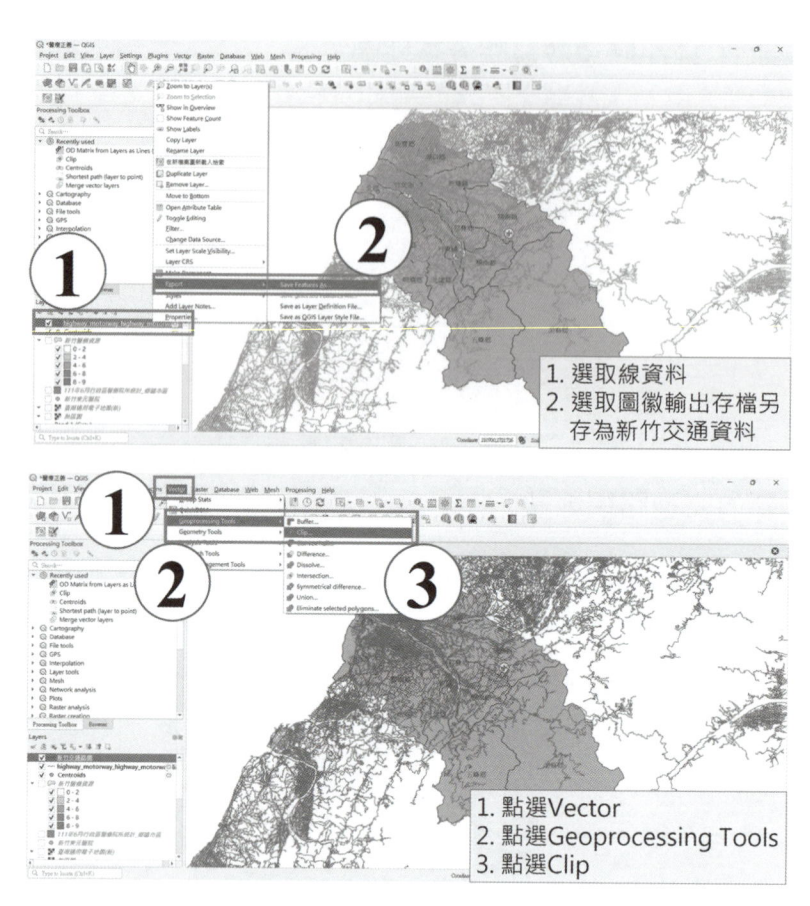

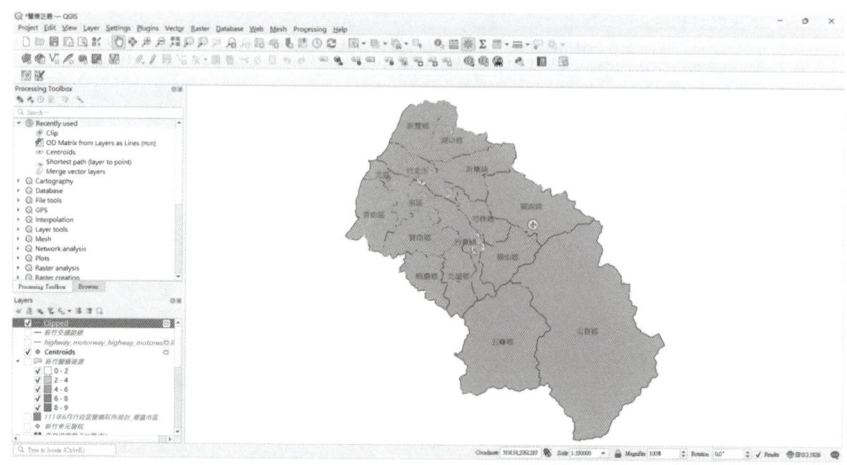

1. 選取線資料
2. 選取圖徵輸出存檔另存為新竹交通資料

1. 點選Vector
2. 點選Geoprocessing Tools
3. 點選Clip

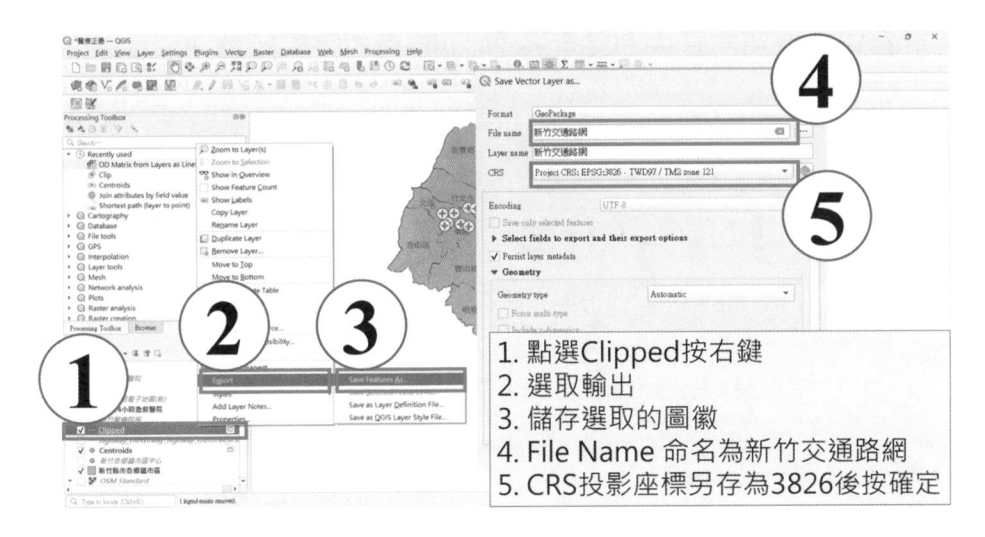

第三章　有醫無醫？從良好健康與福祉目標看新竹醫療空間正義問題

1. 點選Clipped按右鍵
2. 選取輸出
3. 儲存選取的圖徵
4. File Name 命名為新竹交通路網
5. CRS投影座標另存為3826後按確定

6. 製作新竹各鄉鎮市區中心點地圖。

(1) 從 SEGIS 下載 111 年 9 月行政區人口統計_鄉鎮市區鄉鎮市區 → 解壓縮至指定資料夾中 → 從 QGIS 加入向量圖層 SHP 檔。

(2) Selected Feature 游標選地圖中新竹縣、市位置 → 點選圖層並按右鍵 Export → Save Selected Feature as → 新竹鄉鎮市區 → 存檔至指定資料夾中。

(3) Processing Toolbox → Centroids → 新竹鄉鎮市區 → Run（執行）。

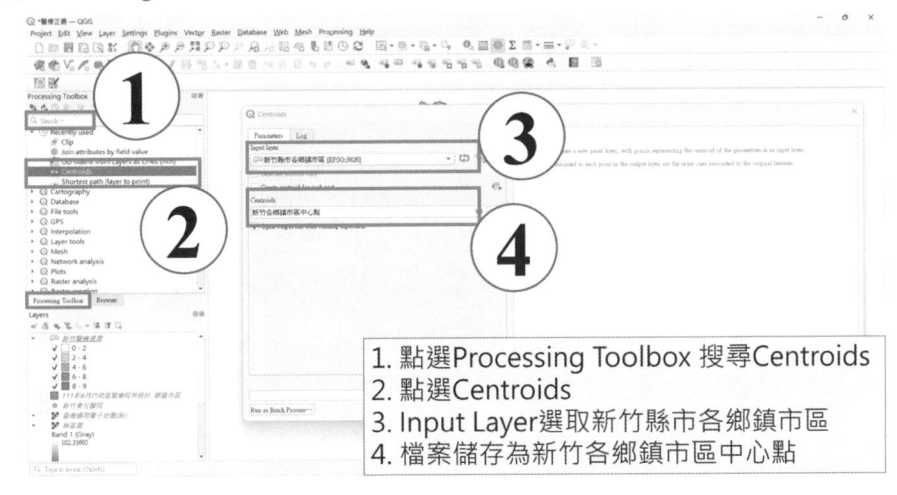

1. 點選Processing Toolbox 搜尋Centroids
2. 點選Centroids
3. Input Layer選取新竹縣市各鄉鎮市區
4. 檔案儲存為新竹各鄉鎮市區中心點

7. 計算新竹鄉鎮市區中心點至各 24 小時急救醫院距離。

(1) 下載外掛程式 QNEAT3 → OD Matrix from Layers as Lines (m:n)，並開啟指令執行。

下載外掛程式QNEAT3點選 OD Matrix from Layers as Lines（m:n），並開啟指令執行
1. 點選新竹交通路網
2. 點選新竹
3. 點選TOWN
4. 點選新竹24小時急救醫院
5. 選取醫療院所
6. 選取最短距離
7. 執行

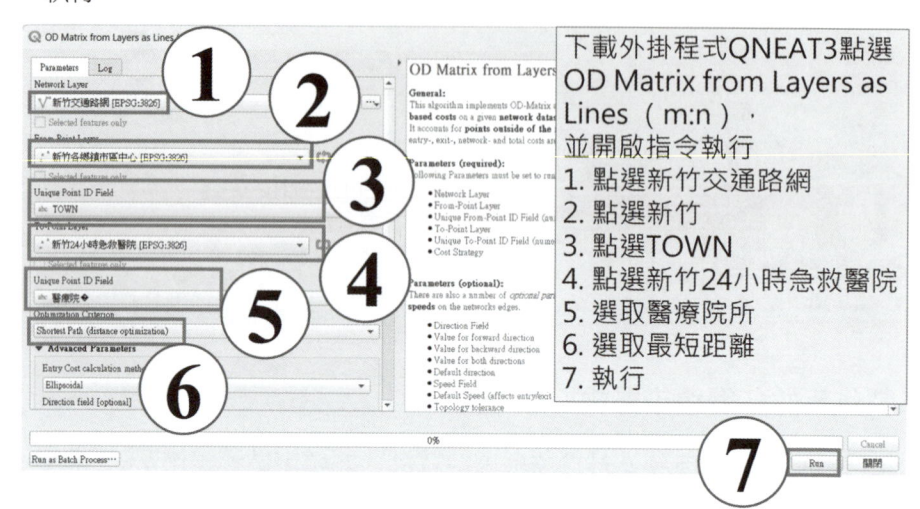

(2) 開啟屬性資料，得到各鄉鎮市區到 24 小時急救醫院距離。

1. 點選 Output OD Matrix按右鍵
2. 開啟屬性資料表
3. 新竹各鄉鎮市區中心到各新竹24小時急救醫院花費距離

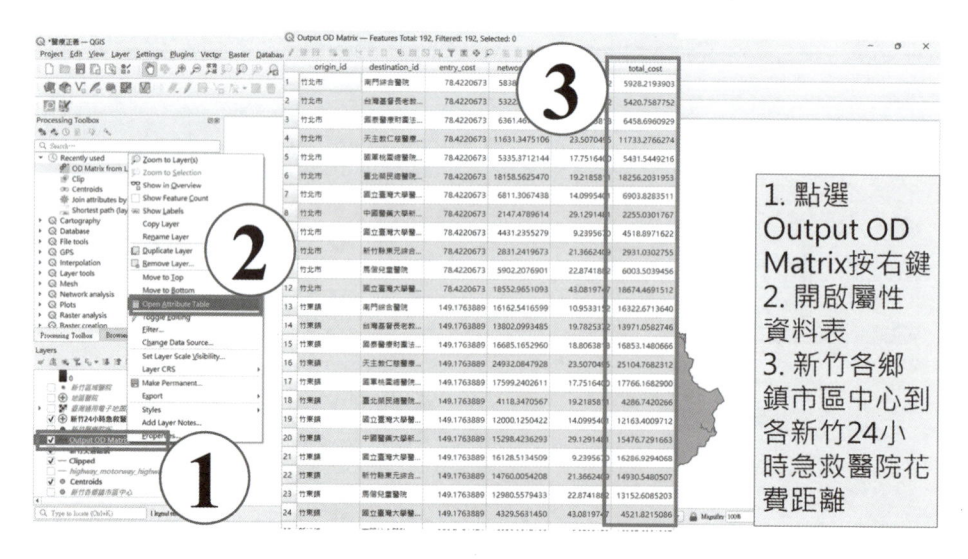

第三章　有醫無醫？從良好健康與福祉目標看新竹醫療空間正義問題

8. 計算各鄉鎮市區到 24 小時急救醫院最短距離。

(1) 下載外掛 Group Stats。

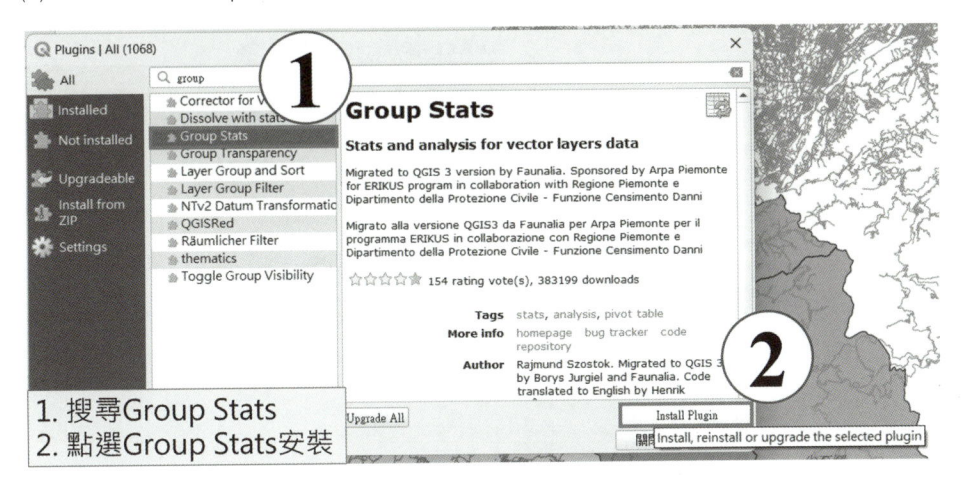

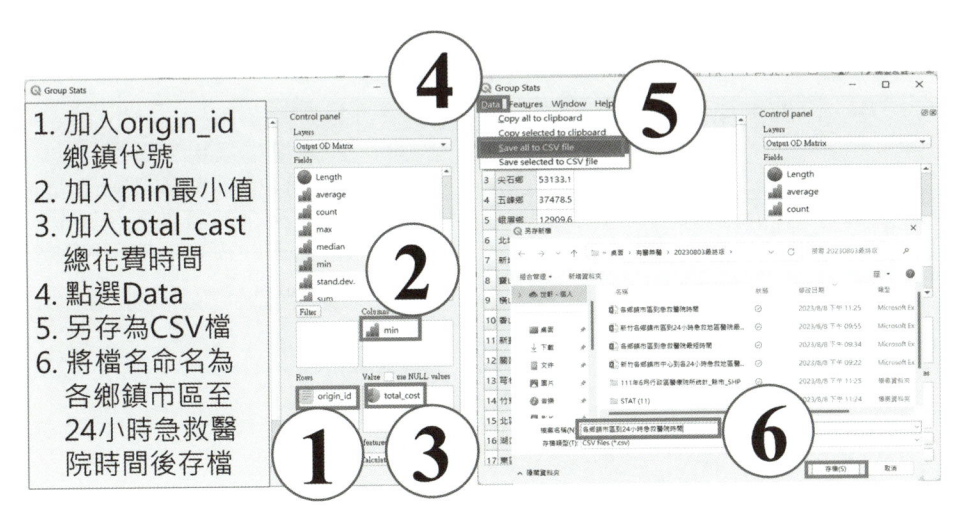

地理資訊力
永續發展議題教學新方向

(2) 處理最短距離 CSV 資料。

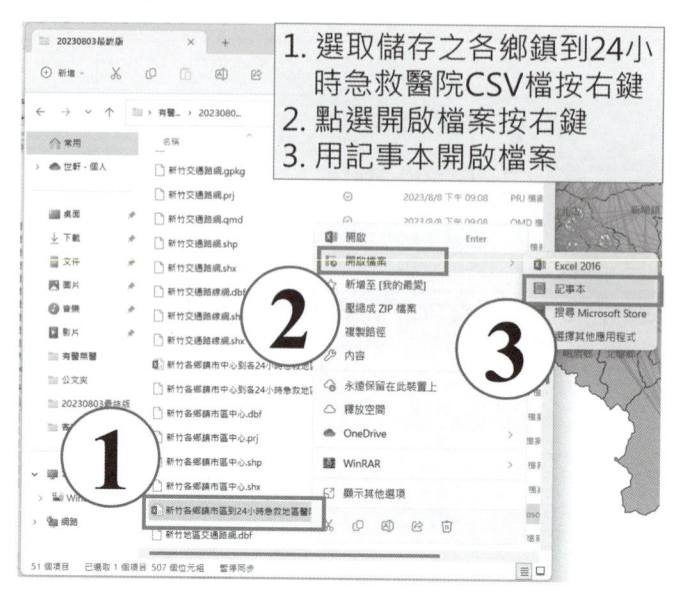

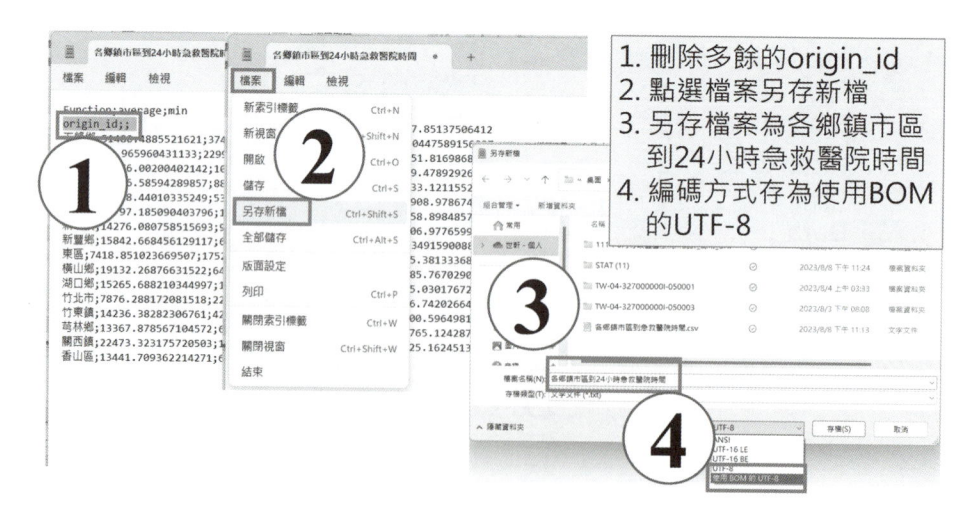

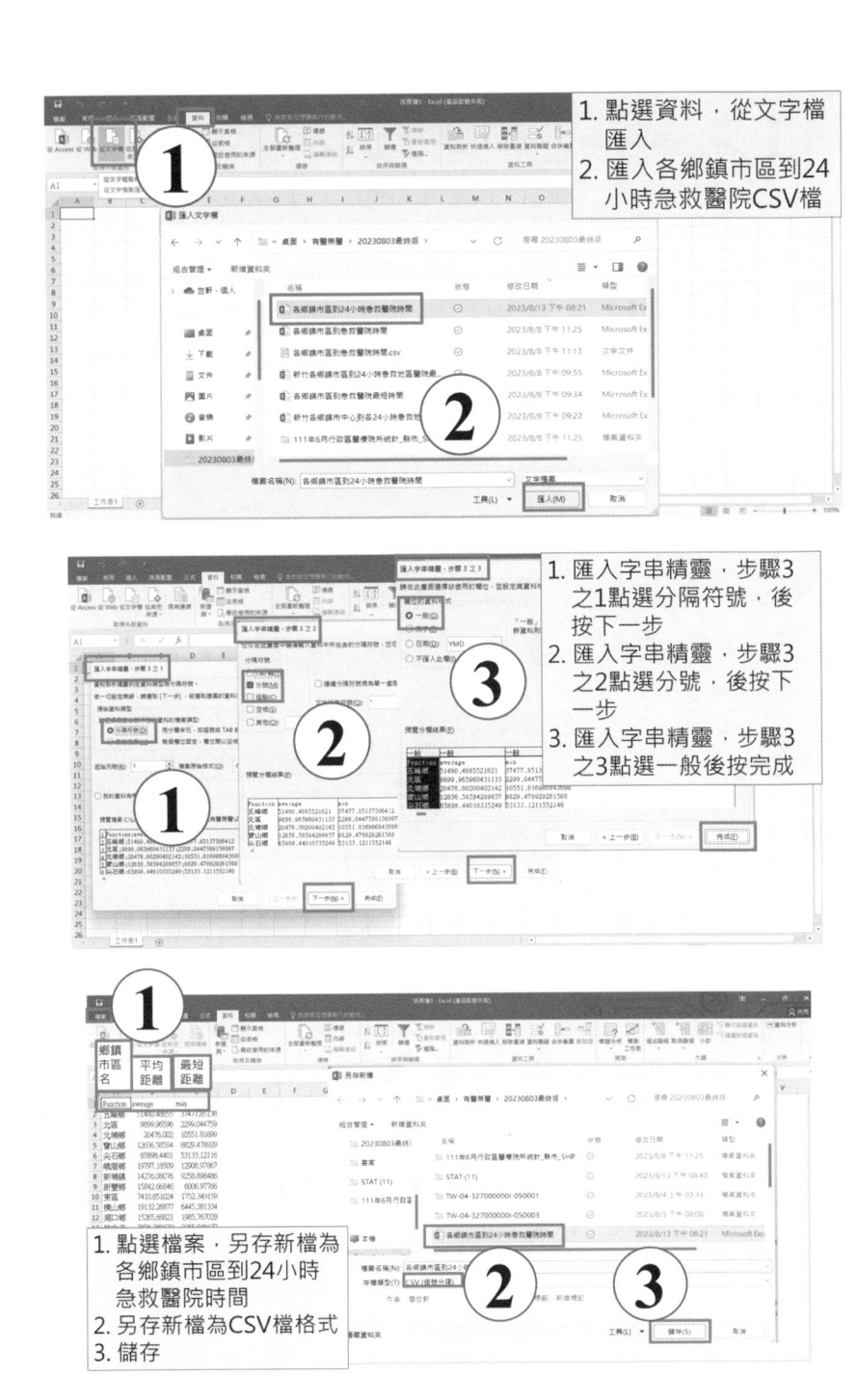

第三章　有醫無醫？從良好健康與福祉目標看新竹醫療空間正義問題

1. 點選資料，從文字檔匯入
2. 匯入各鄉鎮市區到24小時急救醫院CSV檔

1. 匯入字串精靈，步驟3之1點選分隔符號，後按下一步
2. 匯入字串精靈，步驟3之2點選分號，後按下一步
3. 匯入字串精靈，步驟3之3點選一般後按完成

1. 點選檔案，另存新檔為各鄉鎮市區到24小時急救醫院時間
2. 另存新檔為CSV檔格式
3. 儲存

地理資訊力
永續發展議題教學新方向

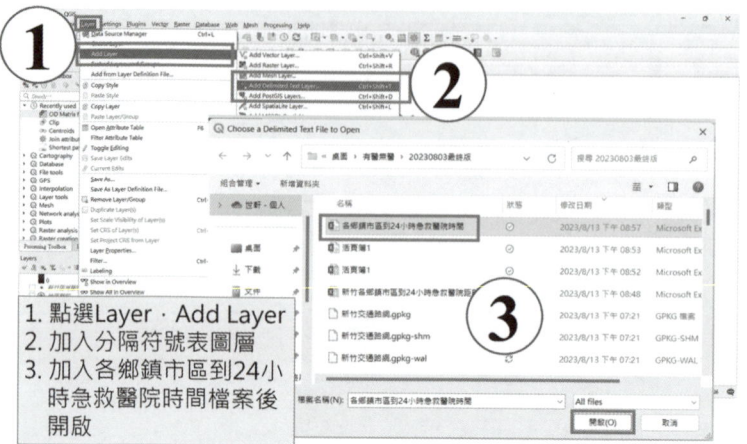

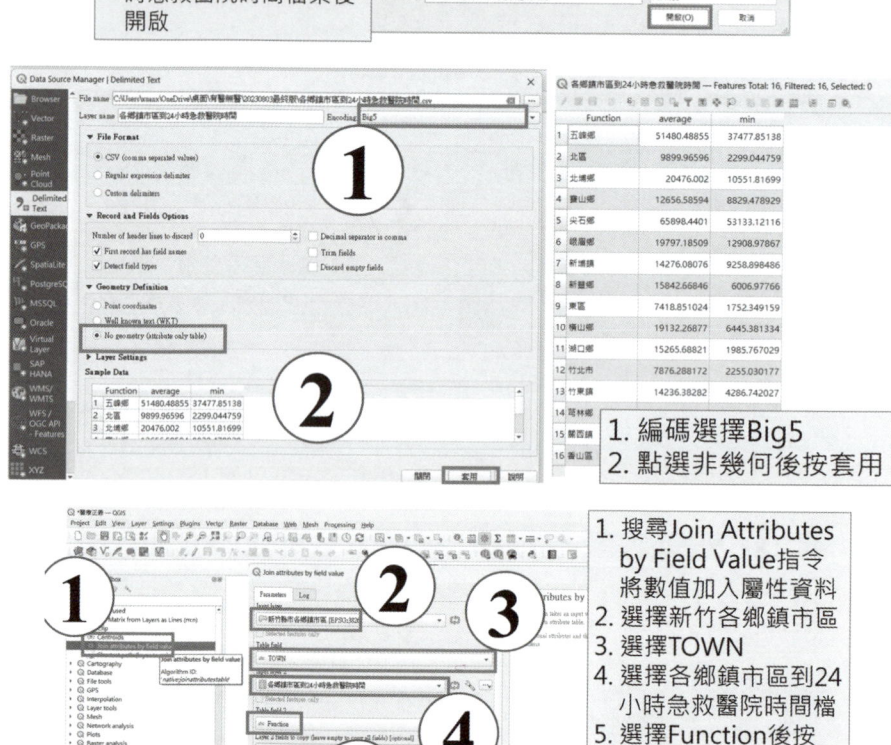

1. 點選Layer，Add Layer
2. 加入分隔符號表圖層
3. 加入各鄉鎮市區到24小時急救醫院時間檔案後開啟

1. 編碼選擇Big5
2. 點選非幾何後按套用

1. 搜尋Join Attributes by Field Value指令將數值加入屬性資料
2. 選擇新竹各鄉鎮市區
3. 選擇TOWN
4. 選擇各鄉鎮市區到24小時急救醫院時間檔
5. 選擇Function後按Run執行

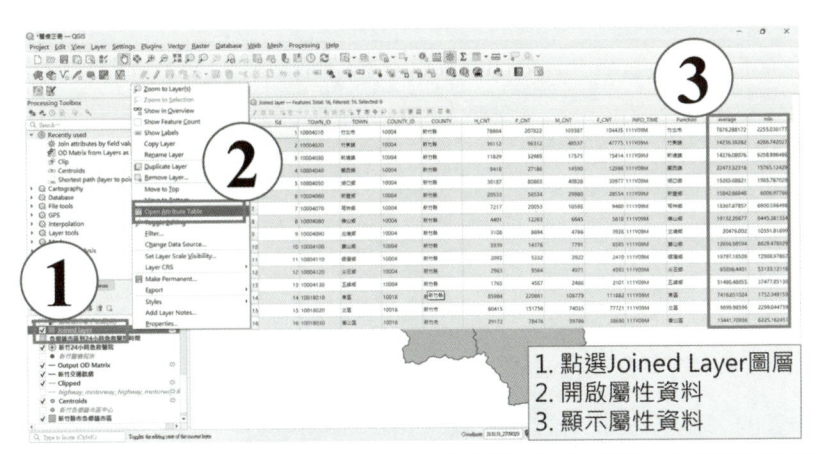

第三章 有醫無醫？從良好健康與福祉目標看新竹醫療空間正義問題

1. 點選 Joined Layer 圖層
2. 開啟屬性資料
3. 顯示屬性資料

9. 製作新竹各鄉鎮市區到 24 小時急救醫院最短與平均距離地圖。

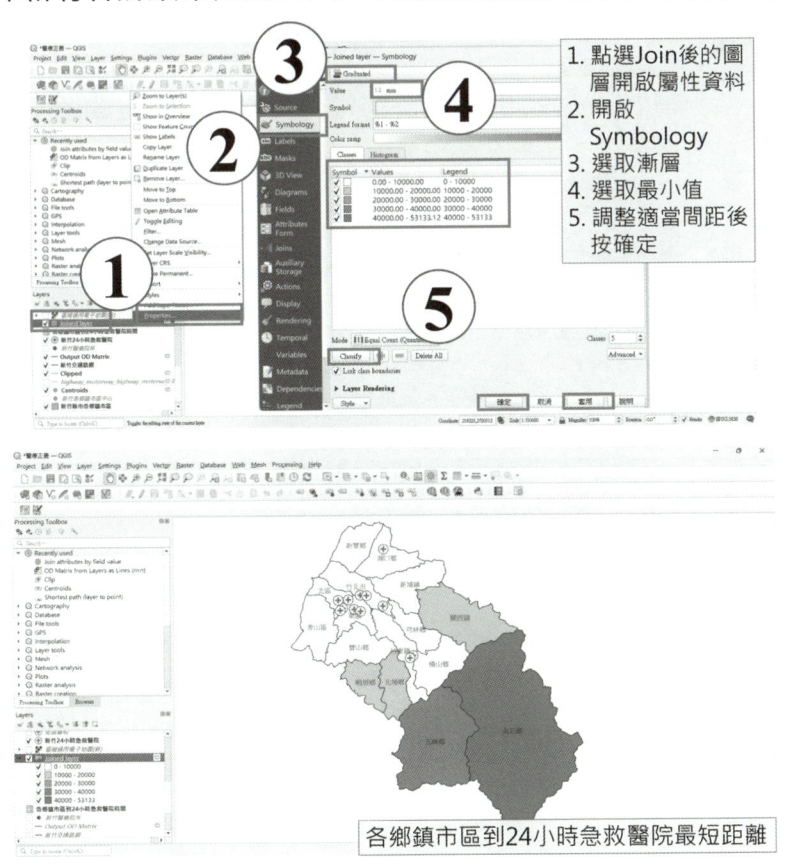

1. 點選 Join 後的圖層開啟屬性資料
2. 開啟 Symbology
3. 選取漸層
4. 選取最小值
5. 調整適當間距後按確定

各鄉鎮市區到24小時急救醫院最短距離

173

地理資訊力
永續發展議題教學新方向

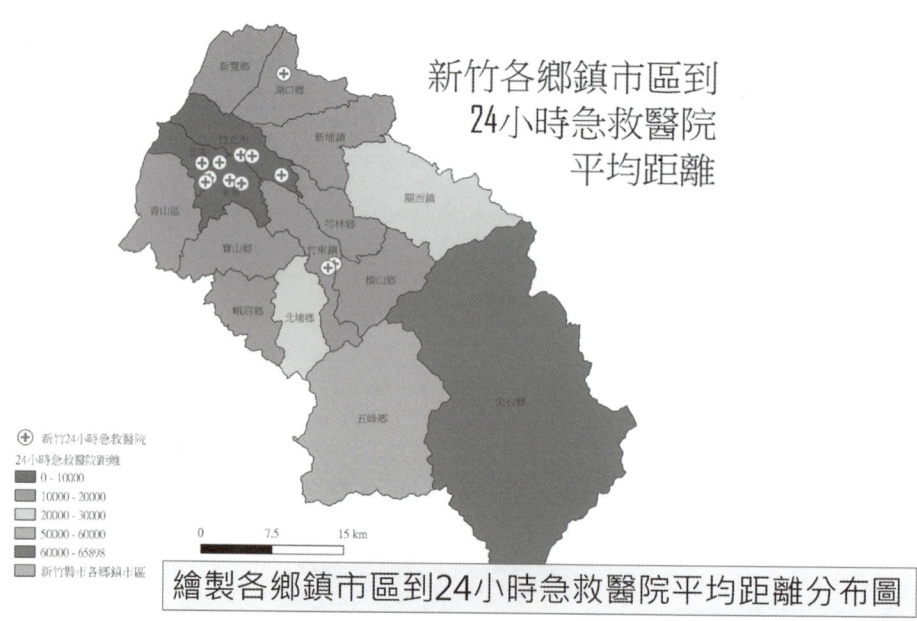

新竹各鄉鎮市區到
24小時急救醫院
最短距離

繪製各鄉鎮市區到24小時急救醫院最短距離分布圖

新竹各鄉鎮市區到
24小時急救醫院
平均距離

繪製各鄉鎮市區到24小時急救醫院平均距離分布圖

附錄三、參考資料

內政部社會經濟資料服務平臺（n.d.-a）。**首頁**。取自 https://segis.moi.gov.tw/STATCloud/Index

內政部社會經濟資料服務平臺（n.d.-b）。**資料集查詢下載**。取自 https://segis.moi.gov.tw/STATCloud/QueryInterface

內政部國土測繪中心國土測繪圖資服務雲（n.d.）。**WMTS**。取自 http://maps.nlsc.gov.tw/S_Maps/wmt

李佳勳（n.d.）。**用圖表呈現臺灣醫療資源分配**。取自 https://www.taiwanstat.com/statistics/medical-resources/

林聖欽（總編），吳育臻、張伯宇、王聖鐸、朱健銘、張淑惠（主編）（2023）。**地理2**。新北市：龍騰文化。

郭宣彣（2020，8月25日）。臺大醫院新竹3分院將整合　邁向醫學中心。**中央通訊社**。取自 https://www.cna.com.tw/news/ahel/202008250229.aspx

陳偉婷（2019，10月10日）。尖石後山人的心危機　靠遠距照護破解。**中央通訊社**。取自 https://www.cna.com.tw/news/ahel/201910100112.aspx

陳麗如（2007，1月31日）。瑋倫車禍／許瑋倫送醫被拒　救護車司機駁斥。**TVBS新聞網**。取自 https://news.tvbs.com.tw/entertainment/336025

彭清仁（2023，1月4日）。臺大新竹分院2週年　楊文科、高虹安同框籲升級為醫療中心。**中廣新聞網**。取自 https://tw.news.yahoo.com/%E5%8F%B0%E5%A4%A7%E6%96%B0%E7%AB%B9%E5%88%86%E9%99%A22%E9%80%B1%E5%B9%B4-%E6%A5%8A%E6%96%87%E7%A7%91-%E9%AB%98%E8%99%B9%E5%AE%89%E5%90%8C%E6%A1%86%E7%B1%B2%E5%8D%87%E7%B4%9A%E7%82%BA%E9%86%AB%E7%99%82%E4%B8%AD%E5%BF%83-062345389.html

新竹馬偕紀念醫院（2022，4月19日）。**新竹市立馬偕兒童醫院今揭牌　預計9月1日營運**。取自 https://www.hc.mmh.org.tw/news_view.php?id=256

網路編輯組（2006，11月18日）。搶救邵曉鈴／〈快訊〉胡志強夫婦車禍　與小客車擦撞翻車。**TVBS新聞網**。取自 https://news.tvbs.com.tw/politics/344169

衛生福利部醫院評鑑資訊專區（n.d.-a）。**「24小時急診服務」醫院名單**。取自 https://openinfo.mohw.gov.tw/

衛生福利部醫院評鑑資訊專區（n.d.-b）。**首頁**。取自 https://openinfo.mohw.gov.tw/

衛生福利部醫院評鑑資訊專區（n.d.-c）。**「醫院查詢」醫院名單**。取自 https://openinfo.mohw.gov.tw/

The Global Goals for Sustainable Development（n.d.）。**17 項永續發展目標**。取自 https://globalgoals.tw/

QGIS.ORG. (2021). QGIS Geographic Information System. Open Source Geospatial Foundation Project (Version 3.22.0-Białowieża) [Computer software]. Retrieved from http://www.qgis.org

第四章

永續太陽能發電與永續農業的雙贏選址策略

張麗蓉　國立新竹女中教師

一、旨趣說明

　　從 88 課綱開始，地理資訊系統（Geographic Information Systems, GIS）的觀念最早被導入高中地理課程成為一個章節，到 108 課綱更直接發展成一門三學分的加深加廣課程。在 108 課綱探究與實作素養教學的深耕落實之下，更強化永續發展教育目標的此時，空間資訊教育已不再只是紙上談兵，也不僅止於宣講式教育，而是能夠從議題探究與問題解決的精神，使用真實世界的 open data，發展出更理性和具建設性的整合式教學策略。

　　本教案引導學生善用 GIS 這項長期在高中現場被低估重要性的強大工具，直面審視聯合國 17 項永續發展目標（Sustainable Development Goals, SDGs）之間的空間衝突與空間決策問題，提供解決選址衝突的雙贏方法，深信帶領學生處理這些更重要且迫切的空間議題，能培養學生的理性思考及空間公民素養，發揚地理教育的價值所在。如果您也認同此觀點，歡迎與我們一起探索和體驗。

地理資訊力
永續發展議題教學新方向

二、教案提要

課程名稱	地理加深加廣選修課程——以空間資訊科技進行社會環境議題的探究與實作
授課年段	高二或高三
單元名稱	永續太陽能發電與永續農業的雙贏選址策略
單元節數	六節
設備需求	電腦教室、QGIS 軟體

三、單元教學計畫

（一）單元課程架構

1. 主要社會環境空間議題

　　2018 年 8 月 20 日，一個年僅 15 歲的女孩，帶著「為氣候罷課」的標語牌，獨自坐在瑞典議會大門外，抗議政府對氣候變遷問題的漠視。當這一代的孩子提出「如果沒有未來，我為何還要上學？」這樣的質疑時，一時之間各學科都開始取用永續發展目標檢視其學科存在的必要性並試圖產生意義聯結。這項由聯合國在 2015 年通過的「2030 永續發展議程」，總共提出了 17 項 SDGs，其中所涉及的環境倫理思辨與空間決策等問題，與地理的學科本質與學科目標實密不可分。

2. 空間思考與空間問題

　　例如，這 17 項永續目標的理想可能兼得嗎？基於「資源有限論」，尤其在地狹人稠的臺灣，王老先生的一塊地不可能又種電又種稻。因此 17 項目標之間是否存在空間上競爭與互斥的關係？隨著 2025 非核家園的達標壓力吃緊，太陽能光電入侵農地的爭議日趨白熱化，當能源的永續干擾了農業的永續，甚至有所牴觸時，在教育現場不應該只是二擇一選邊站式的辯論訓練，更應該思考的是：地理學科應如何教導解決選址衝突的方法或策略，以

第四章　永續太陽能發電與永續農業的雙贏選址策略

回應這一代學子們對教育的期待呢？

3. 空間資料的蒐集

資料名稱	資料來源		資料種類	資料格式／性質
(1) 內政部 20 m DEM	☐自行產製	☐地址轉換坐標 ☐地面定位 ☐地圖數化 ☐其他	☐向量式資料 ■網格式資料 ☐文字格式空間資料 ☐WMTS網路圖磚服務 ☐其他	☐CSV ☐JSON ☐SHP ☐KML ☐KMZ ■TIF ☐其他
坐標系統 ☐WGS84 ☐TWD67 ■TWD97 ☐球面坐標 ■平面坐標	■網路圖資	☐基本地圖類：Google Map、Google Earth、OSM、通用電子地圖等 ■綜合性網站：TGOS、SEGIS、政府資料開放平臺 Open Data 等 ☐主題性地圖網站：臺灣百年歷史地圖、內政部地圖資訊服務網、臺灣地質資料整合查詢系統等 ☐VGI（FB、IG、Flickr、Google Map 評價等） ☐其他		
(2) 臺南累積下陷量等值圖_90 至 108 年	☐自行產製	☐地址轉換坐標 ☐地面定位 ☐地圖數化 ☐其他	■向量式資料 ☐網格式資料 ☐文字格式空間資料 ☐WMTS網路圖磚服務 ☐其他	☐CSV ☐JSON ■SHP ☐KML ☐KMZ ☐TIF ☐其他
坐標系統 ☐WGS84 ☐TWD67 ■TWD97 ☐球面坐標 ■平面坐標	■網路圖資	☐基本地圖類：Google Map、Google Earth、OSM、通用版電子地圖等 ■綜合性網站：TGOS、SEGIS、政府資料開放平臺 Open Data 等 ☐主題性地圖網站：臺灣百年歷史地圖、內政部地圖資訊服務網、臺灣地質資料整合查詢系統等 ☐VGI（FB、IG、Flickr、Google Map 評價等） ☐其他		

地理資訊力
永續發展議題教學新方向

資料名稱	資料來源		資料種類	資料格式／性質
(3) 土壤及地下水污染管制區公告資料	☐ 自行產製	☐ 地址轉換坐標 ☐ 地面定位 ☐ 地圖數化 ☐ 其他	☐ 向量式資料 ☐ 網格式資料 ■ 文字格式空間資料 ☐ WMTS 網路圖磚服務 ☐ 其他	☐ CSV ■ JSON ☐ SHP ☐ KML ☐ KMZ ☐ TIF ☐ 其他
坐標系統 ☐ WGS84 ☐ TWD67 ■ TWD97 ■ 球面坐標 ☐ 平面坐標	■ 網路圖資	☐ 基本地圖類：Google Map、Google Earth、OSM、通用版電子地圖等 ■ 綜合性網站：TGOS、SEGIS、政府資料開放平臺 Open Data 等 ☐ 主題性地圖網站：臺灣百年歷史地圖、內政部地圖資訊服務網、臺灣地質資料整合查詢系統 ☐ VGI（FB、IG、Flickr、Google Map 評價等） ☐ 其他		
(4) 110 年輸電系統管線	☐ 自行產製	☐ 地址轉換坐標 ☐ 地面定位 ☐ 地圖數化 ☐ 其他	■ 向量式資料 ☐ 網格式資料 ☐ 文字格式空間資料 ☐ WMTS 網路圖磚服務 ☐ 其他	☐ CSV ☐ JSON ☐ SHP ■ KML ☐ KMZ ☐ TIF ☐ 其他
坐標系統 ☐ WGS84 ☐ TWD67 ■ TWD97 ■ 球面坐標 ☐ 平面坐標	■ 網路圖資	☐ 基本地圖類：Google Map、Google Earth、OSM、通用版電子地圖等 ■ 綜合性網站：TGOS、SEGIS、政府資料開放平臺 Open Data 等 ☐ 主題性地圖網站：臺灣百年歷史地圖、內政部地圖資訊服務網、臺灣地質資料整合查詢系統 ☐ VGI（FB、IG、Flickr、Google Map 評價等） ☐ 其他		

第四章　永續太陽能發電與永續農業的雙贏選址策略

資料名稱	資料來源		資料種類	資料格式／性質
(5) 臺南市縣市、鄉鎮市區、村里外框線	□自行產製	□地址轉換坐標 □地面定位 □地圖數化 □其他	■向量式資料 □網格式資料 □文字格式空間資料 □WMTS網路圖磚服務 □其他	□CSV □JSON ■SHP □KML □KMZ □TIF □其他
坐標系統 □WGS84 □TWD67 ■TWD97 □球面坐標 ■平面坐標	■網路圖資	□基本地圖類：Google Map、Google Earth、OSM、通用版電子地圖等 ■綜合性網站：TGOS、SEGIS、政府資料開放平臺Open Data等 □主題性地圖網站：臺灣百年歷史地圖、內政部地圖資訊服務網、臺灣地質資料整合查詢系統 □VGI（FB、IG、Flickr、Google Map評價等） □其他		

註：DEM: Digital Elevation Model; WGS84: World Geodetic System 84; TWD67: Taiwan Datum 1967; TWD97: Taiwan Datum 1997; OSM: OpenStreetMap; TGOS: Taiwan Geospatial One Stop; SEGIS: Socio-Economic Geographic Information System; WMTS: Web Map Tile Service.

4. 資料處理與分析

資料處理		資料分析
□坐標定位 ■坐標整合 □掃描數化 □空間對位 ■裁切／切除 □合併／融合 □空間查詢 ■屬性查詢	□空間關係查詢 □屬性資料表Join ■資料格式轉換 □空間資料編修與統計 □屬性資料編修與統計 ■向量與網格資料轉換 □其他	□疊圖分析 □環域分析 □路網分析（路徑分析、服務區分析） ■密度分析（熱區圖） ■內插分析 □地形分析（坡度、坡向、稜谷線、剖面圖、集水區水系、淹水模擬、視域分析等） □空間關聯性分析 ■其他：網格近鄰分析（Proximity）

181

地理資訊力
永續發展議題教學新方向

5. 空間觀點的呈現與表達

為兼顧永續太陽能與永續農業的雙贏，教師帶領學生經歷兩難衝突情境的討論及資料蒐集，嘗試以 GIS 進行土地利用適宜性分析，計算太陽輻照度或者日照量大，且與台電現有饋線距離近的地區以利於開發太陽能光電，並優先考慮較不利於農業發展的地層下陷嚴重區及土壤及地下水污染區，再依據討論出的指標權重，統計永續太陽能光電發展的綜合潛力值，作為非特定農業區內優先開發屋頂型或地面型太陽能板的選址依據。藉此學習使用科學方法提出論據，以表達空間觀點和主張，且尊重不同的價值判斷，並保有可變動的彈性，將有助於培養學生的理性思考及空間公民素養（Spatial Citizenship）。

（二）單元學習目標

1. 認知目標

1-1 學生能以地理系統、地理視野的觀點，連結社會環境議題與永續發展目標間的意義。

1-2 學生能思辨永續能源及永續農業議題間的空間競合關係，並能進行整合評價。

2. 技能目標

2-1 學生能根據地理系統與地理視野的觀點，利用地理技能的方法發掘永續發展目標之間可能存在的衝突問題。

2-2 學生能透過各式政府部門的開放資料，蒐集解決永續能源及永續農業的空間衝突問題所需的資料。

2-3 學生能運用地理資訊系統進行資料處理與分析，進行永續太陽能開發的土地適宜性分析。

3. 態度目標

3-1 學生願意透過小組合作，關心重大社會或環境問題，規劃解決問題的執

行策略。

3-2 學生能體認人們對社會事物與環境有不同的認知、感受、意見與表現方式，可以勇於自我表達，並傾聽尊重他人意見。

（三）單元學習重點（依據 108 課綱普通型高中社會領域地理科綱要）

1. 學習內容

D. 空間概念
　　b. 空間思考

E. 空間資訊的獲取與處理
　　a. 資料來源
　　b. 資料處理與呈現

J. 資源與能源
　　b. 能源

N. 地理方法的實踐
　　a. 探究與實作

2. 學習表現

地 2c-V-2　珍視不同空間尺度的環境永續價值，並願意付諸行動保護。

地 3a-V-1　根據地理系統與地理視野的觀點，利用地理技能的方法發掘各種社會及環境問題。

地 3d-V-1　透過小組合作，發掘各種社會或環境問題，規劃解決問題的執行策略。

地理資訊力
永續發展議題教學新方向

（四）單元學習活動

1. 第一堂課：永續發展目標為何成為具討論性的「社會環境議題」？

發展活動	備註
一、引起動機 （一）你聽過「為氣候罷課」的瑞典女孩的事蹟嗎？2018年8月20日，一個年僅15歲的女孩，帶著「為氣候罷課」的標語牌，獨自坐在瑞典議會大門外，抗議政府對氣候變遷問題的漠視（參見林信男，2020）。 （二）你認為她的主要訴求是什麼？（非正式提問→從事實導向意義） 圖1 為氣候罷課的瑞典女孩	5分鐘
二、議題瞭解 （一）聯合國在2015年通過「2030永續發展議程」，提出17項永續發展目標，目前距離其所訂定的2030年目標期程時間已迫在眉睫。首先，關於永續發展的可能定義有：1. 滿足當代需求；2. 不損及後代需求；3. 世代間公平；4. 世代內公平。你更贊成哪一項？為什麼？（導入探究的提問） 參考答案：以上皆為永續發展的精神與內涵，透過討論使學生進入永續意義的思考情境。	5分鐘

發展活動	備註
（二）重大的社會環境議題通常具有：對大多數人造成影響、存在時間相對較長、涉及很多層面且相互影響，且具有特定的影響區域等特性。試以此內涵思考並舉出一例說明聯合國所選出的 17 項永續發展目標的重要性？（建構探究的提問）	5 分鐘
參考答案：例如，永續目標 13「氣候行動」，所關注的是持續影響人類生活的氣候環境議題，涉及個人行為、國家政策與國際行動等層面，沒有任何國家或個人可以自外於氣候變遷所造成的氣候災害或影響，尤其是風險適應能力較脆弱的國家。因此需要建立全球永續發展的夥伴關係為之共同努力（本教案提及之 17 項永續發展目標，中文皆參見 The Global Goals for Sustainable Development，n.d.）。	

三、議題分析

某銀行於 2021 年進行臺灣 SDGs 永續發展調查，訪問了逾二百位臺灣中高階企業主管，以瞭解臺灣企業的永續發展進程，並於 2021 年世界地球日（4 月 22 日）發布了調查結果。結果顯示，臺灣網民認為最重要的目標前十名排序如下：SDG 13「氣候行動」、SDG 8「就業與經濟成長」、SDG 3「健康與福祉」、SDG 6「淨水與衛生」、SDG 11「永續城鄉」、SDG 16「制度的正義與和平」、SDG 1「消除貧窮」、SDG 14「永續海洋與保育」、SDG 2「終結飢餓」、SDG 7「可負擔的永續能源」（許月苓，2021）。

5 分鐘

（一）請從當時疫情和乾旱的時空背景或新聞事件，思考健康與社會福利，以及淨水與衛生名列前面第三名與第四名的可能原因？（建構探究的提問）

參考答案：2021 年適逢全球新冠肺炎的擴大傳播感染，以及臺灣乾旱缺水事件的發生，影響該年度的 SDGs 問卷調查結果，使目標 3「健康與福祉」、目標 6「淨水與衛生」在民眾心目中的重要性上升。

（二）參考維基百科臺灣歷年實施分區供電列表，討論「能源」在上述 2021 年世界地球日（4 月 22 日）的調查中僅排序第十名的可能原因，若今天再做調查，結果可能會有何種不同？（建構探究的提問）

5 分鐘

參考答案：由表 1 可知，臺灣在 2021 年 5 月之前極少有供電不足而實施分區供電之記錄，因此，國人對於能源供應並未特別覺察到匱乏與不安，使問卷結果顯示其重要性僅排在第十位。但經歷 2021 年到 2022 年密集的三次跳電與分區供電事件，臺灣能源議題的重要性必然更加浮上檯面。

地理資訊力
永續發展議題教學新方向

發展活動

時間	限電原因	限電時間	限電前夕的備用容量率（%）	影響戶數	備註
1988 年	備用容量率偏低	2 天	21.7		
1989 年	備用容量率不足	8 天	14		
1990 年	備用容量率嚴重不足	3 天	7.4		
1991 年	備用容量率嚴重不足	14 天	4.8		
1992 年	備用容量率嚴重不足	2 天	6		
1993 年	備用容量率嚴重不足	4 天	4.2		
1994 年	備用容量率嚴重不足	16 天	4.8		
1995 年	備用容量率嚴重不足	3 天	4.7		
1996 年	備用容量率嚴重不足	1 天	5.6		
1999 年 7 月 29 日	連日豪雨致地基土壤流失，臺南縣左鎮編號第 326 的輸電鐵塔倒塌，導致回線故障。北送的電力只得改道，形成 250 餘公里的 U 形路徑，造成電力搖擺現象，進而被電驛誤判為輸電線故障而跳脫，最終全臺計有五分之四以上之電廠跳機	2 天	12.5	900 萬	
1999 年 9 月 21 日	備用容量率不足、921 大地震造成中寮變電所震損、龍潭線 #203 號高壓電塔倒塌，造成南北電網解體、各發電廠接連跳機，最終彰化以北全部停電。經臺電緊急動員全體員工全力搶修搶修之後，採限電措施，直到 10 月 10 日始解除全臺限電。	21 天	12.5	649 萬	
2002 年 5 月 8 日	備用容量率偏低、天然氣儲存量不足供應火力發電所需燃料，因此對工業用戶實施限電。	1 天	16		
2015 年 8 月 7 日	蘇迪勒颱風襲臺，強風豪雨吹落多處電線，臺中高美濕地旁的 18 臺風力發電機，其中 6 臺也因強風吹襲傾倒，造成全臺大停電。	1 天	11.5	450 萬	
2017 年 8 月 15 日	臺灣中油對臺電大潭發電廠的天然氣供應管線因巨路國際公司更換卡片不當造成意外停止運作，造成大潭電廠六機組跳機。	1 天	3.17	592 萬	
2021 年 5 月 13 日	高雄市路竹路北超高壓變電所匯流排故障，導致興達電廠共 4 部機組跳脫。	7 時 50 分	10.03	462 萬	
2021 年 5 月 17 日	興達電廠一號機因燃燒器管理系統控制模組故障，所有粉媒機跳脫、晚間 8 時 50 分啟動分區 C、D 輪流停電。	1 時 43 分	10.16	100 萬	
2022 年 3 月 3 日	高雄興達電廠開關場發生事故，導致南部地區電力供需失衡，龍崎超高壓變電造成南機組跳脫，電力系統自動切離保護，導致臺灣大規模停電。	12 時 20 分	24.61	549 萬	

表 1　臺灣歷年實施分區供電之背景資訊

資料來源：臺灣大停電列表（n.d.）。載於維基百科。2024 年 6 月 25 日取自 https://zh.wikipedia.org/zh-tw/%E5%8F%B0%E7%81%A3%E5%A4%A7%E5%81%9C%E9%9B%BB%E5%88%97%E8%A1%A8

第四章　永續太陽能發電與永續農業的雙贏選址策略

發展活動	備註
（三）各項目標的輕重緩急判斷是否會因為時間的不同而有差異？試舉例說明。（建構探究的提問） 　　參考答案：是；例如 2021 年目標 3「健康與福祉」及目標 6「淨水與衛生」，都因特定時間背景下所發生的事件而被凸顯或重視。	5 分鐘
（四）各項永續發展目標之間是否存在正向循環的關係？試舉例說明。（建構探究的提問） 　　參考答案：是；例如為落實目標 13「氣候行動」，在力行資源回收再利用的減碳目標時，也減少塑膠廢棄物排放入海洋對海洋生態的傷害，兼顧目標 14「永續海洋與保育」。	5 分鐘
（五）各項永續發展目標之間是否也可能存在競爭互斥的關係？試舉例說明。（建構探究的提問） 　　參考答案：是；例如目標 7「可負擔的永續能源」太陽能光電與目標 2「終結飢餓」農地的空間競爭。	5 分鐘
四、總結 在不同的世代之間，以及不同的時空背景之下，人們看待環境永續發展的重點目標亦可能有所差異，而當價值判斷不同而導致土地利用決策發生衝突時，可以如何應用你過往所學的地理知識和技能，對公共議題耙梳釐清或嘗試貢獻心智呢？（歸納探究的提問） 　　參考答案：可以透過相關文獻閱讀、訪談專家的專業觀點、利害關係人（stakeholder）的焦點團體討論，或使用問卷瞭解民眾的行為樣態，考慮各方觀點，並整合應用地理技能、地理系統、地理視野的方法進行議題探究，提出結論與建議，養成批判思考及提升面對議題的責任與能力。	10 分鐘

2. 第二堂課：當永續能源與永續農業發生衝突時，可以如何解決？

發展活動	備註
一、議題瞭解 （一）教師說明 SDG 2「終結飢餓」及 SDG 7「可負擔的永續能源」的細項目標。 2.4：在西元 2030 年前，確保可永續發展的糧食生產系統，並實施可災後復原的農村作法，提高產能及生產力，協助維護生態系統，強化適應氣候變遷、極端氣候、乾旱、洪水與其他災害的能力，並漸進改善土地與土壤的品質。 7.1：在西元 2030 年前，確保所有的人都可取得負擔的起、可靠的，以及現代的能源服務。 7.2：在西元 2030 年以前，大幅提高全球再生能源的共享。	3 分鐘

地理資訊力
永續發展議題教學新方向

發展活動	備註
（二）原定 2025 年的臺灣綠能政策目標，太陽光電占近七成，其中屋頂型光電占三成，地面型光電占七成。然而，2020 年太陽光電設立的累積建置目標 6.5 GW 並未達成，並且面臨四大困境：二公頃以下的農地依法不可設置太陽光電；屋頂型光電中的畜電共生目標，因畜舍老舊、饋線不足面臨瓶頸；地面型光電中的漁電共生，因養殖產量疑慮，無人敢擔投資風險；缺地問題難解決，平地造林無法開放上千公頃種電（萬年生、李佳穎，2020）。 請同學閱讀原定 2025 年的臺灣能源政策方向，判斷是否符合上述 7.1 和 7.2 細項目標的精神？其中被視為最關鍵的綠能來源為何？（導入探究的提問） 參考答案：符合；地面型太陽能光電。	2 分鐘
（三）請同學就圖 2 中農地放置地面型太陽能板的現象，用 2.4 細項目標進行檢視，並選擇 2.4 細項目標中不同顏色的關鍵詞，論述對永續農業所產生的可能影響。（建構探究的提問） 圖 2　農地設置太陽能板 參考答案：農地設置太陽能板，可能排擠原來農作物的生產力；改變原生態系統的日照和生物棲息等條件；因阻礙雨水和逕流的入滲，而降低農地涵養水源的功能，更不利於乾旱、洪水與其他災害的適應能力；另外，光電板的重金屬化合物是否會對土地和土壤品質造成污染，更是尚待控管的問題。因此，當我們用永續農業的細項目標 2.4 來看時，太陽能板進入農地後對永續農業可能形成負面影響。	10 分鐘

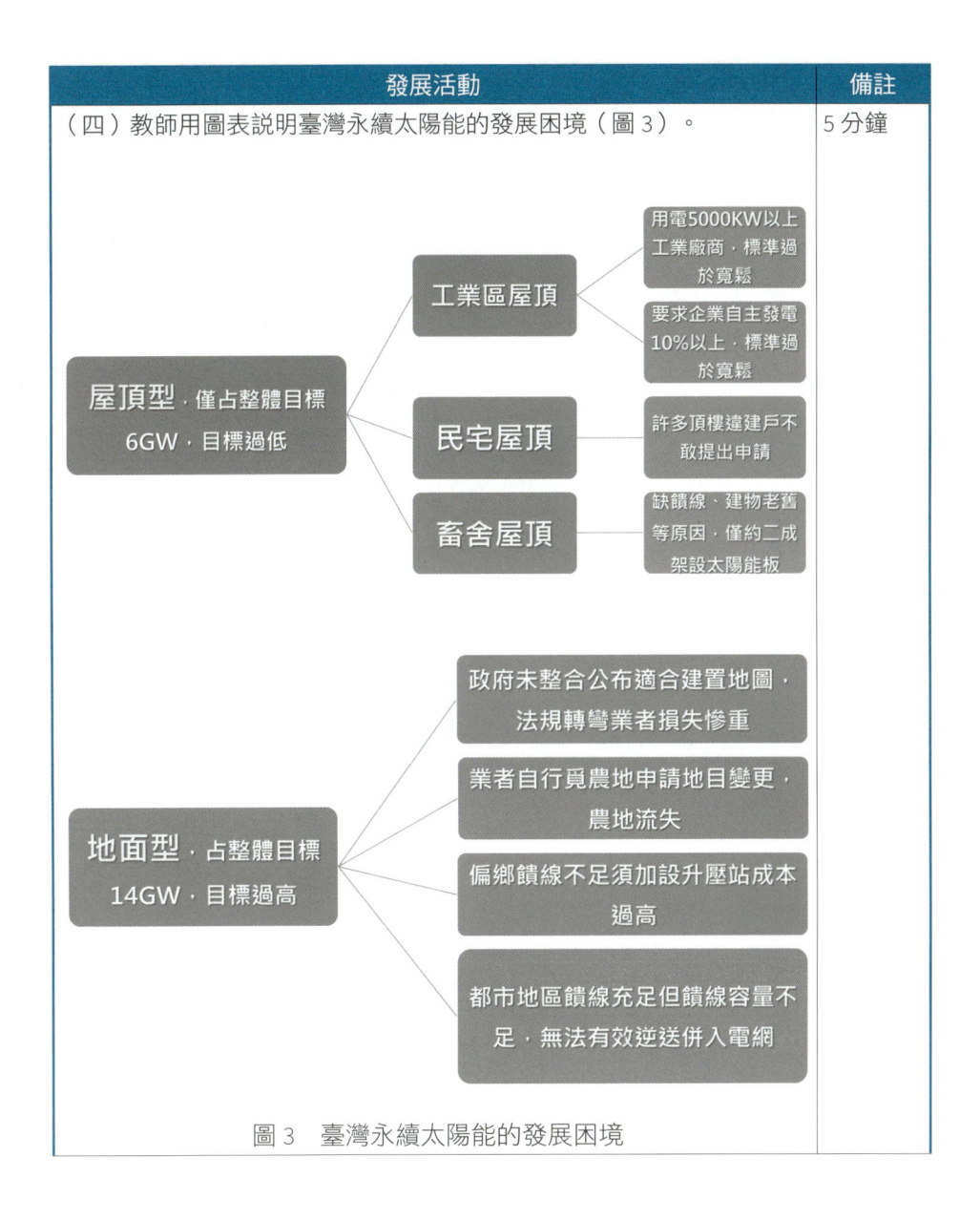

第四章　永續太陽能發電與永續農業的雙贏選址策略

發展活動	備註
（四）教師用圖表說明臺灣永續太陽能的發展困境（圖3）。	5分鐘

屋頂型，僅占整體目標 6GW，目標過低
- 工業區屋頂
  - 用電5000KW以上工業廠商，標準過於寬鬆
  - 要求企業自主發電10%以上，標準過於寬鬆
- 民宅屋頂
  - 許多頂樓違建戶不敢提出申請
- 畜舍屋頂
  - 缺饋線、建物老舊等原因，僅約二成架設太陽能板

地面型，占整體目標 14GW，目標過高
- 政府未整合公布適合建置地圖，法規轉彎業者損失慘重
- 業者自行覓農地申請地目變更，農地流失
- 偏鄉饋線不足須加設升壓站成本過高
- 都市地區饋線充足但饋線容量不足，無法有效逆送併入電網

圖3　臺灣永續太陽能的發展困境

發展活動	備註
（五）政府於 2022 年改訂原先對 2025 年的綠能目標，從占比 20% 下修為 15%，其中太陽能光電占比超過六成，是再生能源重點發展對象（曾智怡，2022）。然而，設置太陽能板經常以犧牲農地為代價，以臺南、屏東兩縣市最為嚴重。農地變更種電的部分，光是臺南就變更了 344 公頃，臺南和屏東兩縣市加起來更高達 642 公頃。全臺審核中的案件，面積則高達 2,006 公頃，勢必排擠更多農業用地。此外，光電業者會協助農民向地方政府申請地目變更，導致農地成為特定目的事業用地，沒有變回農地的可能性。若政府沒有太陽能光電的整體空間規劃，讓業者分散式開發，將使得農村中的光電板四散各處、毫無地貌整合性，對農村生態和農業生產極為不利（蔡佳珊，2020a、2020b、2020c）。 請閱讀以上資料，思考臺南、屏東兩縣市為農地變更種電最嚴重地區的可能原因？（建構探究的提問） 參考答案：臺南、屏東縣市農地占比高，但農業人口老化、就業率與農業所得偏低等因素，使民眾對農地變更種電的意願高。	5 分鐘
二、議題分析	
（一）根據以上現況，「農地光電」和「農地農用」，能否透過辯論二選一的方法，解決現有的兩難問題？（建構探究的提問） 參考答案：否；因為二選一即是零和賽局（一方有所得，另一方必有所失），因此二選一無法解決問題。	2 分鐘
（二）學者提出「農地不可逆（irreversible）理論」，即農地的減少和劣化是一種不可逆的量變和質變過程（張學聖、陳姿伶、陳柏君，2013）。如何透過此一理論進行空間思考，找到既可發展永續太陽能又不致破壞農業永續性的雙贏方法？（建構探究的提問） 參考答案：根據此一理論，不應將更多的優良農地轉作光電專區，使更多農地減少或劣化；但可尋找因為其他原因已經嚴重劣化的農地，改發展為太陽能光電事業。	3 分鐘
（三）基於以上討論，你認為圖 4 的環境條件中，哪些是太陽能區位選址時應可優先選入的因素？哪些則是應避開的？還有其他可列入考慮的因素嗎？（建構探究的提問） 參考答案：優先選：輻照度或日照量大的地區、能源局饋線分布區、嚴重地層下陷地區、土壤及地下水污染區；應避開：特定農業區。	5 分鐘

第四章　永續太陽能發電與永續農業的雙贏選址策略

發展活動	備註
圖資套疊進行土地適宜性分析 優先選：輻照度或者日照量大／能源局饋線分布區／嚴重地層下陷地區／土壤及地下水汙染區 應避開：特定農業區(農牧養殖國土保安) 圖 4　太陽能發電選址 （四）在優先選入的因素當中，你認為每一項因子的重要性程度都會相同嗎？為什麼？進行小組討論，模擬專家決策過程，將各項因子的重要性程度賦予分數：極重要 3 分；頗重要 2 分；重要 1 分，成為各因素的重要性權重。（建構探究的提問） 參考答案：例如：日照量分數 × 6；饋線距離分數 × 2；地層下陷分數 × 5；土壤地下水污染分數 × 4。視各組討論結果而定。	5 分鐘
三、總結	
（一）使用何種工具或技術可以協助我們在地圖上同時考慮以上多種空間要素，並進行不同權重值的演算，整合分析找出最佳選址區位？（歸納探究的提問） 參考答案：空間資訊科技可以有效整合多元性地理資料，進行綜合演算和可視化呈現。	5 分鐘
（二）請使用以下關鍵字（能源結構、能源轉型、再生能源、糧食安全、糧食自給率、糧食里程），為本堂課學習活動進行總結。 參考答案：在永續能源發展的目標之下，各國的能源結構大多經歷「能源轉型」的過程，強化「再生能源」的重要性，然而為兼顧保障「糧食安全」，提高「糧食自給率」，降低「糧食里程」等永續農業目標，可以透過理性的溝通，使用科學方法和工具，進行適當的選址決策，思考太陽光電與農業的共存之道。	5 分鐘

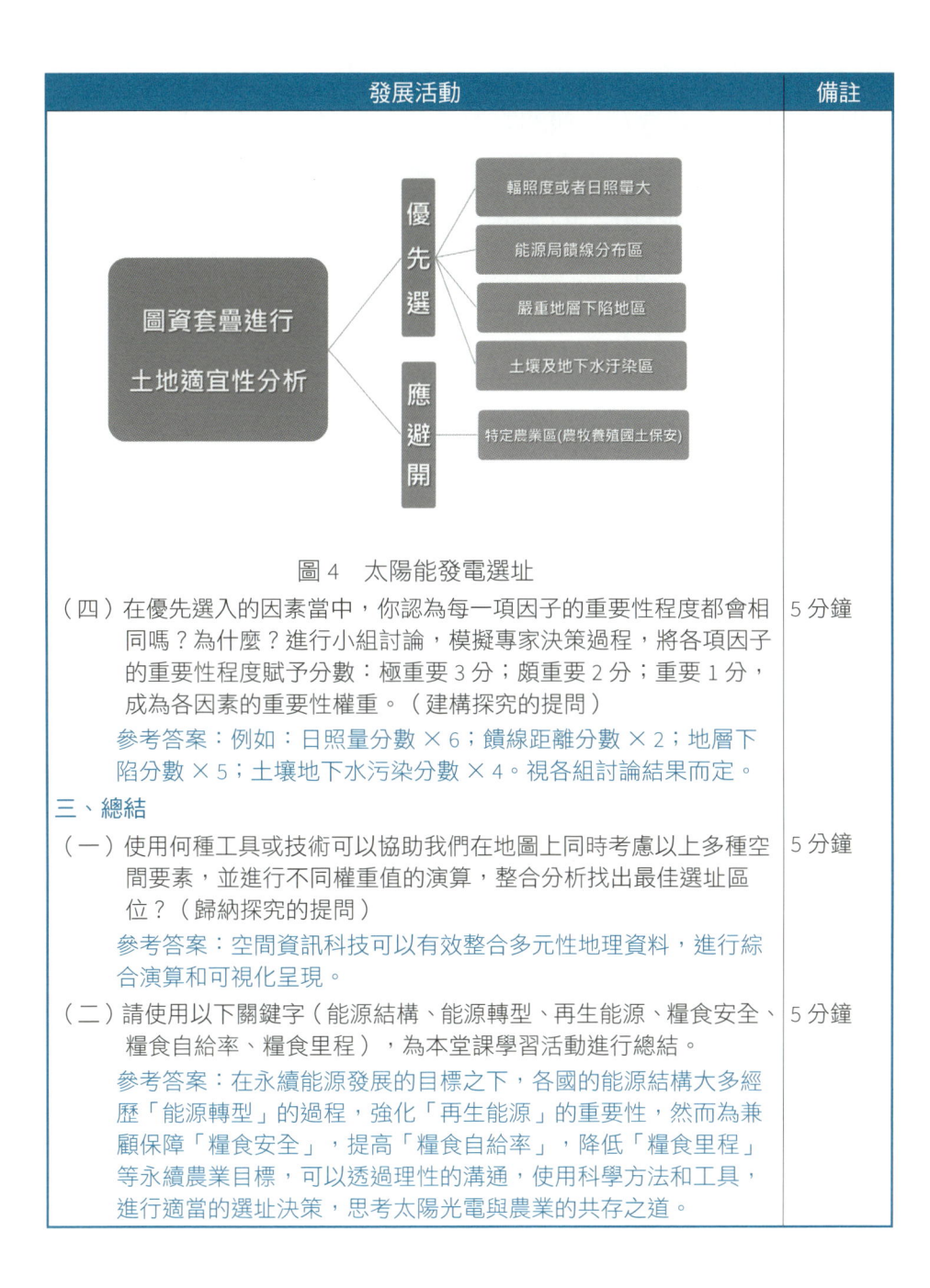

地理資訊力
永續發展議題教學新方向

3. 第三至六堂課：運用 Quantum GIS（QGIS）進行永續太陽能發電與永續農業的雙贏選址策略實機操作（以臺南市為例）

發展活動	備註
一、依優先選與應避開的各因子，蒐集資料存放於目標資料夾中。 （一）從 SEGIS 下載臺南市各鄉鎮市區、各村里外框線。 （二）從政府資料開放平臺下載臺南市 20 m DEM。 （三）從政府資料開放平臺下載臺南市公共管線圖資 - 輸電系統管線。 （四）從水利地理資訊服務平臺下載「臺南累積下陷量等值圖_90 至 108 年」。 （五）從政府資料開放平臺下載土壤及地下水污染管制區公告資料。	30 分鐘
二、依第二節課中優先選與應避開的各因子分數權重，進行 QGIS 資料處理與分析。 （一）計算臺南市日照量網格分數。 （二）計算臺南市饋線距離網格分數。 （三）計算臺南市地層下陷網格分數。 （四）計算臺南市土壤地下水污染密度網格分數。 （五）依各組所討論的各指標重要性權重計算網格權重總得分數。 （六）計算各村里平均分數。 （七）選取平均分數大於等於 3 的村里。 （八）疊合並扣除特定農業區後，得到各村里永續太陽能潛力值。	150 分鐘
三、總結活動（書寫於學習單） （一）學生透過小組討論，使用學習單撰寫 GIS 操作架構並能加以說明，進行學習回溯與後設。（表單 1） （二）學生應用教師設計之評量基準表進行自評，並依據單元課程架構與課堂學習歷程，應用 ORID（Objective, Reflective, Interpretive, Decisional）法撰寫心得。例如，在此單元中獲得的能力與感受為何？如何應用於處理其他空間選址決策問題？如何應用在公民對政府施政的建議與監督等。（深化探究的提問）（表單 2）	20 分鐘

附錄一、學生學習活動表單

表單 1：

　　課程程結束後，學生透過小組討論，撰寫土地適宜性分析架構並能加以說明，進行學習回溯與後設。

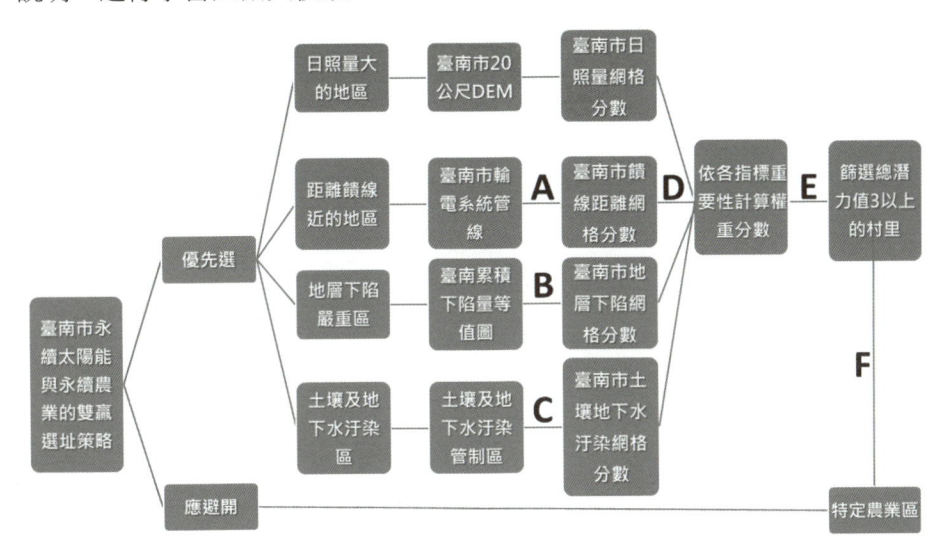

GIS 空間資料的處理與分析步驟：

A：Proximity（近鄰分析）

B：Inverse Distence Weighting Interpolation（內插分析）

C：Kernel Density（密度分析）

D：Raster Calculator（網格計算）

E：Select Area by Description（屬性查詢）

F：Overlay（疊圖）

地理資訊力
永續發展議題教學新方向

表單 2：

學生應用教師設計之評量基準表進行自評,並依據單元課程架構與課堂學習歷程,應用 ORID 法撰寫心得。

任務要求	超乎預期	符合預期	可以期待
我能理解社會環境議題課程中所傳達的永續發展精神。			
我能理解人們看待不同的永續發展目標,存在著輕重緩急差異的原因。			
我能發掘出永續發展目標之間可能存在的衝突問題,並能利用地理技能的方法進行整合評價。			
我能透過各式政府部門的開放資料,蒐集解決永續能源及永續農業的空間衝突問題所需的網路圖資服務資料。			
我能運用地理資訊系統技能和工具處理與分析資料,嘗試進行永續太陽能開發的土地適宜性分析。			
我願意透過小組合作持續關心並規劃解決重大社會或環境問題的執行策略。			
我能體認人們對社會事物與環境有不同的認知、感受、意見與表現方式,可以勇於自我表達,並傾聽尊重他人意見。			

心得：

第四章　永續太陽能發電與永續農業的雙贏選址策略

附錄二、QGIS 操作步驟

更詳細的操作步驟請掃描 QR Code，或參見 https://www.ainoscopress.com/download/files/213-310/index.html 下載簡報檔案。

（一）計算臺南市日照量網格分數

1. 新增外掛程式 Plugins → Manage and Install Plugins → All → Processing Saga NextGen Provider
2. 於瀏覽器搜尋 System for Automated Geoscientific Analyses（SAGA） → Downloads → 下載 SAGA 最新版解壓縮至電腦資料夾中（參見 SAGA: System for Automated Geoscientific Analyses, 2022）。

資料來源：截取並修改自 SAGA: System for Automated Geoscientific Analyses (n.d.). *Homepage*. Retrieved from https://saga-gis.sourceforge.io/en/index.html

195

3. 開啟 QGIS → Processing Toolbox → Options → 搜尋 SAGA NextGen → Providers → SAGA 勾選 Enable SAGA Import/Export Optimization 方框 → SAGAfolder 指定所存放之資料夾。

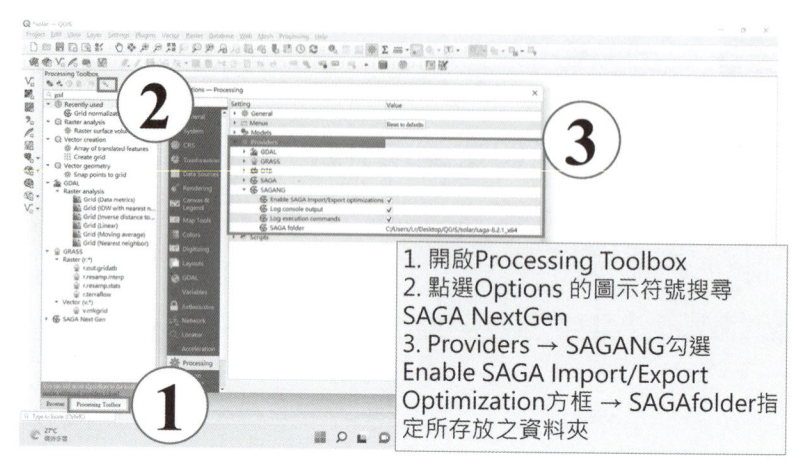

資料來源：本教案中 QGIS 軟體之截圖，皆截取並修改自 QGIS.ORG. (2020). QGIS Geographic Information System. Open Source Geospatial Foundation Project (Version 3.16.16) [Computer software]. Retrieved from http://www.qgis.org

4. 從社會經濟資料服務平臺（SEGIS）下載 111 年 6 月臺灣 22 縣市人口資料（參見內政部社會經濟資料服務平臺，n.d.）→ 解壓縮至指定資料夾中 → 從 QGIS 加入向量圖層 SHP 檔 → 同法下載鄉鎮及村里人口資料備用，以取用行政區外框線。

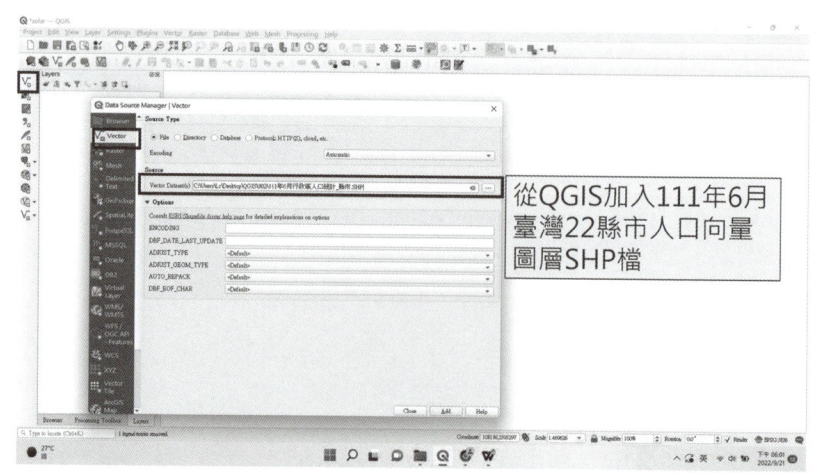

第四章　永續太陽能發電與永續農業的雙贏選址策略

5. 取得臺南市外框線：Selected Feature 游標選地圖中臺南市位置 → 點選圖層並按右鍵 Export → Save Selected Feature As → 臺南市 → 存檔至指定資料夾中。

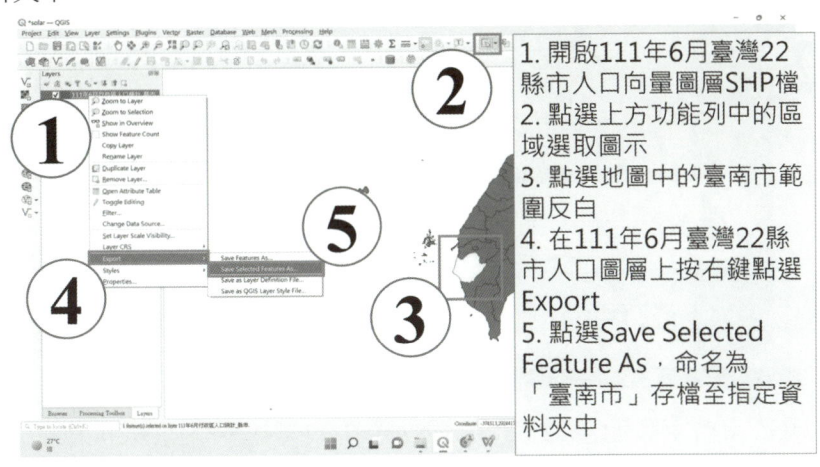

1. 開啟111年6月臺灣22縣市人口向量圖層SHP檔
2. 點選上方功能列中的區域選取圖示
3. 點選地圖中的臺南市範圍反白
4. 在111年6月臺灣22縣市人口圖層上按右鍵點選Export
5. 點選Save Selected Feature As，命名為「臺南市」存檔至指定資料夾中

6. 從政府資料開放平臺（DATA.GOV.TW）下載內政部 20 公尺網格數值地形模型資料（參見數位發展部政府資料開放平臺，2024）→ 用記事本開啟檔案 → 前往數值地形模型加值應用服務平臺，下載不分幅_全臺及澎湖.zip（參見內政部數值地形模型加值應用服務平臺，n.d.）→ 解壓縮至指定資料夾 → 用臺南市外框線 clip 並另存成 nanDEM → 將 Project 的 CRS（Coordinate Reference System）指定為 3826。

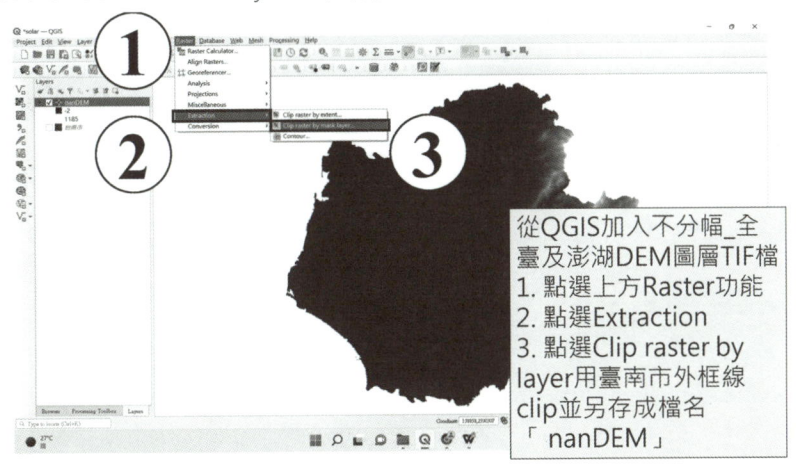

從QGIS加入不分幅_全臺及澎湖DEM圖層TIF檔
1. 點選上方Raster功能
2. 點選Extraction
3. 點選Clip raster by layer用臺南市外框線clip並另存成檔名「nanDEM」

地理資訊力
永續發展議題教學新方向

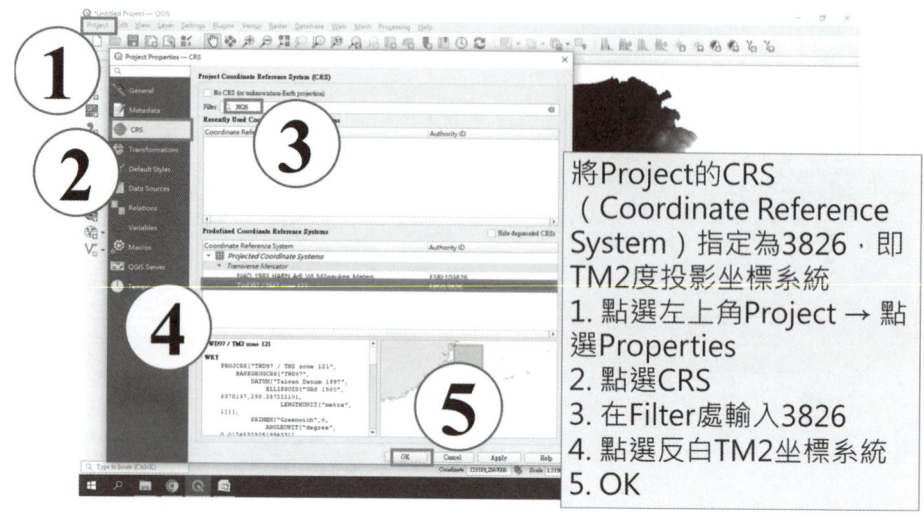

將Project的CRS
（Coordinate Reference System）指定為3826，即TM2度投影坐標系統
1. 點選左上角Project → 點選Properties
2. 點選CRS
3. 在Filter處輸入3826
4. 點選反白TM2坐標系統
5. OK

7. 運算臺南市太陽能潛力值：Processing Toolbox → 開啟 SAGA NextGen → Terrain Analysis → Lighting → Potential Incoming Solar Radiation → 加入 nanDEM → Latitude 選 23.25 → 只需勾選 Total Insolation → 存檔名為 sun → Run。

1. Processing Toolbox
2. 開啟 SAGA NextGen 點選Analysis → Terrain Analysis - Lighting
3. 點選Potential Incoming Solar Radiation
4. 加入nanDEM → 往下滑 Latitude選23.25 → 繼續往下滑只需保留勾選Total Insolation其餘打勾取消 → 存檔名為「sun」
5. Run

第四章　永續太陽能發電與永續農業的雙贏選址策略

此為臺南市太陽能潛力值Total Insolation的計算成果

8. 由於各因子單位不同，為求統計齊一性，使尺規統一在 0～1 之間，故須將圖層進行標準化 → Processing Toolbox → Grid Normalization → 存檔名為 sunn → Run。

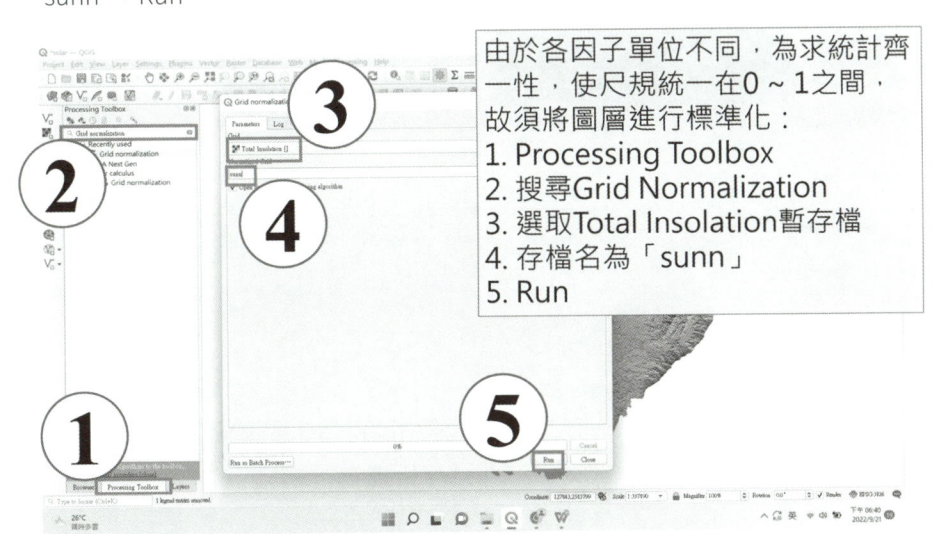

由於各因子單位不同，為求統計齊一性，使尺規統一在0～1之間，故須將圖層進行標準化：
1. Processing Toolbox
2. 搜尋Grid Normalization
3. 選取Total Insolation暫存檔
4. 存檔名為「sunn」
5. Run

199

地理資訊力
永續發展議題教學新方向

（二）計算臺南市饋線距離網格分數

1. 從臺南市公共管線圖資 - 輸電系統管線（參見臺南市政府資料開放平臺，2022）→ 下載 110 年輸電系統管線 KML（Keyhole Markup Language）至資料夾中 → 用 Google Earth Pro 開啟 → 右鍵 → 將位置另存檔名為「line」於資料夾中 → 從 QGIS 加入向量圖層輸電管線 → 另存新檔輸電管線 SHP 檔，CRS 選 3826。

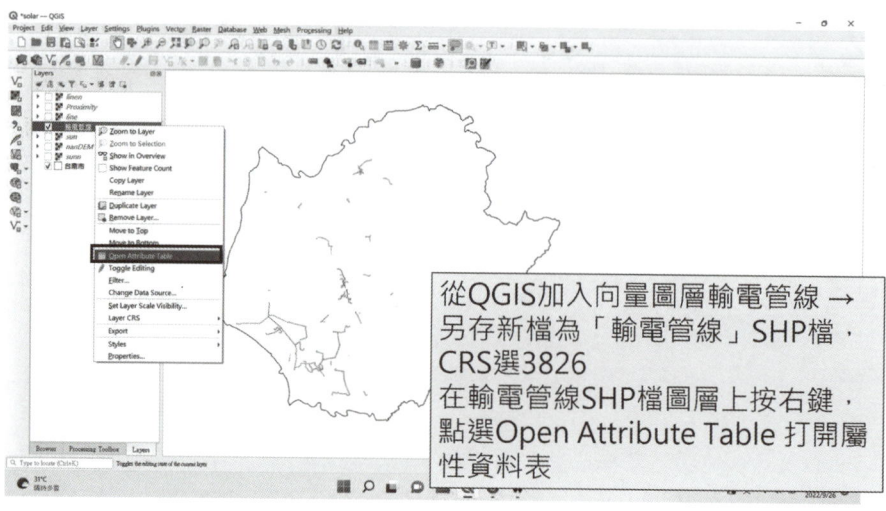

用Google Earth Pro開啟110年輸電系統管線KML檔
右鍵 → 將位置另存檔名為「line」KML檔於資料夾中。

從QGIS加入向量圖層輸電管線 → 另存新檔為「輸電管線」SHP檔，CRS選3826
在輸電管線SHP檔圖層上按右鍵，點選Open Attribute Table 打開屬性資料表

第四章　永續太陽能發電與永續農業的雙贏選址策略

2. 饋線資料網格化：Open Attribute Table → Creat A New Field → Line → 新增欄位「2」（任意值）→ 按鉛筆圖示存檔 → Processing Toolbox → SAGA NextGen → Rasterize → Altribute 選 Line → Output Value 中選 Data/No - Data → Grid 存成檔名 line → Run。

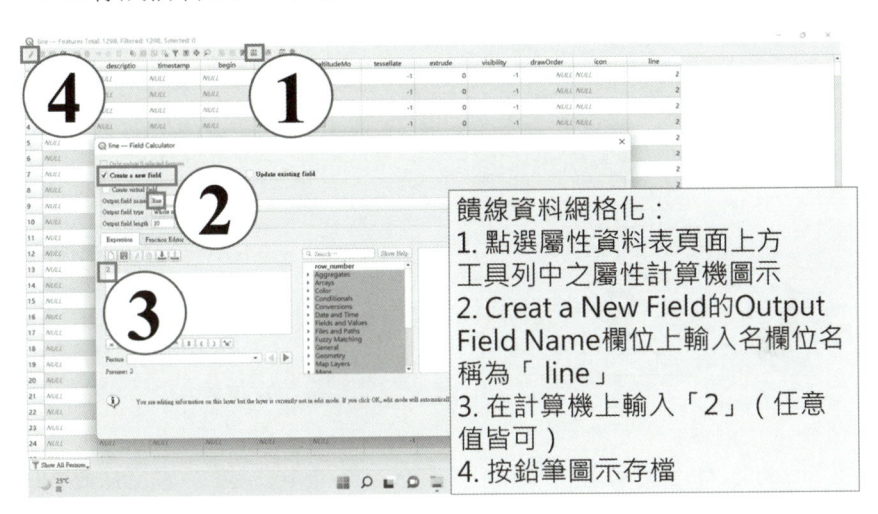

饋線資料網格化：
1. 點選屬性資料表頁面上方工具列中之屬性計算機圖示
2. Creat a New Field的Output Field Name欄位上輸入名欄位名稱為「line」
3. 在計算機上輸入「2」（任意值皆可）
4. 按鉛筆圖示存檔

饋線資料網格化：
1. 點選Processing Toolbox
2. 搜尋SAGA NextGen的網格化功能 Rasterize
3. Altribute選line
4. Output Value中選 Data/No - Data
5. Grid存成檔名「line」
6. 按Run

3. 網格資料近鄰分析：Processing Toolbox → Proximity（Raster Distance）→ The Maximun Distance 選 50,000 → Run。

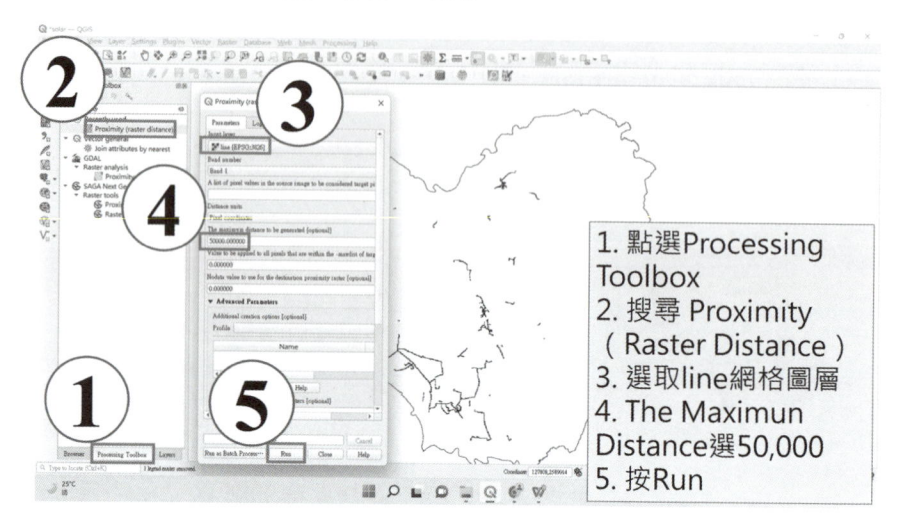

1. 點選 Processing Toolbox
2. 搜尋 Proximity（Raster Distance）
3. 選取 line 網格圖層
4. The Maximun Distance 選 50,000
5. 按 Run

4. 將 Proximity Map 圖層進行標準化 → Processing Toolbox → Grid Normalization → 存檔名為 linen → Run。

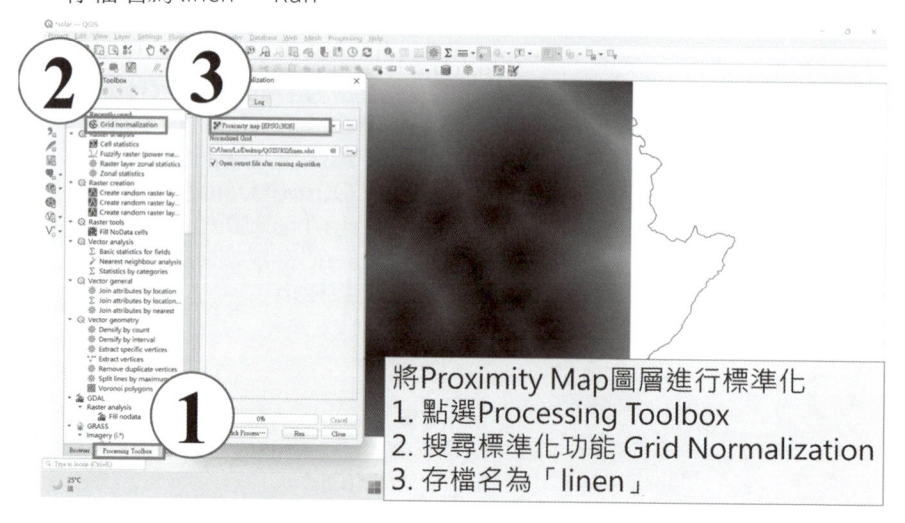

將 Proximity Map 圖層進行標準化
1. 點選 Processing Toolbox
2. 搜尋標準化功能 Grid Normalization
3. 存檔名為「linen」

第四章　永續太陽能發電與永續農業的雙贏選址策略

（三）計算臺南市地層下陷網格分數

1. 水利地理資訊服務平臺 → 圖資下載 → 臺南累積下陷量等值圖_90 至 108 年（參見經濟部水利署水利地理資訊服務平臺，2020）→ 解壓縮至資料夾 → 從 QGIS 加入 SHP 圖層 TN90108_poly line。

資料來源：截取並修改自經濟部水利署水利地理資訊服務平臺（n.d.）。**首頁**。取自 https://gic.wra.gov.tw/gis/

2. 地層下陷量內插分析：Processing Toolbox → IDW Interpolation（Inverse Distance Weighting Interpolation，反距離加權插值）→ Vector Layer 選 TN90108_poly line → Interpolation Attribute 選「123ID」→「+」→ Extent 選臺南市 → Poixel Size 選 200 存檔名為 depth → Run。

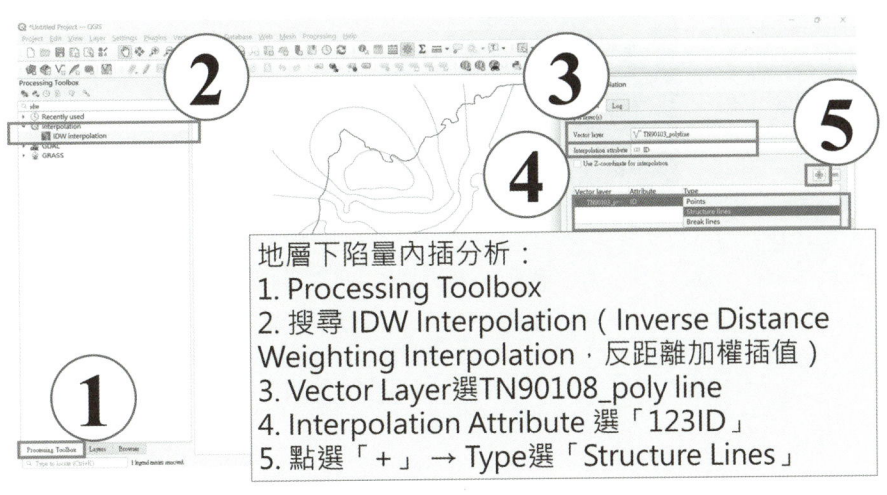

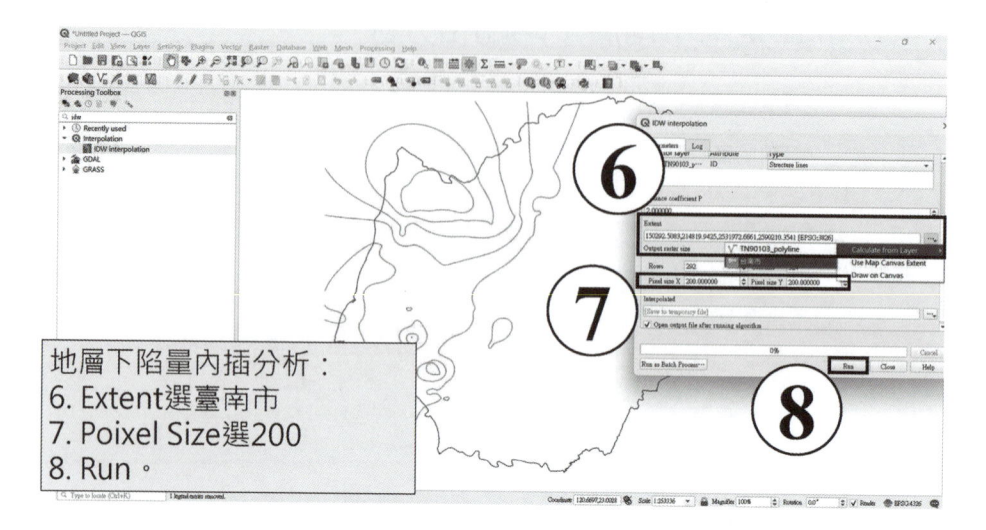

地層下陷量內插分析：
6. Extent選臺南市
7. Poixel Size選200
8. Run。

3. 進行標準化 → Processing Toolbox → Grid Normalization → 存檔名為 depthn → Run。

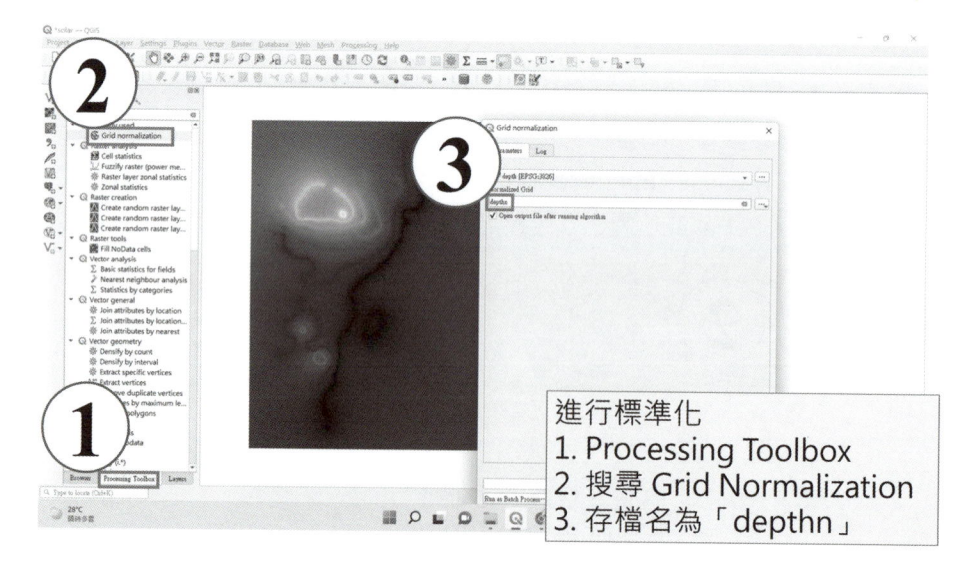

進行標準化
1. Processing Toolbox
2. 搜尋 Grid Normalization
3. 存檔名為「depthn」

（四）計算臺南市土壤地下水污染密度網格分數

1. 從 DATA.GOV.TW 下載土壤及地下水污染場址位置圖 CSV 檔 → 開啟 Excel 找到土壤及地下水污染場址位置地理圖資第一列資料 https://newcdx.moenv.gov.tw/api/files/GISEPA_P_24/180179e2-bce4-4dae-8d78-18d7945ab8fb → 複製此網址貼上瀏覽器 → 解壓縮至指定資料夾中。

2. 從 QGIS 加入 SHP 圖層土壤地下水污染區 → 用臺南市外框線 clip 另存成臺南土水污染區。

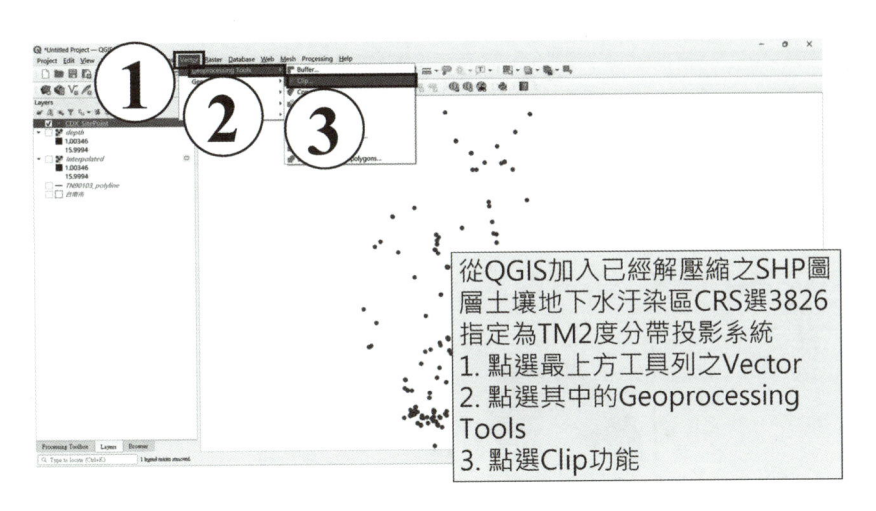

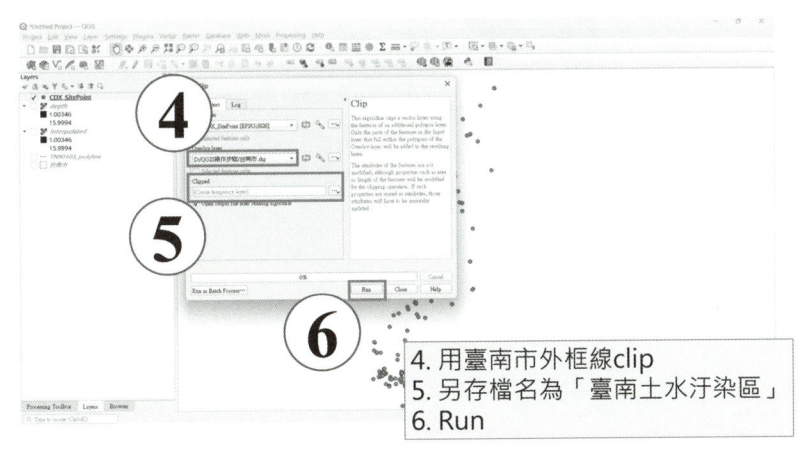

從QGIS加入已經解壓縮之SHP圖層土壤地下水汙染區CRS選3826指定為TM2度分帶投影系統
1. 點選最上方工具列之Vector
2. 點選其中的Geoprocessing Tools
3. 點選Clip功能

4. 用臺南市外框線clip
5. 另存檔名為「臺南土水汙染區」
6. Run

3. 臺南土壤地下水污染區密度分析：Processing Toolbox → Kernel Density → Radius（半徑）取 20,000 m → Poixel size 選 200 → 存檔名為 po → Run。

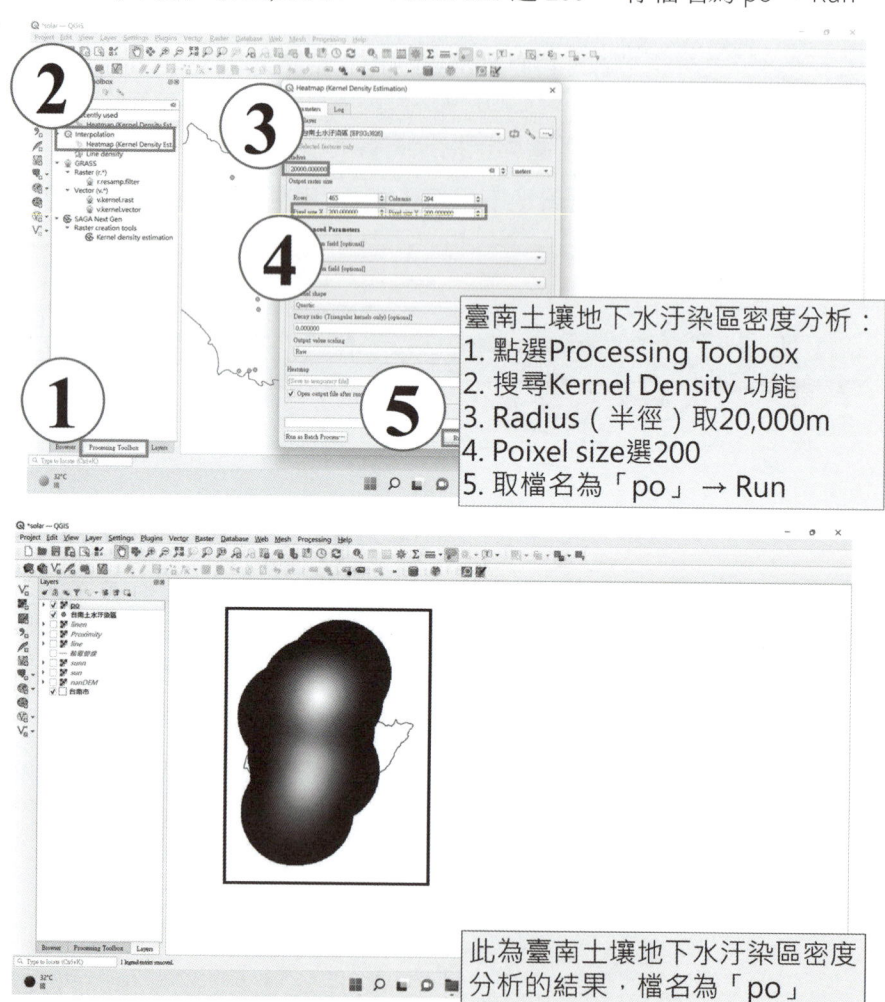

臺南土壤地下水汙染區密度分析：
1. 點選Processing Toolbox
2. 搜尋Kernel Density 功能
3. Radius（半徑）取20,000m
4. Poixel size選200
5. 取檔名為「po」→ Run

此為臺南土壤地下水汙染區密度分析的結果，檔名為「po」

第四章　永續太陽能發電與永續農業的雙贏選址策略

4. 進行標準化 → Processing Toolbox → Grid Normalization → 存檔名為 pon → Run。

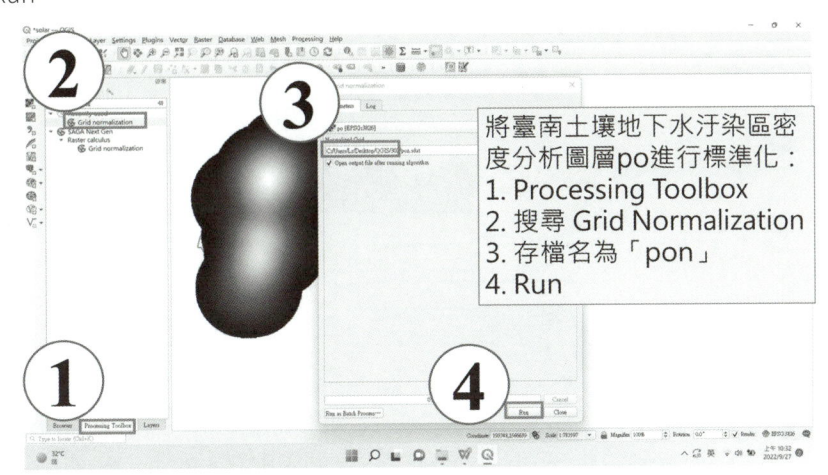

將臺南土壤地下水汙染區密度分析圖層po進行標準化：
1. Processing Toolbox
2. 搜尋 Grid Normalization
3. 存檔名為「pon」
4. Run

（五）依各指標重要性計算網格權重總得分數

1. Processing Toolbox → Raster Calculator → 依第二堂課小組討論所決定的各因子權重進行計算，例如日照量網格分數 × 6；饋線距離網格分數 × 2；地層下陷網格分數 × 5；土壤地下水污染密度網格分數 × 4 → 將統計結果存檔名為 weight。

依各指標重要性計算網格權重總得分數：
1. Processing Toolbox
2. 搜尋 Raster Calculator
3. 在計算器中輸入
日照量網格分數 × 6；饋線距離網格分數 × 2；地層下陷網格分數 × 5；土壤地下水汙染密度網格分數 × 4
4. Run → 統計結果存檔名為「weight」

207

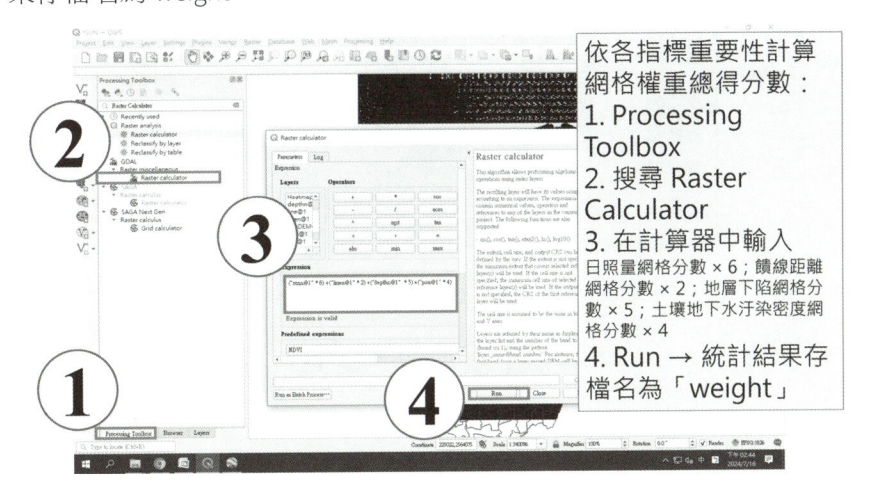

2. 計算各村里平均分數：Processing Toolbox → Zonal Statistic → Input Layer 選臺南市村里 → Zonal Statistic 存檔名為臺南市永續太陽能 → Run。

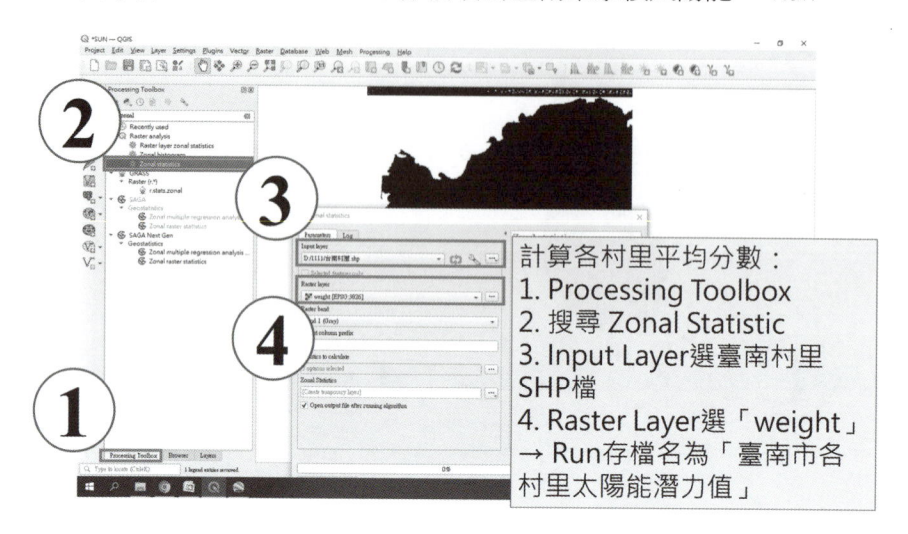

計算各村里平均分數：
1. Processing Toolbox
2. 搜尋 Zonal Statistic
3. Input Layer選臺南村里 SHP檔
4. Raster Layer選「weight」
→ Run存檔名為「臺南市各村里太陽能潛力值」

3. 依條件進行空間選取：Select Features by Expression 可空間選取例如 Mean 大於等於 3 的村里。

可依條件進行空間選取：
1. 點選上方空間選取圖示
2. 點選Select Features by Expression
3. 空間選取例如Mean大於等於3的村里。

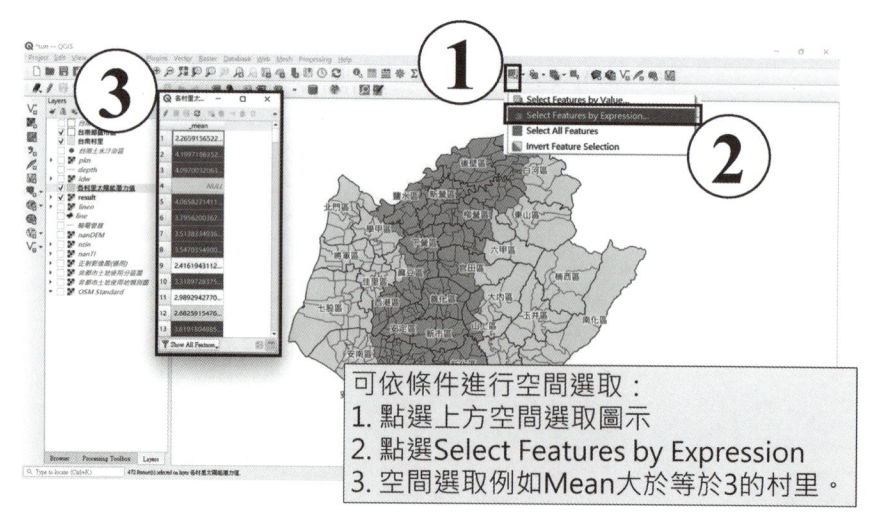

第四章　永續太陽能發電與永續農業的雙贏選址策略

（六）排除特定農業區

加入 WMTS（參見內政部國土測繪中心國土測繪圖資服務雲，n.d.）→ 國土利用 → Connect → 非都市土地使用地類別圖 → 疊圖即可得非特定農業區之永續太陽能發展適宜區。

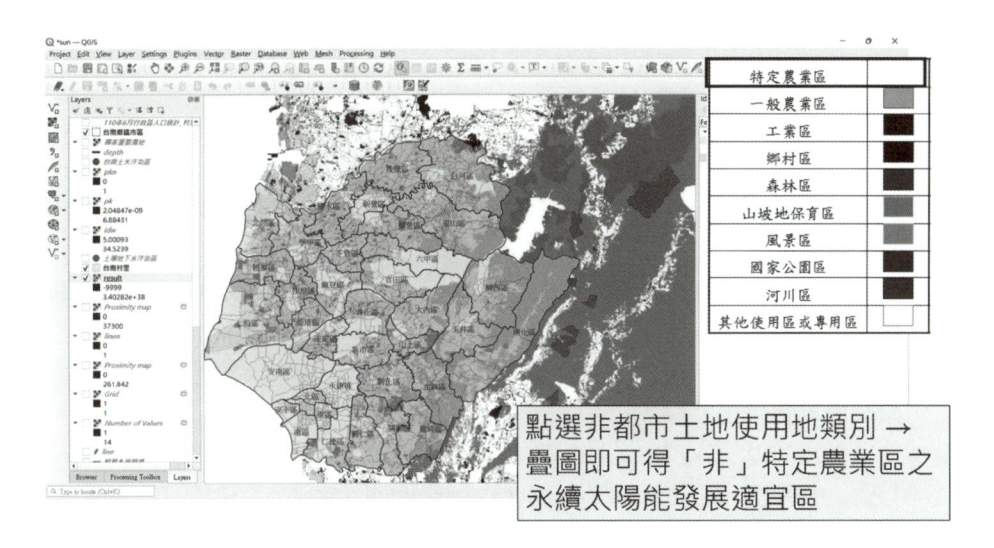

點選非都市土地使用地類別 →
疊圖即可得「非」特定農業區之
永續太陽能發展適宜區

附錄三、參考資料

內政部社會經濟資料服務平臺（n.d.）。**資料集查詢下載**。取自 https://segis.moi.gov.tw/STATCloud/QueryInterface

內政部國土測繪中心國土測繪圖資服務雲（n.d.）。**WMTS**。取自 http://maps.nlsc.gov.tw/S_Maps/wmt

內政部數值地形模型加值應用服務平臺（n.d.）。**首頁**。取自 https://dtm.moi.gov.tw/v2/

林信男（2020，2月13日）。從獨自「為氣候罷課」到400萬人響應 16歲少女憑什麼擊敗川普、習近平，成為時代雜誌風雲人物？**今周刊 ESG 永續台灣**。取自 https://reurl.cc/zNNXMQ

許月苓（2021，6月3日）。稀缺性資源短缺，不同目標間的隱性衝突……我們能攜手通往共好的道路嗎？**TNL Reasearch**。取自 https://research.tnlmedia.com/article/11

張學聖、陳姿伶、陳柏君（2013）。臺灣農地轉用與農地交易空間關聯性之研究。**建築與規劃學報**，**14**，167-182。

曾智怡（2022，12月12日）。綠能目標拉警報？經部：全力推動2025占比達15％。**中央社**。取自 https://www.cna.com.tw/news/afe/202212120322.aspx

萬年生、李佳穎（2020，12月）「七七事變」太陽光電業陷困局！「政策轉彎，至少損失3000萬⋯」苦主像被判死刑。**今周刊**，**1254**。取自 https://www.businesstoday.com.tw/article/category/183027/post/202012300016/

經濟部水利署水利地理資訊服務平臺（n.d.）。**首頁**。取自 https://gic.wra.gov.tw/gis/

經濟部水利署水利地理資訊服務平臺（2020）。**臺南累積下陷量等值圖_90至108年**。取自 https://gic.wra.gov.tw/Gis/Gic/API/Google/Index.aspx

臺南市政府資料開放平臺（2022）。**臺南市公共管線圖資 - 輸電系統管線**。取自 https://data.tainan.gov.tw/dataset/transmission

臺灣大停電列表（n.d.）。載於**維基百科**。2024年6月25日取自 https://zh.wikipedia.org/zh-tw/%E5%8F%B0%E7%81%A3%E5%A4%A7%E5%81%9C%E9%9B%BB%E5%88%97%E8%A1%A8

數位發展部政府資料開放平臺（2024）。**內政部20公尺網格數值地形模型資料**。取自 https://data.gov.tw/dataset/35430

蔡佳珊（2020a，7月23日）。02變更地目直接離農（上）屏東四鄉鎮大開方

便之門，免繳回饋金。**上下游**。取自 https://www.newsmarket.com.tw/solar-invasion/ch02/

蔡佳珊（2020b，7月23日）。03 變更地目直接離農（下）種電不歸路，農村難回頭。**上下游**。取自 https://www.newsmarket.com.tw/solar-invasion/ch03/

蔡佳珊（2020c，7月23日）。直擊臺南 50 個案例。**上下游**。取自 https://www.newsmarket.com.tw/solar-invasion/tainan50/

The Global Goals for Sustainable Development（n.d.）。**17 項永續發展目標**。取自 https://globalgoals.tw/

QGIS.ORG. (2020). QGIS Geographic Information System. Open Source Geospatial Foundation Project (Version 3.16.16) [Computer software]. Retrieved from http://www.qgis.org

SAGA: System for Automated Geoscientific Analyses (n.d.). *Homepage*. Retrived from https://saga-gis.sourceforge.io/en/index.html

SAGA: System for Automated Geoscientific Analyses (v. 8.3.0) [Computer software]. (2022). Retrieved from https://sourceforge.net/projects/saga-gis/

第五章

戶外遊憩活動與永續陸域生態的共榮選擇

羅彥程　國立臺灣師範大學地理學系碩士

一、旨趣說明

（一）落實素養導向：讓學生擁有帶得走的能力

1. 議題發掘──發現生活中的地理議題：在這份教案的範例中，學生通過教師提供的新聞文本與自行蒐集的資料，發掘出不當的山坡地露營活動可能對自然環境的危害，學生將會應用空間資訊科技課程中學習到的地理環境資訊系統能力，蒐集與分析相關空間資料，以尋找符合社會對環境永續期待的露營場地。

2. 探究工具的活用──地理資訊系統（Geographic Information Systems, GIS）實作：教案中安排了學生進行地理資訊系統實作的教學活動，學生將會在教師的引導之下自行取得所需的空間資料，並通過實際操作 GIS 來進行空間議題的探究。學生在完成教師賦予的任務過程中，除了強化部定必修中 GIS 章節的知識，更能在實作中活用這項工具來解決空間問題，成為學生帶得走的能力！

（二）友善教師操作：讓教師在教學中充滿信心

1. 循序漸進的鷹架堆疊──環環相扣的課堂提問：在本篇教案中，筆者在每一個教學的細項中都設計了深化探究的問題，方便教師在教學過程中

地理資訊力
永續發展議題教學新方向

通過問答來凝聚學生的問題意識與釐清知識點，同時也能在每一次的問答中，讓學生思考每一項操作的目的。

2. GIS 操作的逐步流程：在這份教案中，有完整且詳盡的 GIS 圖文操作教學，方便每一位閱讀教案的教師能夠快速地上手，掌握 GIS 教學中最讓人焦慮的「上機操作」，同時在操作流程中常會碰到的投影問題也有詳細的說明，是上機教學的最佳助手。

二、教案提要

課程名稱	地理加深加廣選修課程——以空間資訊科技進行社會環境議題的探究與實作
授課年段	高二或高三
單元名稱	戶外遊憩活動與永續陸域生態的共榮選擇
單元節數	六節
設備需求	電腦教室、QGIS 軟體

三、單元教學計畫

（一）單元課程架構

1. 主要社會環境空間議題

近年來，露營逐漸成為國民熱衷的休閒活動，相較於都市的擁擠與喧囂，民眾更渴望親近山林田野豐富的生態與景致，因此大量的露營場地如雨後春筍般地蔓延開來。然而，這些露營場造成了許多山坡地遭到開發，例如有些建在水庫的集水區內，有些直接闢建在河濱地區，甚至是建在了土石流的潛勢區內。

這樣的現象造成臺灣的山坡地遭到大面積開發，樹木被移除以清出大面積的空地興建營地，造成山林破碎化的現象。露營區開發促使山區農林用地

不再種植與造林，更造成山坡濫伐和垃圾污染的問題，如此可能提高坡地發生災害的風險，例如 2022 年 12 月，馬來西亞首都吉隆坡以北約 50 公里熱門旅遊地區巴當加里鎮（Batang Kali）一處營地 16 日清晨發生土石坍方，造成至少 26 人死亡，顯見露營地的位置若選擇不當，會對生命財產安全產生嚴重的危害。

民眾在享受山林的豐富生態與景致的同時，是否想過自己的需求可能造成了自然環境的破壞，原本親近環境的行為卻演變成為破壞山林的幫兇呢？在聯合國提出的 17 項永續發展目標（Sustainable Development Goals, SDGs）中的目標 12「責任消費與生產」與目標 15「陸域生態」提供了兼顧山坡地生態保育與經濟發展的土地使用原則。相關的細部指標如下（本教案提及之 17 項永續發展目標，中文皆參見 The Global Goals for Sustainable Development，n.d.）：

12.2：在西元 2030 年以前，實現自然資源的永續管理以及有效率的使用。

15.1：在西元 2020 年以前，依照在國際協定下的義務，保護、恢復及永續使用領地與內陸淡水生態系統與他們的服務，尤其是森林、沼澤、山脈與旱地。

15.4：在西元 2030 年以前，落實山脈生態系統的保護，包括他們的生物多樣性，以改善他們提供有關永續發展的有益能力。

15.5：採取緊急且重要的行動減少自然棲息地的破壞，終止生物多樣性的喪失，在西元 2020 年以前，保護及預防瀕危物種的絕種。

2. 空間思考與空間問題

作為消費者，在選擇露營場時，是否能選擇一個對環境產生最少衝擊的地點，以兼顧永續發展和休閒遊憩？當休閒遊憩與坡地維護和陸域生態保育出現衝突時，地理學科的知識與技能如何提供解決地點選擇衝突的策略，以回應聯合國 SDGs 目標對未來自然環境的期待呢？

3. 空間資料的蒐集

資料名稱	資料來源		資料種類	資料格式／性質
(1) 內政部20公尺網格數值地形模型	☐自行產製	☐地址轉換坐標 ☐地面定位 ☐地圖數化 ☐其他	☐向量式資料 ■網格式資料 ☐文字格式空間資料 ☐WMTS網路圖磚服務 ☐其他	☐CSV ☐JSON ☐SHP ☐KML ☐KMZ ■TIF ☐其他
坐標系統 ☐WGS84 ☐TWD67 ■TWD97 ☐球面坐標 ■平面坐標	■網路圖資	☐基本地圖類：Google Map、Google Earth、OSM、通用版電子地圖等 ■綜合性網站：TGOS、SEGIS、政府資料開放平臺Open Data等 ☐主題性地圖網站：臺灣百年歷史地圖、內政部地圖資訊服務網、臺灣地質資料整合查詢系統等 ☐VGI（FB、IG、Flickr、Google Map評價等） ☐其他		
(2) 110年度1,726條土石流潛勢溪流圖	☐自行產製	☐地址轉換坐標 ☐地面定位 ☐地圖數化 ☐其他	■向量式資料 ☐網格式資料 ☐文字格式空間資料 ☐WMTS網路圖磚服務 ☐其他	☐CSV ☐JSON ■SHP ☐KML ☐KMZ ☐TIF ☐其他
坐標系統 ☐WGS84 ☐TWD67 ■TWD97 ☐球面坐標 ■平面坐標	■網路圖資	☐基本地圖類：Google Map、Google Earth、OSM、通用版電子地圖等 ■綜合性網站：TGOS、SEGIS、政府資料開放平臺Open Data等 ☐主題性地圖網站：臺灣百年歷史地圖、內政部地圖資訊服務網、臺灣地質資料整合查詢系統等 ☐VGI（FB、IG、Flickr、Google Map評價等） ☐其他		

第五章　戶外遊憩活動與永續陸域生態的共榮選擇

資料名稱	資料來源		資料種類	資料格式／性質
(3) 110 年度 1,726 條土石流潛勢溪流影響範圍	□自行產製	□地址轉換坐標 □地面定位 □地圖數化 □其他	■向量式資料 □網格式資料 □文字格式空間資料 □WMTS 網路圖磚服務 □其他	□CSV □JSON ■SHP □KML □KMZ □TIF □其他
坐標系統 □WGS84 □TWD67 ■TWD97 □球面坐標 ■平面坐標	■網路圖資	□基本地圖類：Google Map、Google Earth、OSM、通用版電子地圖等 ■綜合性網站：TGOS、SEGIS、政府資料開放平臺 Open Data 等 □主題性地圖網站：臺灣百年歷史地圖、內政部地圖資訊服務網、臺灣地質資料整合查詢系統等 □VGI（FB、IG、Flickr、Google Map 評價等） □其他		
(4) 49 種陸域脊椎保育類動物潛在分布範圍	□自行產製	□地址轉換坐標 □地面定位 □地圖數化 □其他	■向量式資料 □網格式資料 □文字格式空間資料 □WMTS 網路圖磚服務 □其他	□CSV □JSON ■SHP □KML □KMZ □TIF □其他
坐標系統 □WGS84 □TWD67 ■TWD97 □球面坐標 ■平面坐標	■網路圖資	□基本地圖類： Google Map、Google Earth、OSM、通用版電子地圖等 □綜合性網站： TGOS、SEGIS、政府資料開放平臺 Open Data 等 □主題性地圖網站： 臺灣百年歷史地圖、內政部地圖資訊服務網、臺灣地質資料整合查詢系統等 □VGI（FB、IG、Flickr、Google Map 評價等） ■其他：特生中心網站		

217

地理資訊力
永續發展議題教學新方向

資料名稱	資料來源		資料種類	資料格式／性質
(5) 新竹縣露營地坐標資料	☐ 自行產製	☐ 地址轉換坐標 ☐ 地面定位 ☐ 地圖數化 ☐ 其他	■ 向量式資料 ☐ 網格式資料 ☐ 文字格式空間資料 ☐ WMTS 網路圖磚服務 ☐ 其他	■ CSV ☐ JSON ☐ SHP ■ KML ☐ KMZ ☐ TIF ☐ 其他
坐標系統 ■ WGS84 ☐ TWD67 ☐ TWD97 ■ 球面坐標 ☐ 平面坐標	■ 網路圖資	☐ 基本地圖類：Google Map、Google Earth、OSM、通用版電子地圖等 ☐ 綜合性網站：TGOS、SEGIS、政府資料開放平臺 Open Data 等 ☐ 主題性地圖網站：臺灣百年歷史地圖、內政部地圖資訊服務網、臺灣地質資料整合查詢系統等 ■ VGI（FB、IG、Flickr、Google Map 評價等） ☐ 其他		
(6) 山崩與地滑地質敏感區（L0012 新竹縣市）	☐ 自行產製	☐ 地址轉換坐標 ☐ 地面定位 ☐ 地圖數化 ☐ 其他	■ 向量式資料 ☐ 網格式資料 ☐ 文字格式空間資料 ☐ WMTS 網路圖磚服務 ☐ 其他	☐ CSV ☐ JSON ■ SHP ☐ KML ☐ KMZ ☐ TIF ☐ 其他
坐標系統 ☐ WGS84 ☐ TWD67 ■ TWD97 ☐ 球面坐標 ■ 平面坐標	■ 網路圖資	☐ 基本地圖類：Google Map、Google Earth、OSM、通用版電子地圖等 ☐ 綜合性網站：TGOS、SEGIS、政府資料開放平臺 Open Data 等 ☐ 主題性地圖網站：臺灣百年歷史地圖、內政部地圖資訊服務網、臺灣地質資料整合查詢系統等 ☐ VGI（FB、IG、Flickr、Google Map 評價等） ■ 其他：經濟部地質調查及礦業管理中心網站		

第五章　戶外遊憩活動與永續陸域生態的共榮選擇

資料名稱	資料來源		資料種類	資料格式／性質
(7) 鄉鎮市區界線（TWD97 經緯度）	☐自行產製	☐地址轉換坐標 ☐地面定位 ☐地圖數化 ☐其他	■向量式資料 ☐網格式資料 ☐文字格式空間資料 ☐WMTS 網路圖磚服務 ☐其他	☐CSV ☐JSON ■SHP ☐KML ☐KMZ ☐TIF ☐其他
坐標系統 ☐WGS84 ☐TWD67 ■TWD97 ■球面坐標 ☐平面坐標	■網路圖資	☐基本地圖類：Google Map、Google Earth、OSM、通用版電子地圖等 ■綜合性網站：TGOS、SEGIS、政府資料開放平臺 Open Data 等 ☐主題性地圖網站：臺灣百年歷史地圖、內政部地圖資訊服務網、臺灣地質資料整合查詢系統等 ☐VGI（FB、IG、Flickr、Google Map 評價等） ☐其他		

註：WGS84: World Geodetic System 84; TWD67: Taiwan Datum 1967; TWD97: Taiwan Datum 1997; OSM: OpenStreetMap; TGOS: Taiwan Geospatial One Stop; SEGIS: Socio-Economic Geographic Information System; VGI: Volunteered Geographic Information; WMTS: Web Map Tile Service.

4. 資料處理與分析

資料處理		資料分析
■坐標定位 ☐坐標整合 ☐掃描數化 ☐空間對位 ■裁切／切除 ■合併／融合 ■空間查詢 ■屬性查詢	☐空間關係查詢 ☐屬性資料表 Join ■資料格式轉換 ■空間資料編修與統計 ☐屬性資料編修與統計 ☐向量與網格資料轉換 ☐其他	■疊圖分析 ■環域分析 ☐路網分析（路徑分析、服務區分析） ☐密度分析（熱區圖） ☐內插分析 ■地形分析（坡度、坡向、稜谷線、剖面圖、集水區水系、淹水模擬、視域分析等） ☐空間關聯性分析 ☐其他

219

5. 空間觀點的呈現與表達

為了達成休閒遊憩與陸域生態保育的共榮目標，從事露營活動時，宜選擇露營地位於坡地平緩的區域、避免干擾保育類生物的活動、遠離土石流影響範圍與地質敏感區的空間，並將其作為適合進行露營活動的標準來審視當前的露營地。

經過 GIS 整理出露營地合適與否的結果，學生未來在選擇露營場地時也能夠將其作為依據，選擇一個對陸域生態造成最小影響的地點，並在推薦親朋好友露營場地時能同時傳達山林永續發展的概念，進行兼顧休閒遊憩與陸域生態保育的責任休憩，達成永續性的消費模式。

（二）單元學習目標

1. 認知目標

1-1 學生能以地理系統、地理視野的觀點連結社會環境議題與永續發展目標間的意義。

1-2 學生能根據地理系統與地理視野的觀點，發掘露營活動與永續陸域生態之間可能存在的衝突問題。

1-3 學生能思辨露營活動場域選擇與永續陸域生態保育的問題，並能進行整合評價。

2. 技能目標

2-1 學生能透過開放資料平臺，蒐集符合永續陸域生態的露營場地所需的地理資料。

2-2 學生能運用地理資訊系統進行資料分析與歸納，找出符合永續陸域生態環境條件的露營地分布與數量。

3. 態度目標

3-1 學生願意透過小組合作，發掘各種社會或環境問題，規劃解決問題的執行策略。

3-2 學生能體認人們對社會事物與環境有不同的認知、感受、意見與表現方式,並加以尊重。

3-3 學生在選擇露營場地時,能主動選擇符合永續陸域生態目標的場地。

(三)單元學習重點(依據 108 課綱普通型高中社會領域地理科綱要)

1. 學習內容

D. 空間概念

　　b. 空間思考

E. 空間資訊的獲取與處理

　　a. 資料來源

　　b. 資料處理與呈現

N. 地理方法的實踐

　　a. 探究與實作

2. 學習表現

地 1c-V-1　以地理系統、地理視野的觀點進行議題探討。

地 2c-V-2　珍視不同空間尺度的環境永續價值,並願意付諸行動保護。

地 3a-V-1　根據地理系統與地理視野的觀點,利用地理技能的方法發掘各種社會及環境問題。

地 3b-V-3　從各類資料辨識現象的型態、關聯與趨勢,解讀資料蘊含的意義。

地理資訊力
永續發展議題教學新方向

（四）單元學習活動

1. 第一堂課：露營活動與永續發展目標的價值連結

發展活動	備註
一、引起動機 （一）你有感受到這幾年的露營熱潮嗎？（非正式提問） （二）你認為露營之所以成為風潮有什麼原因？（非正式提問）	5 分鐘
二、議題瞭解：教師說明與引導 透過對議題的瞭解，學生進行對露營活動的反思：親近自然的活動，是否反而變相破壞自然？ 　（一）山上露營場的問題：露營近年成為熱門休閒活動，假日常見全家大小到野外露營的景象。隨著這股熱潮，露營場紛紛興建，但由於缺乏法規輔導，衍生出山坡地濫墾、垃圾污染、農林用地轉為露營場等問題（郭志榮、陳忠峰，2017）。 　（二）馬來西亞的山崩死亡悲劇：2022 年 12 月 16 日，馬來西亞一座無照露營場發生山崩，導致多人傷亡，外界質疑為營區附近的森林開發所致（轉角國際，2022）。為了獲得寬敞的空間進行露營活動，業者通常需要對該地進行整地工作，若露營區鄰近地質敏感區、土石流潛勢溪流的行水區和坡度陡峭的地區等，就有很高的機會在未來發生強降雨事件時出現坡地災害，造成民眾生命財產的損失。而若真的因為露營地的不當開發使坡地災害成真，則當初為了親近自然的宗旨便會蕩然無存。 　（三）陸域生態的損害：臺灣的淺山丘陵區有許多的保育類生物棲息在此，當露營活動逐漸向淺山丘陵擴散時，勢必會對生活在該環境內的保育類生物產生潛在的危害，因此除了考量坡地災害的發生外，生態系的永續也是我們必須考量的條件。	15 分鐘
依據教師提供的文本與相關新聞畫面，請學生思考以下問題： （一）露營場可能造成哪些環境衝擊？（書寫於學習單，參見附錄一，表單 1「1.問題意識的形塑」） （二）你覺得哪些地區適合進行露營呢？為什麼？（導入探究的提問）	15 分鐘
三、議題分析 根據以上的問題，露營活動造成的環境影響，其背後牽涉的內容可以對應到何種永續發展目標（SDGs）？教師提供 SDGs 的 17 項總表，引導學生從中進行選擇。	15 分鐘

發展活動	備註
參考答案：SDG 12：確保永續的消費與生產模式；SDG 15：保護、維護及促進領地生態系統的永續使用，永續的管理森林，對抗沙漠化，終止及逆轉土地劣化，並遏止生物多樣性的喪失。 （一）為了兼顧對自然環境的渴望與坡地安全和環境生態的永續，以下這些條件為何是我們在選擇露營地時應納入的篩選條件？（建構探究的提問。學生可以通過坡度、土石流潛勢溪流、土石流影響範圍和地質災害潛勢區等資料歸納出坡地災害是影響露營地安全的核心因素，教師在引導學生討論的過程中可以將討論的方向往課堂最初的引起動機回扣，使學生回憶起馬來西亞坡地災害對露營地產生的致命性危害） 1. 坡度（30% 以下宜農、牧地；30% 以上宜林地）（以上文字內容引用自山坡地土地可利用限度分類標準，2020）。（從開發成本與坡地安定性的角度討論，陡峭與否為何會對露營地的安全產生影響？） 2. 土石流潛勢溪流。 3. 土石流影響範圍。 4. 地質災害潛勢區。 5. 保育類分布。（列出 49 種陸域脊椎保育類動物：金線蛙、燕隼、烏頭翁、環頸雉、臺灣畫眉、黑面琵鷺、東方蜂鷹、彩鷸、大濱鷸、大冠鷲、大杓鷸、黑鳶、赤腹鷹、水雉、小燕鷗、山麻雀、八哥、遊隼、臺灣藍鵲、紅燕鷗、燕鴴、野鴝、半蹼鷸、東方白鸛、魚鷹、松雀鷹、鳳頭燕鷗、紅隼、黑翅鳶、東方鵟、白琵鷺、鳳頭蒼鷹、紅腹濱鷸、黃鸝、紅頭綠鳩、灰面鵟鷹、䴉鸛、黑嘴鷗、東方澤鵟、黑頭文鳥、唐白鷺、紅尾伯勞、黑尾鷗、食蟹獴、石虎、麝香貓、柴棺龜、臺灣黑眉錦蛇、草花蛇） （二）小組討論調查區域內有的潛在保育類生物，要少於多少種才是適合進行露營活動的場域？（讓各組同學上網查詢各種動物的相關資料，小組內討論有哪些動物是需要被重視，又有哪些動物其實是可以和露營活動共存的？） 四、總結 如何使用 GIS 的方法，整合考量以上這些討論，協助我們找出較為合適的露營地？ 　　參考答案：依據空間資訊課程中學習到的空間分析工具，要找出合適的露營地需要將特定的地理環境特徵從資料中篩選出來，同時這些篩選出來的資料需要與露營場地的空間分布進行「疊圖分析」，以找出符合設定條件的露營場地。	

2. 第二至五堂課：QGIS 實機操作

發展活動	備註
一、上網蒐集資料存放於目標資料夾中，完成學習單中的資料來源表格	20 分鐘
（一）自政府資料開放平臺下載以下檔案（參見數位發展部政府資料開放平臺，2023a、2023b、2023c、2024）：	
1. 內政部 20 公尺網格數值地形模型全臺不分幅。	
2. 110 年度 1,726 條土石流潛勢溪流。	
3. 110 年度 1,726 條土石流潛勢溪流影響範圍。	
4. 鄉鎮市區界線（TWD97 經緯度）。	
（二）交通部觀光署露營區查詢專區，查詢露營地（參見交通部觀光署露營區查詢專區，n.d.-a、n.d.-b）並將資料整理成表格。	
（三）農業部生物多樣性研究所網站下載 49 種陸域脊椎保育類動物潛在分布範圍（參見特有生物研究保育中心，2020）。	
（四）經濟部地質調查及礦業管理中心 → 地礦法規 → 地質法專區 → 地質敏感區專區 → 地質敏感區範圍數值檔（SHP）→ 下載序號 39 的檔案「山崩與地滑地質敏感區（L0012 新竹縣市）」（參見經濟部地質調查及礦業管理中心，n.d.）。（書寫於學習單，參見附錄一，表單 1「2. 解決問題所需的資料」）	
二、資料初步處理	
（一）透過露營地名稱轉為位置坐標（使用 Google My Maps、Google Earth、Excel，參見附錄二）	30 分鐘
1. 這樣的資料產出方式是否包含自願性地理資訊（VGI）的應用？	
參考答案：自願性地理資訊包含產製與使用兩個部分，而 Google Maps 上的興趣點都是通過用戶自行編輯而產生，是 VGI 的一種，因此對上傳興趣點的用戶而言，這是產製 VGI；對於使用這些興趣點的用戶而言，則是使用 VGI。所以通過露營地名稱與興趣點的資料產生出坐標，這項操作就是一種使用 VGI 的過程。	
2. Google Maps 上是否有露營地不在觀光局的資料中？政府資料和自願性地理資訊哪一種資料更齊全？透過 Google Maps 產生的坐標一定是正確的嗎？	
參考答案：觀光局中的露營地資料與網路地圖存在差異，通常網路地圖的資料數量會多於政府單位的數據。	
（二）透過地形分析取得坡度 30% 以下的區域。	
（三）利用環域分析計算土石流潛勢溪流的緩衝範圍並將之排除，再將結果轉為網格資料。網格化時（Rasterize）的網格大小設定成 20 × 20 或 200 × 200 會有什麼不同？計算出的檔案大小一樣嗎？為什麼？	25 分鐘

發展活動	備註
參考答案：20 × 20 的檔案大小會大於 200 × 200。這個問題的核心就是網格資料的解析度，每個 Cell 的大小愈小，要填滿整個研究區域所需的 Cell 就會愈多，因此檔案就會愈大。	
（四）排除土石流影響範圍，再將結果轉為網格資料。土石流影響範圍有何特徵？ 參考答案：土石流影響範圍的形狀為扇形，同時其分布位置大多位於山坡地河川支流上的沖積扇地區，這說明了土石流影響區域與沖積扇區域是相吻合的。	25 分鐘
（五）排除山崩與地滑地質敏感區，再將結果轉為網格資料。	25 分鐘
（六）依據各小組在前一堂課討論的潛在保育類生物種類少於多少種視為合適的露營空間，並將之轉為網格資料。記錄整理資料的過程中使用了哪些 GIS 的工具（書寫於學習單，參見附錄一，表單1「3. 資料整理（至少列出三項）」）。	25 分鐘
三、資料分析	25 分鐘
（一）透過疊圖分析獲得以下的結果（如圖1），白色區域為適合進行露營的區域，其值為1；黑色部分為不適合進行露營的區域，其值為 0 或極大的負數。 圖1　新竹縣適合露營的區域	

地理資訊力
永續發展議題教學新方向

發展活動	備註
1. 使用布林運算元中的 "And" 來進行運算的原因為何？ 　　參考答案：為了要取適合進行露營活動的區域與露營地點兩者的交集。 2. 網格屬性中的「1」代表何種意義？ 　　參考答案：是適合進行露營的區域。 （二）利用上述的分析結果找出現有露營區中，有哪些是完全符合本探究的考量指標，結果如圖 2 所示。 圖 2　新竹縣現有露營區中適合露營的地點 （三）將結果繪製成露營地點分布圖，並記錄分析計算過程中使用了哪些 GIS 的工具（書寫於學習單，參見附錄一，表單 1「4. 分析與計算」）。	25 分鐘

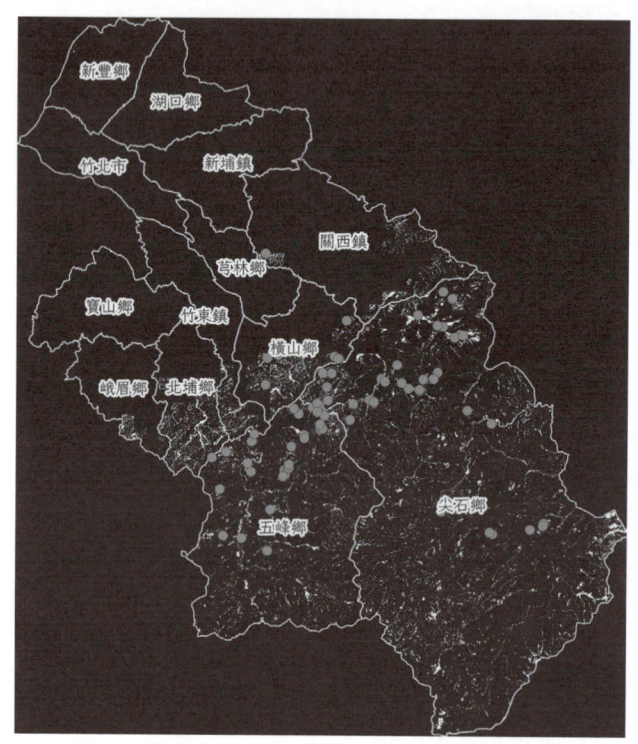

3. 第六堂課：課程總結

發展活動	備註
總結活動：教師引導學生進行討論 （一）對結果進行解釋（歸納探究的提問） 1. 滿足本探究的考量指標的露營地集中在哪一個行政區內？為什麼？ 2. 小組討論計算出的結果，適合進行露營的地區是在山區呢？還是在平原地區？為什麼？ 3. 有保育類存在的區域，是否真的不適合作為露營地？為什麼？ （二）在學習單上完成操作流程與架構並且加以說明。 （三）思考這套工具除了應用在露營地的分析外，還可以應用在哪些議題上？列舉一項寫在學習單中（書寫於學習單，參見附錄一，表單1「5.總結活動」）。教師針對學生的表現，可參考附錄中的評分方式（學習單評分方式，參見附錄一，表單2）。	50分鐘

地理資訊力
永續發展議題教學新方向

附錄一、學生學習活動表單

表單 1：學習單

班級 _____ 座號 ___ 姓名 _____

空間資訊科技探究：戶外遊憩活動與永續陸域生態的共榮選擇

1. 問題意識的形塑

根據教師的引導，山坡地露營地可能會造成哪些環境衝擊？

2. 解決問題所需的資料

資料名稱				
坐標系統	資料來源		資料種類	資料格式／性質
☐WGS84 ☐TWD67 ☐TWD97 ☐球面坐標 ☐平面坐標	☐自行產製	☐地址轉換坐標 ☐地面定位 ☐地圖數化 ☐其他	☐向量式資料 ☐網格式資料 ☐文字格式空間資料 ☐WMTS 網路圖磚服務 ☐其他	☐CSV ☐JSON ☐SHP ☐KML ☐KMZ ☐GPKG ☐TIF ☐其他
	☐網路圖資	☐基本地圖類：Google Map、Google Earth、OSM、通用版電子地圖等 ☐綜合性網站：TGOS、SEGIS、政府資料開放平臺 Open Data 等 ☐主題性地圖網站：臺灣百年歷史地圖、內政部地圖資訊服務網、臺灣地質資料整合查詢系統等 ☐VGI（FB、IG、Flickr，Google Map 評價等） ☐其他		

3. 資料整理（至少列出三項）

範例：

工具名稱	Buffer
作用的對象（可複選）	■ 向量式資料 □ 網格式資料 □ 文字格式空間資料
操作的路徑	Vector → Geoprocessing Tools → Buffer
使用工具的目的	為土石流潛勢溪流創造 100 公尺的環境，作為其影響的範圍

4. 分析與計算

分析過程中使用到的工具：

工具名稱	
作用的對象（可複選）	□ 向量式資料 □ 網格式資料 □ 文字格式空間資料
操作的路徑	
使用工具的目的	

5. 總結活動

(1) 簡答

a. 對結果的說明與解釋
b. 這套工具除了應用在露營地分析外，還可以應用在哪些議題上？
c. 探究過程中遇到的困難與解決方案？

(2) 問題分析的流程

操作流程與架構

地理資訊力
永續發展議題教學新方向

表單 2：評分表

序號	主題	A⁺（20%）	A（15%）	A⁻（10%）
1	問題意識的形塑	能具體提出露營地會面臨到何種問題，且能指出促成災害的因子，最後能從課本中尋得解決問題的工具。	能具體提出露營地會面臨到何種問題，且能指出促成災害的因子。	能具體提出露營地會面臨到何種問題。
2	解決問題所需的資料	能正確地說出資料使用的坐標參考系及資料的類型，且能嚴謹地記錄資料出處。	能正確地說出資料的類型與記錄資料的出處。	能記錄下資料的出處。
3	資料整理	能正確地說出使用工具的目的與作用的對象，並且能記錄下工具的操作路徑。	能正確地說出使用工具的目的與作用的對象。	能正確地說出使用工具的目的。
4	分析與計算	能完整地記錄下問題分析的流程，並且正確地說出使用工具的目的。	完成部分的問題分析流程，並且正確地說出至少一項使用工具的目的。	完成部分的問題分析流程。
5	總結活動	能對分析完成的結果進行說明並提出解釋，同時能說出這套工具可以如何應用在其他的議題。	能對分析完成的結果進行說明並提出解釋。	能對分析完成的結果進行說明。

附錄二、露營地轉坐標操作流程

更詳細的操作步驟請掃描 QR Code，或參見 https://www.ainoscopress.com/download/files/213-310/index.html 下載簡報檔案。

（一）自交通部觀光署露營區查詢專區，查詢露營地並將資料整理成 Excel 表格。

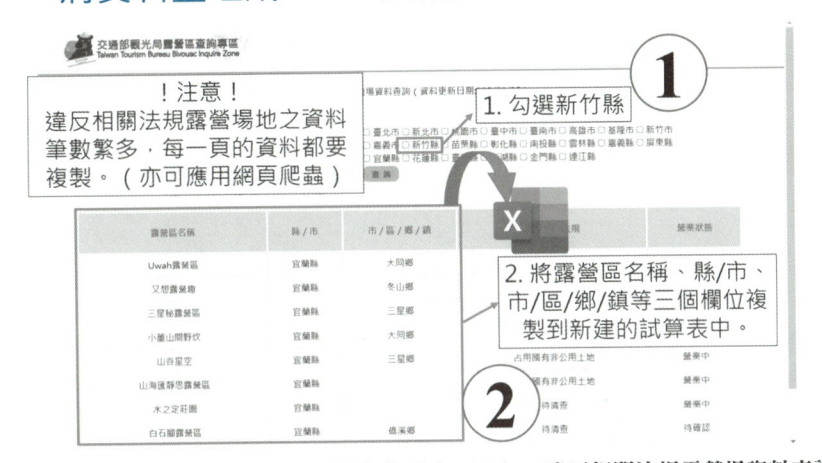

資料來源：截取自交通部觀光署露營區查詢專區（n.d.-b）。**違反相關法規露營場資料查詢**。取自 https://camp.tad.gov.tw/CMZ/illegal.jsp

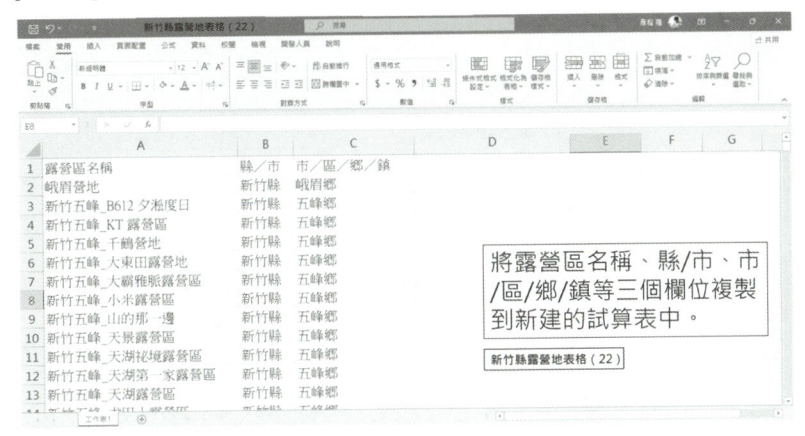

地理資訊力
永續發展議題教學新方向

（二）將前面資料準備中完成的露營地表格匯入至 Google My Maps 的圖層。

1. 匯入資料。

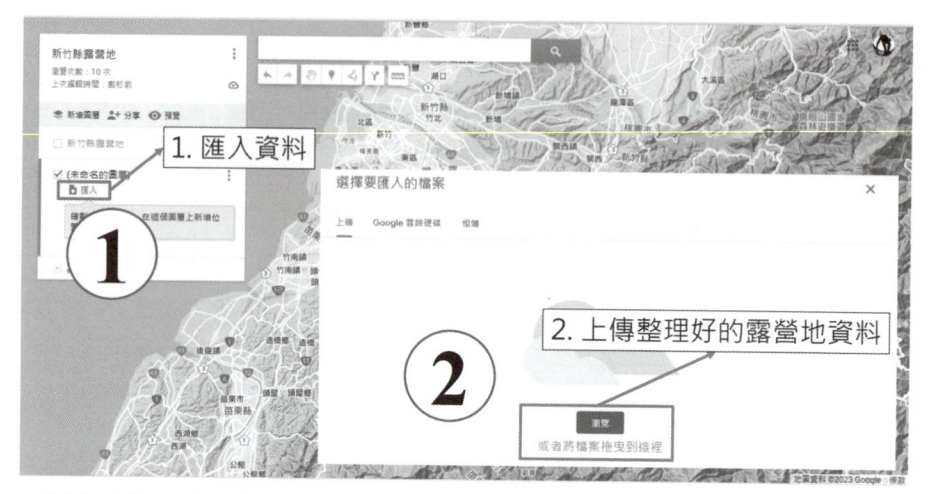

2. 放置地標的欄位設定為露營地名稱，系統會搜尋地圖中的資料進行對位。

3. 設露營地名稱為標記名稱。

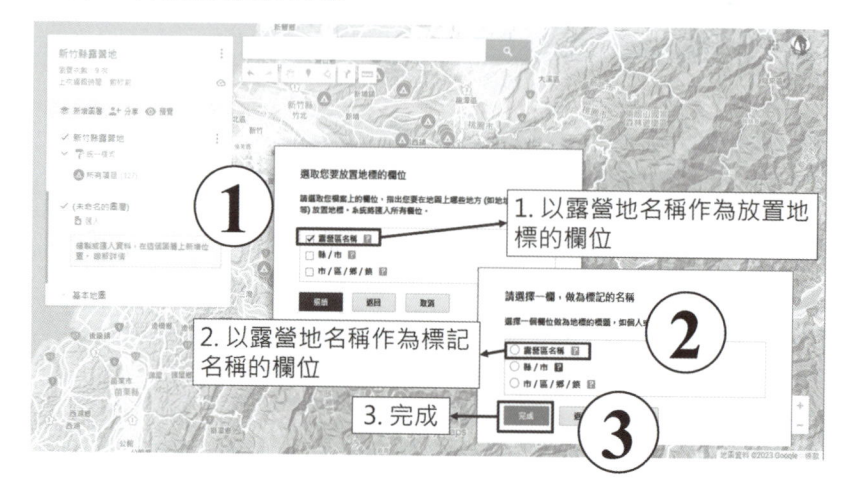

第五章　戶外遊憩活動與永續陸域生態的共榮選擇

（三）將圖層匯出為 KML 並下載至電腦中，透過 Google Earth 開啟檔案，另存位置為 KML。

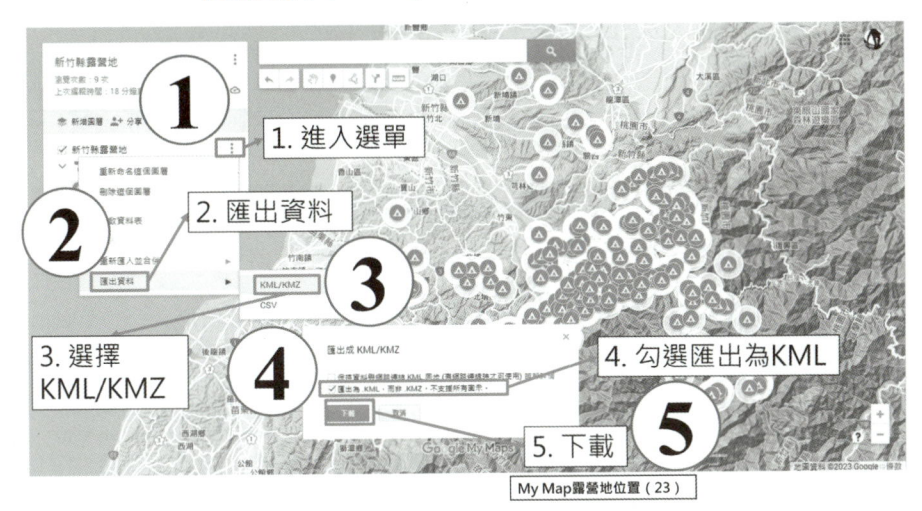

資料來源：本教案使用之 Google My Maps 參見 Google（n.d.）。〔我的地圖〕。2022 年 10 月 21 日取自 https://www.google.com/maps/d/?hl=zh-TW

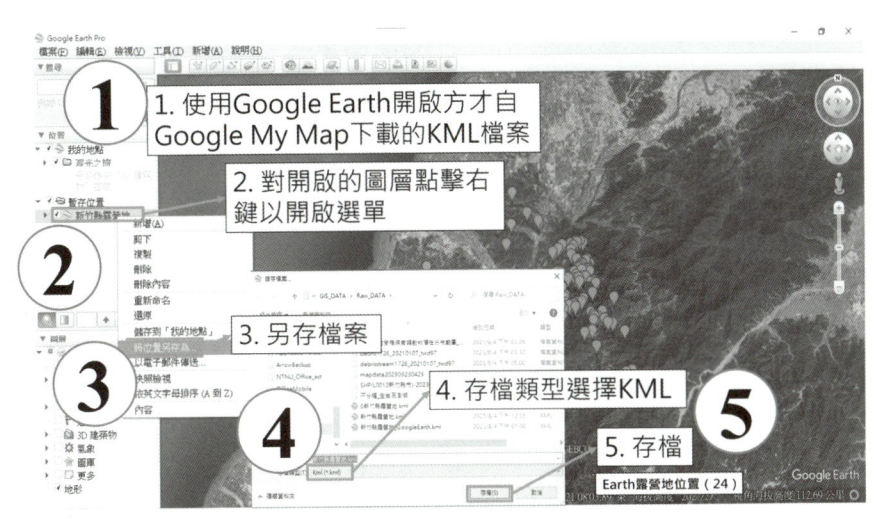

資料來源：Google（n.d.）。〔Google 地球〕。2022 年 10 月 21 日取自 https://earth.google.com/web/@0,-2.72930005,0a,22251752.77375655d,35y,0h,0t,0r/data=OgMKATA

（四）透過 Excel 的開發人員選項，以 XML 的格式匯入剛剛另存出的 KML 檔案，取得每一個露營地的經緯度坐標，並將其另存為 CSV 檔。

（匯入時要將搜尋範圍擴大到所有檔案，否則視窗只會顯示副檔名為 XML 的檔案，會找不到另存的 KML）

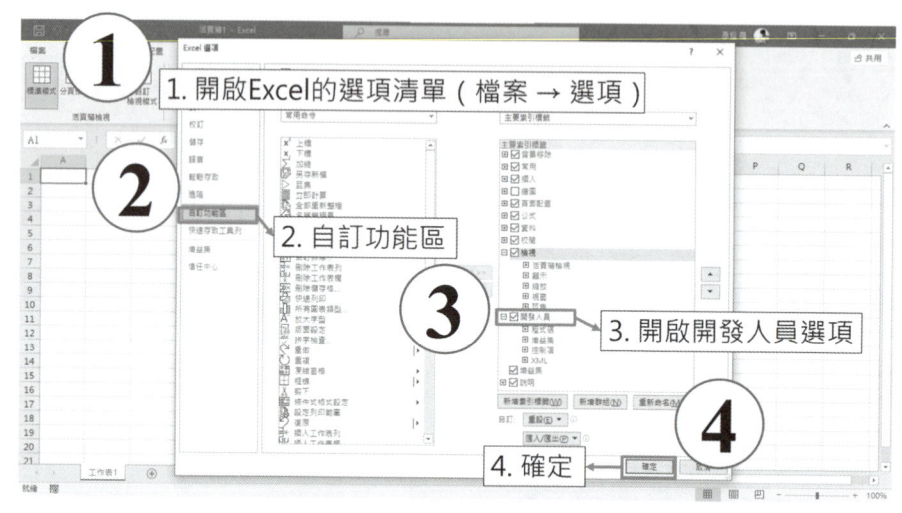

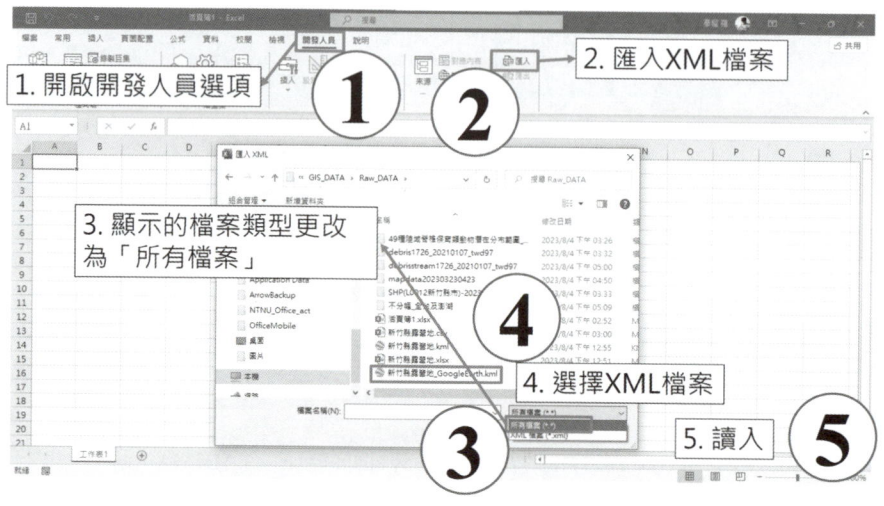

第五章　戶外遊憩活動與永續陸域生態的共榮選擇

1. 使用 Excel 讀入 KML 檔案。

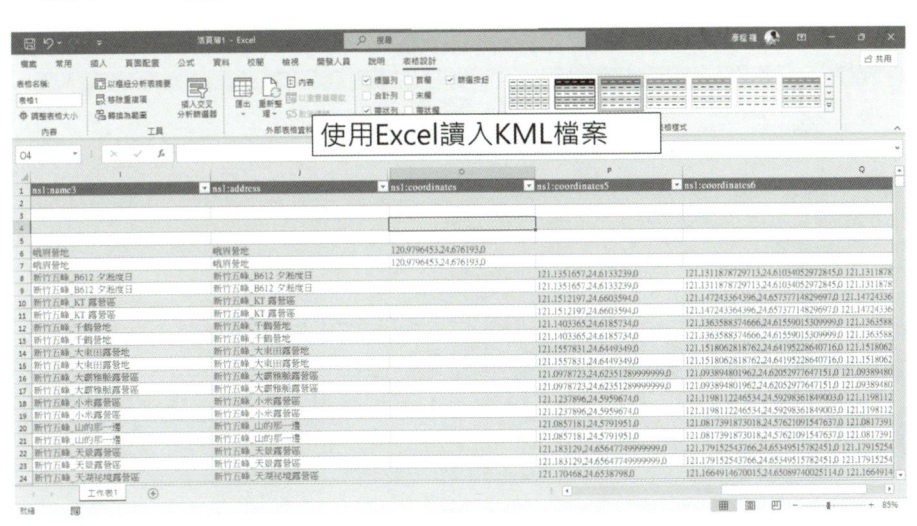

2. 只留存「營地名稱」和最後面的「坐標」，其餘欄位可以刪除。將所需的資料複製後貼在新的 Excel 表單中。

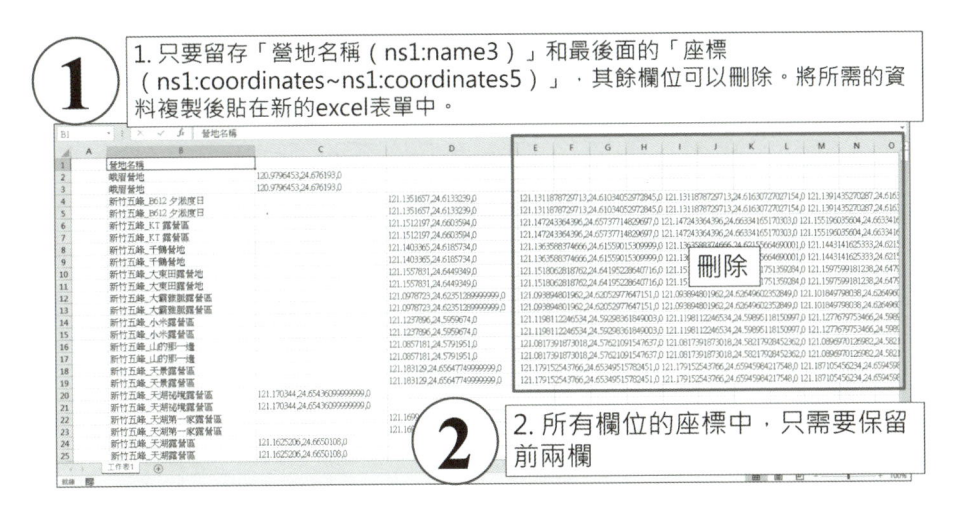

235

地理資訊力
永續發展議題教學新方向

3. 三個欄位的坐標中,只需要保留前兩欄,接著刪除重複的值(全選資料,資料→刪除重複項)。

營地名稱中存在重複的內容,需要刪除重複的值。
(全選資料,資料→刪除重複項)

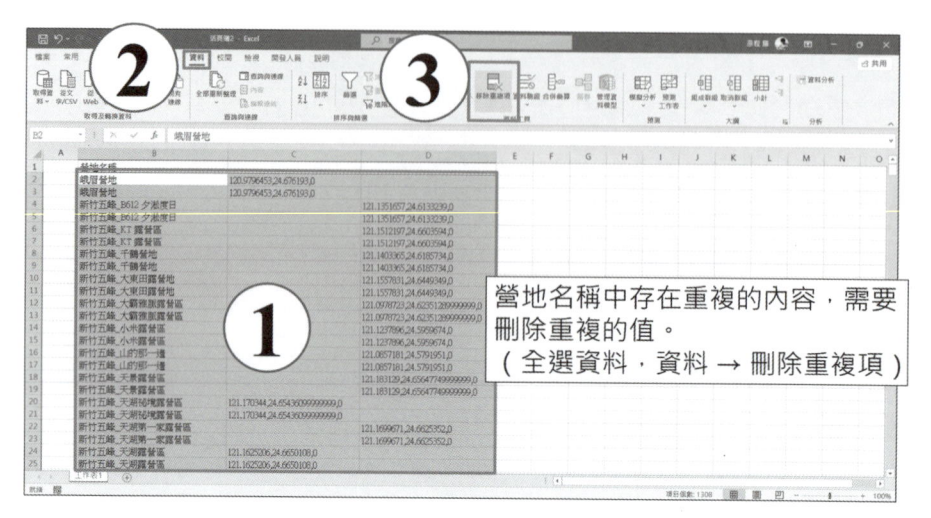

4. 操作完成後,繼續進行 C、D 欄的資料整理。於 C 欄前插入兩個新欄位,於欄位 D2 輸入函數「=E2&F2」並在其餘 D 欄中重複執行這個函數,就能將原本分成兩欄的坐標合併在同一欄位中。

操作完成後,接著繼續進行C、D欄(圖中的D與E)的資料整理。於C欄前插入兩個新欄位(圖中的C與D),於欄位D2輸入函數「=E2&F2」並在其餘D欄儲存格中重複執行這個函數,就能將原本分成兩欄的座標合併在同一欄位中。(若無法執行函數,請將所有數值變更「一般」)

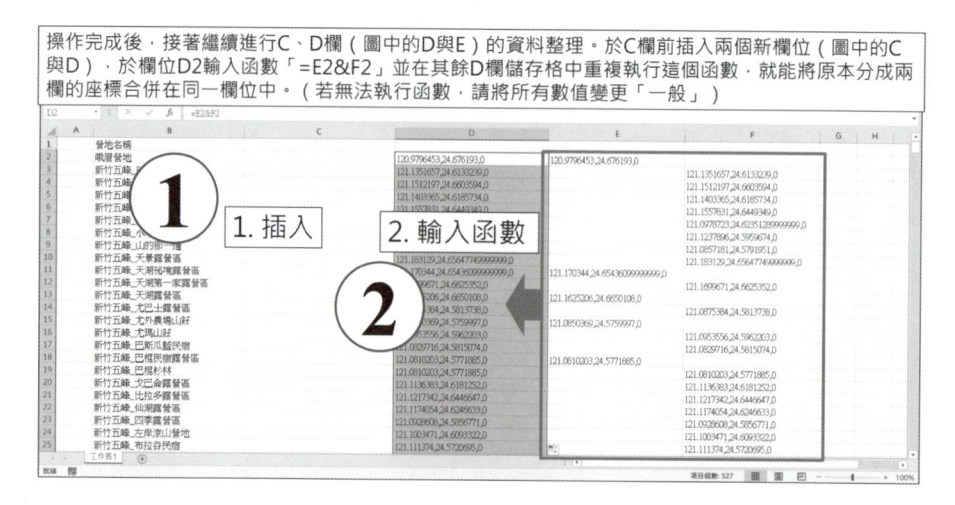

1. 插入
2. 輸入函數

第五章　戶外遊憩活動與永續陸域生態的共榮選擇

5. 由於合併出來的數值是函數回傳的值，提供數值的 E、F 欄若被刪除，則 D 欄也會消失，因此要再將 D 欄的數值複製，並在 C 欄選擇性貼上「值」。

> 由於合併出來的數值是函數回傳的值，提供數值的E、F欄若被刪除，則D欄資料也會消失，因此要再將D欄的數值複製，並在C欄選擇性貼上「值」。完成就可以移除D、E、F欄。

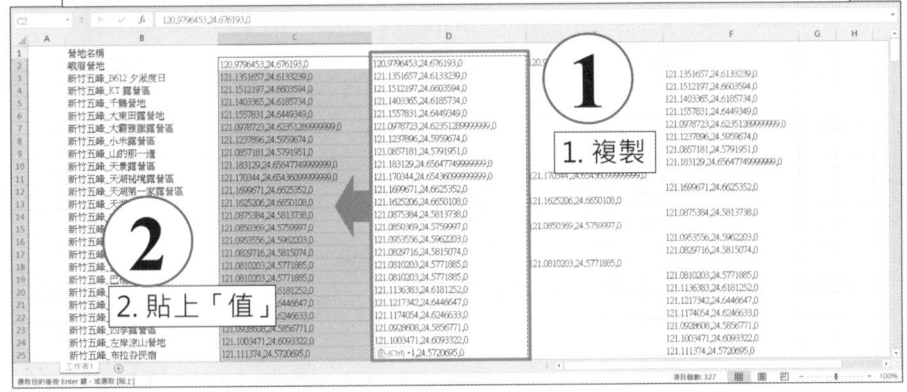

6. 接著移除 D、E、F 欄位，將 C 欄位進行資料剖析，分割為 X 坐標和 Y 坐標。

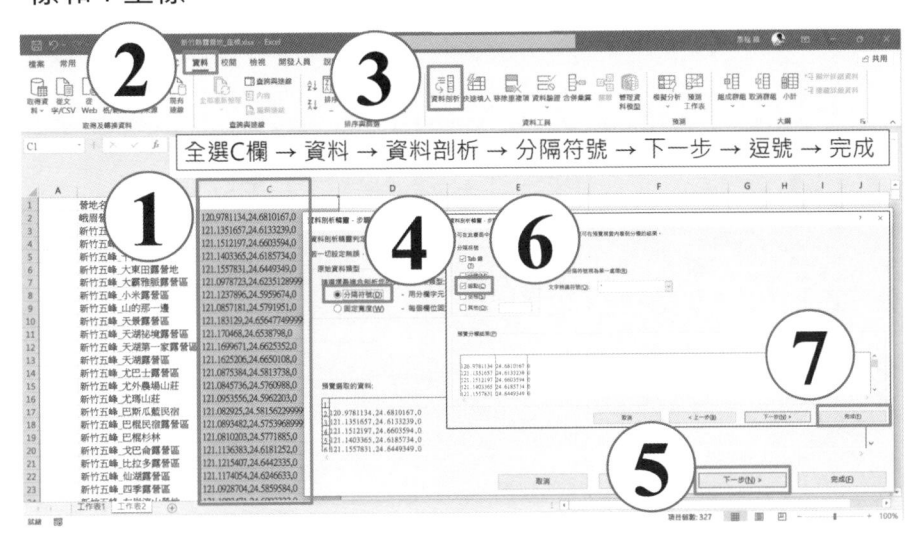

全選C欄 → 資料 → 資料剖析 → 分隔符號 → 下一步 → 逗號 → 完成

237

地理資訊力
永續發展議題教學新方向

座標分割為X、Y和Z座標，完成後將Z座標刪除，僅需保留X與Y座標。

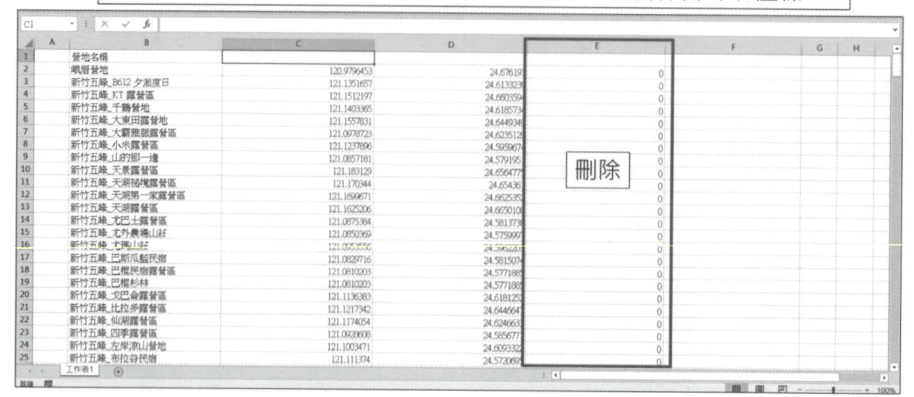

7. 移除 E 欄，並於 A 欄加上 ID，C 和 D 欄的欄頭加上 X 和 Y，即完成露營地的坐標整理。最後另存為 CSV 檔案，就能於 QGIS 中讀入。

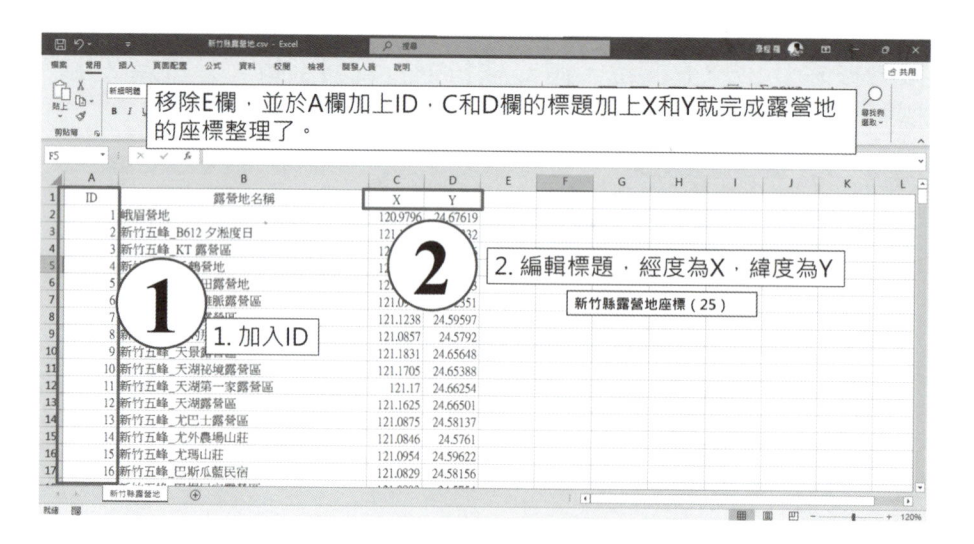

附錄三、QGIS 操作步驟

更詳細的操作步驟請掃描 QR Code，或參見 https://www.ainoscopress.com/download/files/213-310/index.html 下載簡報檔案。

（一）上網蒐集資料存放於目標資料夾中

1. 自政府資料開放平臺下載以下檔案（參見數位發展部政府資料開放平臺，2023a、2023b、2023c、2024）。

(1) 內政部 20 公尺網格數值地形模型全臺不分幅。

(2) 110 年度 1,726 條土石流潛勢溪流。

(3) 110 年度 1,726 條土石流潛勢溪流影響範圍。

(4) 鄉鎮市區界線（TWD97 經緯度）。

2. 交通部觀光署露營區查詢專區，查詢露營地（參見交通部觀光署露營區查詢專區，n.d.-a、n.d.-b）並將資料整理成表格。

3. 農業部生物多樣性研究所網站下載 49 種陸域脊椎保育類動物潛在分布範圍（參見特有生物研究保育中心，2020）。

4. 經濟部地質調查及礦業管理中心 → 地礦法規 → 地質法專區 → 地質敏感區專區 → 地質敏感區範圍數值檔（SHP）→ 下載序號 39 的檔案「山崩與地滑地質敏感區（L0012 新竹縣市）」（參見經濟部地質調查及礦業管理中心，n.d.）。

（二）資料初步處理（露營地坐標資料取得、向量檔案轉換為網格檔案）

1. 露營地資料轉為坐標（使用 Google My Maps、Google Earth、Excel）。

(1) 過去學習 GIS 進行坐標轉換時都需要地址來完成工作，Google Maps 是如何做到透過露營地名稱就能進行坐標對位呢？

(2) 定位出的位置是否正確？

(3) 如果有露營地無法被判別該如何處理？

　　學生透過思考露營地坐標產生的過程，思索其可信度，並嘗試進行問題的排除。

2. 坡度 30% 以下的空間分布。讀入全臺不分區的 DEM 檔案，使用新竹縣的邊界遮罩 clip 出新竹縣範圍的 DEM。

(1) 從全臺範圍中將新竹縣獨立出來。Layer → Add Layer → Add Vector Layer → 將下載的「鄉鎮市區界線（TWD97 經緯度）」解壓縮後讀入 TOWN_MOI_1130718.shp。注意 SHP 檔案必須至少包含 DBF、SHP 和 SHX，缺一不可，務必提醒學生要將 SHP 存放在資料夾內，移動資料時也要以資料夾為單位來進行移動。

檔案	日期	類型	大小
TOWN_MOI_1130718.CPG	2024/7/29 下午 11:54	CPG 檔案	1 KB
TOWN_MOI_1130718.dbf	2024/7/29 下午 11:54	DBF 檔案	35 KB
TOWN_MOI_1130718.prj	2024/7/29 下午 11:54	PRJ 檔案	1 KB
TOWN_MOI_1130718.shp	2024/7/29 下午 11:54	SHP 檔案	17,772 KB
TOWN_MOI_1130718.shx	2024/7/29 下午 11:54	SHX 檔案	3 KB

(2) 對讀入的 TOWN_MOI_1130718 檔案點選滑鼠右鍵，選擇 Open Attribute Table（開啟屬性表格）。

第五章　戶外遊憩活動與永續陸域生態的共榮選擇

資料來源：本教案中 QGIS 軟體之截圖，皆截取並修改自 QGIS.ORG. (2022). QGIS Geographic Information System. Open Source Geospatial Foundation Project (Version 3.22.5) [Computer software]. Retrieved from http://www.qgis.org

(3) 點選最上方看起來像是漏斗的圖案進行屬性查詢，於 COUNTYNAME 欄位中輸入欲篩選的新竹市行政區，完成後點選 Select Features。

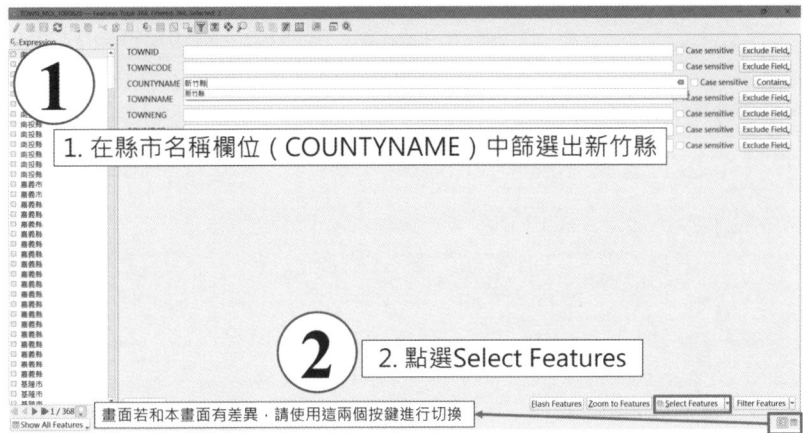

241

(4) 使用網格資料分析工具中的「Slope」工具獲得坡度的 Raster 檔案。

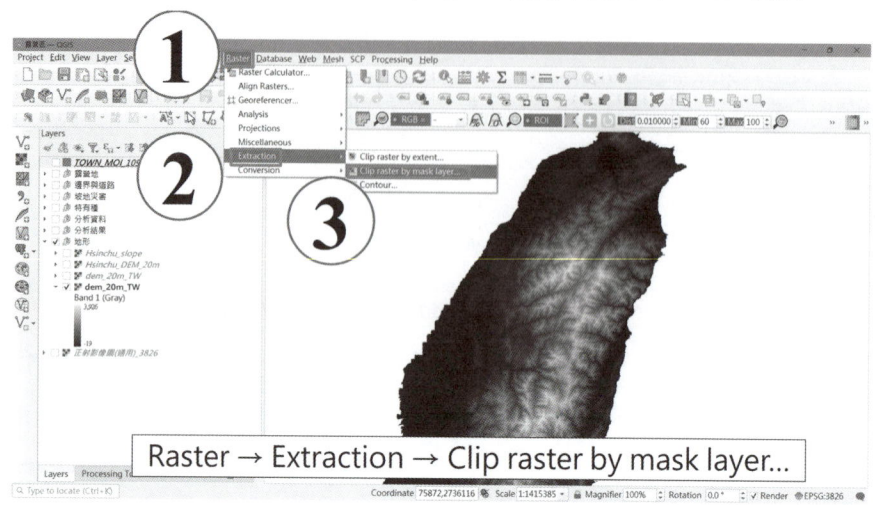

Raster → Extraction → Clip raster by mask layer...

(5) 使用 Reclassify by Table 工具，將坡度 30% 以下訂為 1；設定完成後回到上一頁勾選「Use No Data When No Range Matches Value」，執行後獲得新的 Raster 檔案。

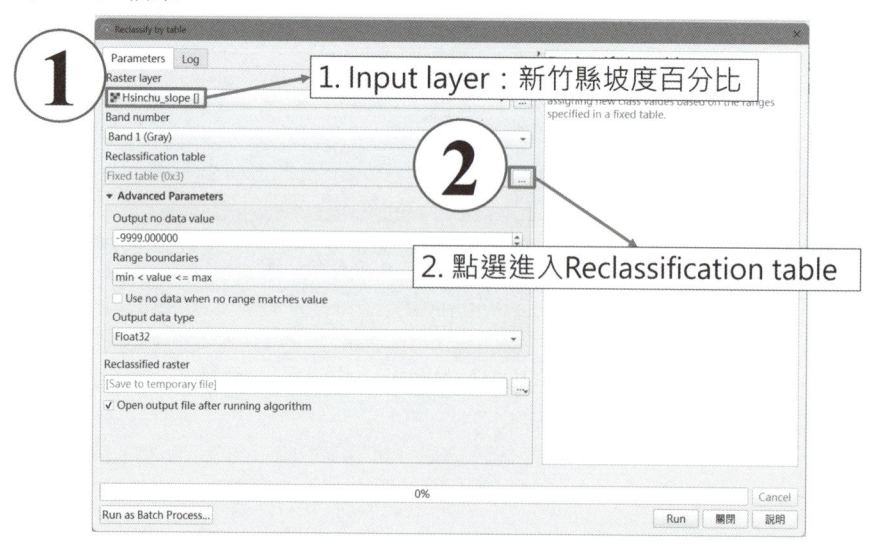

1. Input layer：新竹縣坡度百分比
2. 點選進入 Reclassification table

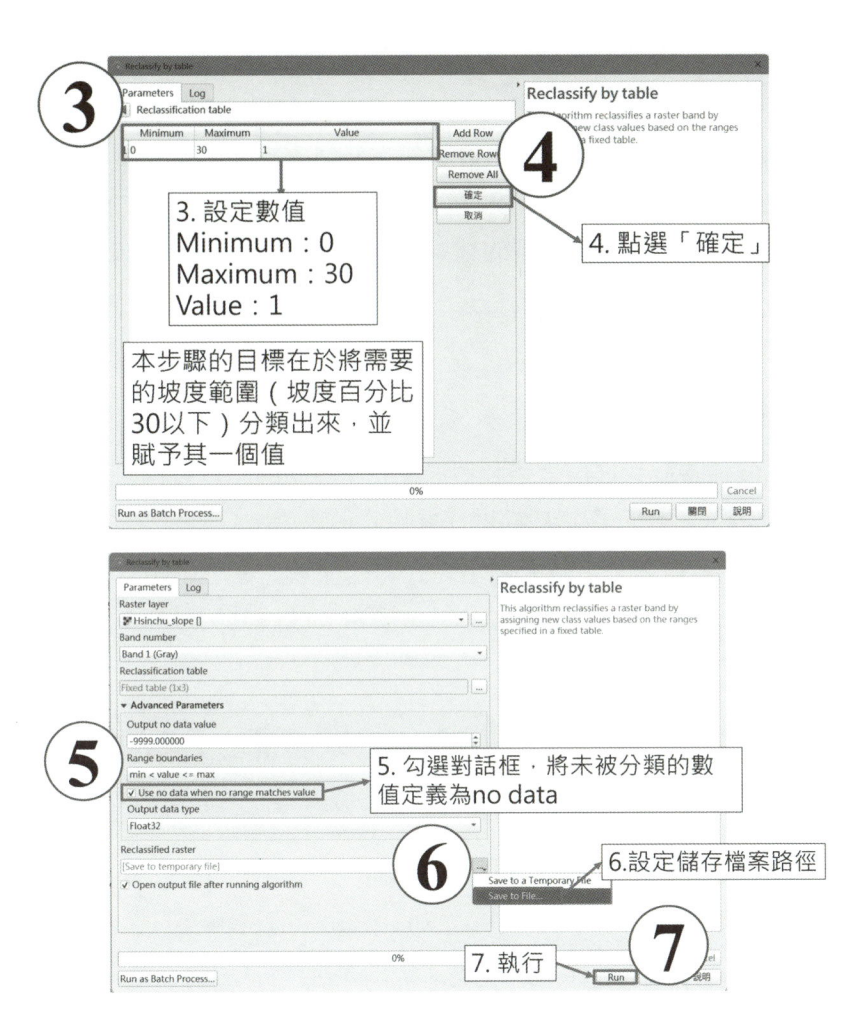

第五章　戶外遊憩活動與永續陸域生態的共榮選擇

3. 土石流潛勢溪流範圍。

(1) 讀入土石流潛勢溪流的向量檔案，使用 Buffer 工具繪製出 100 公尺的 buffer。

(2) 使用 Geoprocessing Tools 中的 Difference 工具，取新竹縣邊界和前面計算出的潛勢溪流 buffer 的差集（留下適合進行露營的區域）。

(3) 使用 Rasterize 工具將 Difference 的結果網格化，將參數設定中「A Fixed Value to Burn」的值訂為 1；輸出的網格大小訂為 20 x 20 公尺。

243

4. 土石流影響範圍與山崩與地滑地質敏感區（兩份檔案操作流程相同，這裡一併說明）。

(1) 讀入檔案後執行 Difference，計算與新竹縣邊界的差集（保留適合進行露營的區域）。如果在執行 Difference 時電腦報錯，要多執行一個修復幾何圖形的工作，修復有問題的檔案（Processing Toolbox → Vector Geometry → Fix Geometries）。

(2) 步驟與 3. (3) 相同。

5. 保育類分布。

(1) 讀入 49 種陸域脊椎保育類動物潛在分布範圍的向量資料，利用新竹縣邊界的遮罩進行 clip 取得新竹縣保育類分布範圍。

(2) 開啟屬性資料表，將特有種潛在分布的種類加總，並使用布林運算元選出保育類潛在分布種類在 20 以下的資料，並將其另存為一新檔案接續下一個步驟。

(3) 步驟與 3. (3) 相同。

（三）QGIS 分析計算

1. 使用網格資料計算機計算以下資料。

　　　▼ ☐ ⌬ 分析資料
　　　　　▸ ☐ ▦ Hsinchu_slope_30
　　　　　▸ ☐ ▦ NOT_protected_20
　　　　　▸ ☐ ▦ NOT_potential_debris_flow_torrent
　　　　　▸ ☐ ▦ NOT_DebrisFlow_influence_areas
　　　　　▸ ☐ ▦ NOT_Landslide_Geologically_Sensitive_Areas

2. 算式："Hsinchu_slope_30@1" AND "NOT_DebrisFlow_influence_areas@1" AND "NOT_Landslide_Geologically_Sensitive_Areas@1" AND "NOT_potential_debris_flow_torrent@1" AND "NOT_protected_20@1"

　　Output CRS 使用 EPSG:3826。

第五章　戶外遊憩活動與永續陸域生態的共榮選擇

3. 獲得如下圖的結果（白色區域為適合進行露營的區域，其值為1；黑色部分為不適合進行露營的區域，其值為0或極大的負數）。

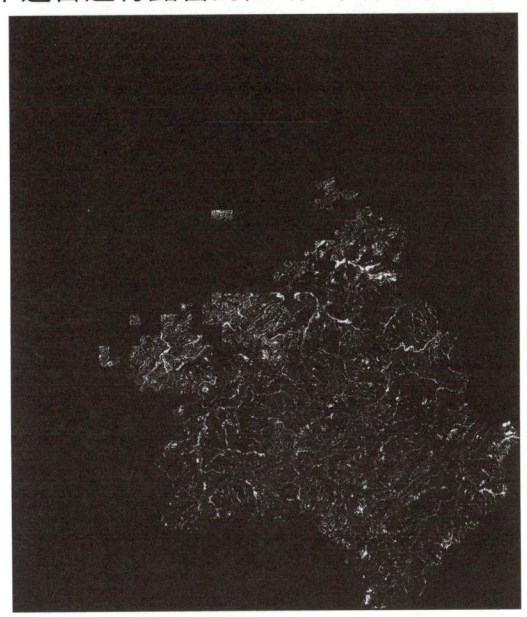

4. 計算各行政區不適合露營地的數量。

5. 讀入新竹縣露營地 CSV 檔案。

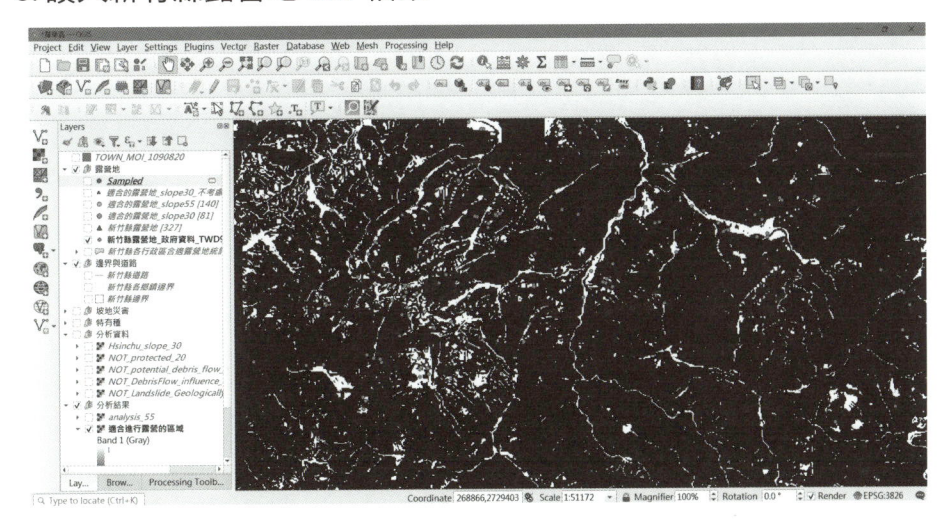

245

6. 使用 Sample Raster Values 工具，計算露營地在合適還是不合適的區域上，若位在合適區域，其值為 1；位在不合適區域，其值為 0 或極大的負數。

7. 開啟屬性表格，篩選出 Sample 值等於 1 的資料（合適的露營場地）並將其另存為新檔案「合適的露營地」。

8. 重複使用 Count Points in Polygon 計算新竹縣各行政區內露營地總量與合適露營地數量。

重複多次前面的步驟後可以獲得如下的成果

fid	TOWNID	TOWNCODE	COUNTYNAME	TOWNNAME	TOWNENG	COUNTYID	COUNTYCODE	坡度30以下且考慮保育類	坡度55以下且考慮保育類	坡度30以下不考慮保育類	露營地總數	不合適露營地
1	1	J13	10004110	新竹縣	峨眉鄉	Emei Towns...	J	10004	0	0	7	11	11
2	2	J02	10004020	新竹縣	竹東鎮	Zhudong To...	J	10004	0	0	0	1	1
3	3	J04	10004030	新竹縣	新埔鎮	Xinpu Town...	J	10004	0	0	4	5	5
4	4	J03	10004040	新竹縣	關西鎮	Guanxi Tow...	J	10004	1	1	15	22	21
5	5	J06	10004050	新竹縣	湖口鄉	Hukou Tow...	J	10004	0	0	1	1	1
6	6	J10	10004070	新竹縣	芎林鄉	Qionglin To...	J	10004	0	0	0	0	0
7	7	J08	10004080	新竹縣	橫山鄉	Hengshan T...	J	10004	7	10	14	21	14
8	8	J12	10004090	新竹縣	北埔鄉	Beipu Town...	J	10004	1	2	4	6	5
9	9	J14	10004120	新竹縣	尖石鄉	Jianshi Tow...	J	10004	39	66	41	148	109
10	10	J15	10004130	新竹縣	五峰鄉	Wufeng To...	J	10004	33	61	34	110	77
11	11	J05	10004010	新竹縣	竹北市	Zhubei City	J	10004	0	0	0	0	0
12	12	J09	10004060	新竹縣	新豐鄉	Xinfeng To...	J	10004	0	0	1	1	1
13	13	J11	10004100	新竹縣	寶山鄉	Baoshan To...	J	10004	0	0	1	1	1

附錄四、參考資料

山坡地土地可利用限度分類標準（行政院農業委員會農水保字第1091865690號令修正發布）（2020，10月6日）。取自 https://law.moj.gov.tw/LawClass/LawAll.aspx?pcode=M0110024&kw=%e5%b1%b1%e5%9d%a1%e5%9c%b0%e5%9c%9f%e5%9c%b0%e5%8f%af%e5%88%a9%e7%94%a8%e9%99%90%e5%ba%a6%e5%88%86%e9%a1%9e%e6%a8%99%e6%ba%96

交通部觀光署露營區查詢專區（n.d.-a）。**合法露營場資料查詢**。取自 https://camp.tad.gov.tw/CMZ/legal.jsp

交通部觀光署露營區查詢專區（n.d.-b）。**違反相關法規露營場資料查詢**。取自 https://camp.tad.gov.tw/CMZ/illegal.jsp

特有生物研究保育中心（2020）。**49種陸域脊椎保育類動物潛在分布範圍（2020年5月6日版本）**。取自 https://www.tbri.gov.tw/A6_3/content/32654

郭志榮（採訪、撰稿）、陳忠峰（攝影、剪輯）（2017，7月31日）。山上的露營場｜親近自然？**我們的島**。取自 https://ourisland.pts.org.tw/content/2669

經濟部地質調查及礦業管理中心（n.d.）。**地質敏感區範圍數值檔（SHP）**。取自 https://www.gsmma.gov.tw/nss/p/H001d2

數位發展部政府資料開放平臺（2023a）。**110年度1726條土石流潛勢溪流影響範圍圖**。取自 https://data.gov.tw/dataset/138521

數位發展部政府資料開放平臺（2023b）。**110年度1726條土石流潛勢溪流圖**。取自 https://data.gov.tw/dataset/138520

數位發展部政府資料開放平臺（2023c）。**鄉鎮市區界線（TWD97經緯度）**。取自 https://data.gov.tw/dataset/7441

數位發展部政府資料開放平臺（2024）。**內政部20公尺網格數值地形模型資料**。取自 https://data.gov.tw/dataset/35430

轉角國際（2022，12月19日）。馬來西亞山崩死亡悲劇：人禍絕命的「無照露營區」。**聯合新聞網**。取自 https://global.udn.com/global_vision/story/8662/6849759

The Global Goals for Sustainable Development（n.d.）。**17項永續發展目標**。取自 https://globalgoals.tw/

Google（n.d.）。〔Google地球〕。2022年10月21日取自 https://earth.google.com/web/@0,-2.72930005,0a,22251752.77375655d,35y,0h,0t,0r/data=OgMKATA

Google（n.d.）。〔我的地圖〕。2022 年 10 月 21 日取自 https://www.google.com/maps/d/?hl=zh-TW

QGIS.ORG. (2022). QGIS Geographic Information System. Open Source Geospatial Foundation Project (Version 3.22.5) [Computer software]. Retrieved from http://www.qgis.org

第六章

影響超商分布的區位要素探究

丁志堅　國立清華大學環境與文化資源學系副教授

一、旨趣說明

　　透過這個教案，我想要介紹一種建立地理現象空間分布量化解釋模型的探究與實作案例，這是一種很獨特的方法，他獨特的原因在於所有解釋模型變項的數據資料，均可以從地理資訊系統（Geographic Information Systems, GIS）的分析中推導而得，也就是學生在進行探究的過程中，必須獲取與解釋模型各個變項有關的空間資料，以及操作地理資訊系統的分析方法，以得到建立統計解釋模型的資料，這樣一來，學生進行地理資訊系統的操作，是為了解決研究發問的必要過程，學習地理資訊系統不再是片段的指令與功能堆砌，而是為了解決探究問題而進行的有意義的學習。

　　為了達成這個目的，這個教案是以新竹市各個村里為研究的分析單位，探討影響新竹市各村里超商密度高低的因素為何，探究的第一步必須先提出所有可能影響超商密度高低的因素，從經驗的觀察中，這個教案選定的可能影響因素為各村里的人口密度、各村里的商業指數、各村里的道路交叉點密度（也就是三角窗），以及各村里離火車站的道路距離，第二步則是獲得各變項的數據資料，這個教案從政府開放資料平臺取得超商地址資料、商業名冊資料、行政界線村里單元資料，從社會經濟資料服務平臺取得人口資料，從開放街圖取得道路資料，有了這些資料，透過地理資訊系統的密度分析、路網分析、屬性資料分析、疊圖分析、網格資料分析等功能，分析計算出各

個村里各變項的數據資料，第三步則是以統計迴歸分析的方法，根據這些依變項與自變項的數據資料建立數值解釋模型，最後一步則是根據迴歸分析的結果回應研究發問，提出研究見解。

在這個教案中，不僅包含探究過程的邏輯思路，更有探究過程所必須執行的地理資訊系統分析功能的完整介紹，希望可以幫助教師及學生熟悉這種獨特的探究模式，以及熟稔地理資訊系統的操作流程。

二、教案提要

課程名稱	地理加深加廣選修課程——以空間資訊科技進行社會環境議題的探究與實作
授課年段	高二或高三
單元名稱	影響超商分布的區位要素探究
單元節數	五節
設備需求	電腦教室、QGIS 軟體

三、單元教學計畫

（一）單元課程架構

1. 主要社會環境空間議題

自 1889 年英國地理學家 George Goudie Chisholm 出版《商業地理學手冊》（Handbook of Commercial Geography）一書，以及德國地理學家 Walter Christaller 於 1933 年提出「中地理論」後，地理學在商業的應用，逐漸成為現代地理學的範疇之一，除了相關的區位理論不斷被提出外，結合計量地理學以及行為科學的發展，均擴大了地理學在商業應用的影響力。近幾年地理資訊系統技術發展日新月異，地理資料流通管道也在網際網路的發展下逐漸暢通，讓地理學有更多的機會投入相關的科學研究，能為商業應用提供更多元的理論見解與實務建議。

2. 空間思考與空間問題

　　連鎖商店是地理學商業應用上重要的研究對象，超商則是連鎖商店最具代表性的營業類別，透過空間觀點來理解其區位分布與經濟效能間的關聯，可以有效地提供經營業主相關的投資建議與展店策略。另外從聯合國 17 項永續發展目標來思考，其目標 11 為「促使城市與人類居住具包容、安全、韌性及永續性」（本教案提及之 17 項永續發展目標，中文皆參見 The Global Goals for Sustainable Development, n.d.），由於超商的設置地點選擇與大型連鎖商店不同，主要多在交通便利的位置，以滿足居民日常生活所需，因此超商某種程度上代表基本消費服務機能，超商的設置能確保所有人都可獲得適當、安全、可負擔的日常生活消費基本服務；而永續發展目標 8 為「促進包容且永續的經濟成長，達到全面且生產力的就業，讓每一個人都有一份好工作」，超商的設置可以促進一地區的經濟活動，尤其是在都市周圍地區或是鄉村地區，透過提供就業機會，可弭平城鄉就業條件不平等的差距。因此超商選址地點因素的探究，可以在永續發展目標的框架下進行全盤思考，瞭解透過何種區域要素的投入（例如交通運輸），可以促進一地區（特別是都市周圍或鄉村地區）的商業活動潛力，改善當地的日常消費品質與就業機會。

　　此外 111 學年度地理科分科考試出了一題與連鎖商店有關的探究與實作題組，圖 1 為考題的內容。考試結束後，即有地理資訊公司在網路上針對此考題提出他們的看法與評價，可知目前商業應用的市場上對此探究課題有著高度的興趣，從而可以合理推敲他們對此跨領域整合人才的殷切期盼。回應這樣的社會需求，地理學在商業應用的探究，是否能從空間觀點提出更具應用價值的成果，以及地理學專業人才的培養是否能滿足市場的需求，均是須由教育手段來解決的重要課題。

地理資訊力
永續發展議題教學新方向

第 9 頁　　　　　　　　　　　　　　　　　　　111年分科
共 11 頁　　　　　　　　　　　　　　　　　　　地理考科

40-42為題組

◎ 某生從政府資料開放平台下載某地區超商登記資料，發現此資料中，包含全聯及其他超商（如：7-11、全家）。但根據他的觀察，全聯所販售的商品比起其他超商商品種類較為多樣，因此他想從商品圈的大小來探討將全聯與其他超商歸於同一類別的合理性。該生隨機抽樣全聯與其他超商的顧客各 100 名，調查其來店花費的路程時間，計算平均數後轉換成實際距離並以 GIS 進行分析，得到如圖 8 及圖 9 的商品圈分布圖。請問：

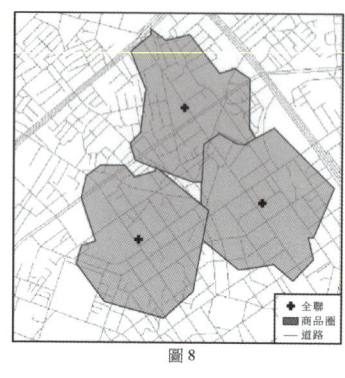

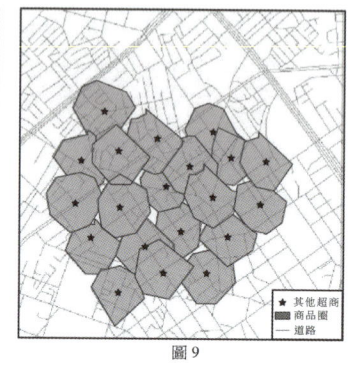

圖 8　　　　　　　　　　　圖 9

40. 該生的研究發問，最可能是地理學中的哪項理論所探討的議題？
   (A)中地理論　　(B)人口移動理論　　(C)核心邊陲理論　　(D)工業區位理論
41. 圖 8 及圖 9 的分析結果，最可能是運用 GIS 哪種分析功能？
   (A)環域分析　　(B)疊圖分析　　(C)路網分析　　(D)視域分析
42. 根據研究成果，該生在探究與實作的課堂上提出兩點研究結論，第一、全聯的商品圈範圍大於其他超商，因此是否應歸為同一類仍有待商榷。第二、若圖 9 中其他超商的數量維持不變，但均增加其商品販售的種類，將會擴大在該地的商品圈範圍。老師審視圖 9 的分析結果後，認為第二點結論並不合理。請根據圖 9 各商店商品圈範圍的現況，以 30 字內敘述老師所持的可能理由。（3 分）

根	據	圖	9											

- 9 -

圖 1　大考考題

資料來源：財團法人大學入學考試中心基金會（2022）。**財團法人大學入學考試中心基金會 111 學年度分科測驗試題：地理考科**。取自 https://www.ceec.edu.tw/files/file_pool/1/0m223502727452513865/03-111%e5%88%86%e7%a7%91%e6%b8%ac%e9%a9%97%e5%9c%b0%e7%90%86%e8%a9%a6%e5%8d%b7%e5%ae%9a%e7%a8%bf.pdf

第六章　影響超商分布的區位要素探究

3. 空間資料的蒐集

資料名稱	資料來源		資料種類	資料格式／性質
(1) 110 年六月行政區人口統計（人口密度、村里界線資料）	☐自行產製	☐地址轉換坐標 ☐地面定位 ☐地圖數化 ☐其他	■向量式資料 ☐網格式資料 ☐文字格式空間資料 ☐WMTS 網路圖磚服務 ☐其他	☐CSV ☐JSON ■SHP ☐KML ☐KMZ ☐TIF ☐其他
坐標系統 ☐WGS84 ☐TWD67 ■TWD97 ☐球面坐標 ■平面坐標	■網路圖資	☐基本地圖類：Google Map、Google Earth、OSM、通用版電子地圖等 ■綜合性網站：TGOS、SEGIS、政府資料開放平臺 Open Data 等 ☐主題性地圖網站：臺灣百年歷史地圖、內政部地圖資訊服務網、臺灣地質資料整合查詢系統等 ☐VGI（FB、IG、Flickr、Google Map 評價等） ☐其他		
(2) 全國五大超商資料集	■自行產製	☐地址轉換坐標 ☐地面定位 ☐地圖數化 ☐其他	■向量式資料 ☐網格式資料 ■文字格式空間資料 ☐WMTS 網路圖磚服務 ☐其他	■CSV ☐JSON ☐SHP ☐KML ☐KMZ ☐TIF ☐其他
坐標系統 ☐WGS84 ☐TWD67 ■TWD97 ☐球面坐標 ■平面坐標	■網路圖資	☐基本地圖類：Google Map、Google Earth、OSM、通用版電子地圖等 ■綜合性網站：TGOS、SEGIS、政府資料開放平臺 Open Data 等 ☐主題性地圖網站：臺灣百年歷史地圖、內政部地圖資訊服務網、臺灣地質資料整合查詢系統等 ☐VGI（FB、IG、Flickr、Google Map 評價等） ☐其他		

地理資訊力
永續發展議題教學新方向

資料名稱	資料來源		資料種類	資料格式／性質
(3) 新竹市道路	☐自行產製	☐地址轉換坐標 ☐地面定位 ☐地圖數化 ☐其他	■向量式資料 ☐網格式資料 ☐文字格式空間資料 ☐WMTS 網路圖磚服務 ☐其他	☐CSV ☐JSON ■SHP ☐KML ☐KMZ ☐TIF ☐其他
坐標系統 ■WGS84 ☐TWD67 ☐TWD97 ■球面坐標 ☐平面坐標	■網路圖資	■基本地圖類：Google Map、Google Earth、OSM、通用版電子地圖等 ☐綜合性網站：TGOS、SEGIS、政府資料開放平臺 Open Data 等 ☐主題性地圖網站：臺灣百年歷史地圖、內政部地圖資訊服務網、臺灣地質資料整合查詢系統等 ☐VGI（FB、IG、Flickr、Google Map 評價等） ☐其他		
(4) 新竹市商業名冊	■自行產製	■地址轉換坐標 ☐地面定位 ☐地圖數化 ☐其他	■向量式資料 ☐網格式資料 ☐文字格式空間資料 ☐WMTS 網路圖磚服務 ☐其他	☐CSV ☐JSON ■SHP ☐KML ☐KMZ ☐TIF ☐其他
坐標系統 ☐WGS84 ☐TWD67 ■TWD97 ☐球面坐標 ■平面坐標	■網路圖資	☐基本地圖類：Google Map、Google Earth、OSM、通用版電子地圖等 ■綜合性網站：TGOS、SEGIS、政府資料開放平臺 Open Data 等 ☐主題性地圖網站：臺灣百年歷史地圖、內政部地圖資訊服務網、臺灣地質資料整合查詢系統等 ☐VGI（FB、IG、Flickr、Google Map 評價等） ☐其他		

第六章　影響超商分布的區位要素探究

資料名稱	資料來源		資料種類	資料格式／性質
(5) 新竹車站	■自行產製	□地址轉換坐標 □地面定位 ■地圖數化 □其他	■向量式資料 □網格式資料 □文字格式空間資料 □WMTS網路圖磚服務 □其他	□CSV □JSON ■SHP □KML □KMZ □TIF □其他
坐標系統 □WGS84 □TWD67 ■TWD97 □球面坐標 ■平面坐標	■網路圖資	■基本地圖類：Google Map、Google Earth、OSM、通用版電子地圖等 □綜合性網站：TGOS、SEGIS、政府資料開放平臺 Open Data 等 □主題性地圖網站：臺灣百年歷史地圖、內政部地圖資訊服務網、臺灣地質資料整合查詢系統等 □VGI（FB、IG、Flickr、Google Map 評價等） □其他		

註：WGS84: World Geodetic System 84; TWD67: Taiwan Datum 1967; TWD97: Taiwan Datum 1997; OSM: OpenStreetMap; TGOS: Taiwan Geospatial One Stop; SEGIS: Socio-Economic Geographic Information System; VGI: Volunteered Geographic Information; WMTS: Web Map Tile Service.

4. 資料處理與分析

資料處理		資料分析
■坐標定位 ■坐標整合 ■掃描數化 ■空間對位 ■裁切／切除 □合併／融合 ■空間查詢 ■屬性查詢	■空間關係查詢 ■屬性資料表 Join ■資料格式轉換 □空間資料編修與統計 □屬性資料編修與統計 □向量與網格資料轉換 □其他	■疊圖分析 □環域分析 ■路網分析（路徑分析、服務區分析） ■密度分析（熱區圖） □內插分析 □地形分析（坡度、坡向、稜谷線、剖面圖、集水區水系、淹水模擬、視域分析等） ■空間關聯性分析 □其他

255

5. 空間觀點的呈現與表達

透過理論的爬梳與經驗現象的觀察，本教案提出影響一地區超商數量分布的可能因素，經由地理資料的收集與地理資訊系統的處理分析，結合統計學中的迴歸分析技術，建立超商空間分布的科學性解釋模型，此結果可作為未來超商展店選址應用的重要參考，學生也可據此延伸應用於其他課題之探討，包括透過何種區域要素的投入（例如交通運輸），可以促進一地區（特別是都市周圍或鄉村地區）的商業活動潛力，改善當地的日常消費品質與就業機會，建構具包容、安全、韌性及永續特質的城市與鄉村，以及促進一地區的經濟活動，確保包容且永續的經濟成長，達到全面且生產力的就業，讓每一個人都有一份好工作等課題。

（二）單元學習目標

1. 認知目標

1-1 學生能應用中地理論說明新竹市超商分布的特色。

2. 技能目標

2-1 學生能透過開放資料平臺，蒐集探究超商分布因素所需的資料。

2-2 學生能運用地理資訊系統進行資料處理與分析。

2-3 學生能運用分析結果解釋新竹市超商分布的區位因素。

3. 態度目標

3-1 學生能敏銳察覺新竹市超商分布所代表的社會及環境內涵。

3-2 學生能具備地方感，關懷家鄉的各種社會及環境議題。

（三）單元學習重點（依據 108 課綱普通型高中社會領域地理科綱要）

1. 學習內容

D. 空間概念
   b. 空間思考
E. 空間資訊的獲取與處理
   a. 資料來源
   b. 資料處理與呈現
F. 空間資訊的應用
   b. 人文與社會

2. 學習表現

地 1b-V-3　連結地理系統、地理視野與地理技能，解析地表現象的特性。

地 2b-V-1　具備地方感與鄉土愛，關懷其他地區的社會及環境議題。

地 3a-V-1　根據地理系統與地理視野的觀點，利用地理技能的方法發掘各種社會及環境問題。

地 3b-V-3　從各類資料辨識現象的型態、關聯與趨勢，解讀資料蘊含的意義。

地理資訊力
永續發展議題教學新方向

（四）單元學習活動

1. 第一堂課：影響超商密度的因素討論

發展活動	備註
一、引起動機 （一）臺灣到底哪裡沒有超商！你覺得這地方超商能存活嗎（如圖2）？ 　　　（非正式提問） 圖2　臺北市延平北路八段157巷街景 資料來源：Google（2022，3月）。〔臺北市延平北路八段157巷地圖〕。2024年7月12日取自 https://www.google.com.tw/maps/@25.1043224,121.4820201,3a,75y,184.53h,81.34t/data=!3m7!1e1!3m5!1sYNlONRu9M9oDagOeaoSP6g!2e0!6shttps:%2F%2Fstreetviewpixels-pa.googleapis.com%2Fv1%2Fthumbnail%3Fpanoid%3DYNlONRu9M9oDagOeaoSP6g%26cb_client%3Dmaps_sv.share%26w%3D900%26h%3D600%26yaw%3D184.52899079341364%26pitch%3D8.661300197664545%26thumbfov%3D90!7i16384!8i8192?hl=zh-TW&coh=205410&entry=ttu	5分鐘

發展活動	備註
教師以統一超商「OPEN！行動購物車」為例，說明臺灣超商選址多在交通便利的位置，交通不便地區則可能是機動性提供服務（如圖3）。 圖3　OPEN！行動購物車	5分鐘
（二）透過新聞報導與相關資料，進一步引起學生對臺灣超商高密度分布的認識。 報導一：據公平交易委員會調查以及經濟部統計處資料，2019年，臺灣超商密集度僅次於南韓，居全球第二。主要連鎖超商合計11,429家，平均每2,065人有一家超商、每平方公里有0.33家店。在門市分布上，以新北市、臺北市、臺中市最多，六大直轄市的門市數量占總數量的七成以上；而以縣市密度來看，最高的前三名為臺北市、新竹市、嘉義市，最低的則為臺東縣及花蓮縣。（見李雅雯，2020）。 報導二：便利商店密集度全球前三為南韓、臺灣、日本，截至2019年5月底，四大便利商店展店數合計已超過1萬家，其中7-11展店數占一半，且超商的密集度呈現上升趨勢（見蘇君薇，2019）。 相關資料：統一超商展店密度高，且擁有各種門市經營型態。據「2017年度統一超商CSR企業社會責任報告書」，統一超商在北部共2,678家，中部1,153家，南部1,117家，東部223家，離島50家（見統一超商，2018，頁15）。	5分鐘

地理資訊力
永續發展議題教學新方向

發展活動	備註
二、議題瞭解 臺灣高密度的超商分布現象，若從中地理論來解釋，代表每間超商的商品圈不大，但因為這些超商在市場上均能獲利，說明每間超商的商閾也不大。你認為商閾不大的原因為何？（例如：人口密度高、商業活絡、交通便利、區位條件等）（導入探究的提問） **三、議題分析** 為了找出生活的聚落中，影響超商分布的要素，並以科學方法來驗證，必須先進行以下探討： （一）聚落（探究尺度的界定）：根據尺度的不同，分析單元可以是每一家超商，或者是不同區域（最小統計區、村里、鄉鎮等）的超商密度，不同尺度需對應不同的分析層次，本教案以村里為探究尺度。 （二）影響超商分布的區位要素，可能來自既有理論，也可以是經驗觀察。 （三）科學方法：利用現有資料，結合 GIS 與統計分析，建立解釋模型，進行社會環境議題的探究，本質上屬於非介入性研究方法，有別於調查法與實驗法。 （四）哪些是影響超商分布的因素？這些因素中，又有哪些可以經由現有資料與 GIS 分析推導出相關數據？（建構探究的提問） （五）如何決定超商數量（依變項）的度量方式？（分析單元內的數量？分析單元內的密度？分析單元內的密度是否比分析單元內的數量更有代表性？是否有更好的度量方法？）（建構探究的提問） （六）每個自變項數據的觀察指標是否具有代表性？（人口數或人口密度？直線距離還是道路距離？）（建構探究的提問）	35 分鐘

2. 第二至四堂課：資料蒐集、處理與分析

發展活動		備註
操作步驟參見附錄二。		150 分鐘
步驟檢核	操作提示	
□蒐集與處理新竹市營業中超商資料	DATA.GOV.TW「全國 5 大超商資料集」 TGOS 批次門牌地址比對服務	
□計算各村里平均超商密度（依變項）	DATA.GOV.TW「村里界圖（TWD97_121 分帶）」 Select Features by Expression Interpolation → Heatmap（Kernel Density Estimation） Raster Analysis → Zonal Statistics	
□計算各村里平均人口密度（自變項）	社會經濟資料服務平臺（SEGIS）「112 年 12 月行政區人口統計_村里」 Vector General → Join Attribute by Field Value Open Filed Calculator「"P_CNT" / $area * 1000000」	
□計算各村里道路交叉點密度（自變項）	安裝 QuickOSM Vector Overlay → Line Intersection Vector Analysis → Count Points in Polygon Open Filed Calculator「"NUMPOINTS" / $area * 1000000」	
□計算新竹市商業指數（自變項）	DATA.GOV.TW「新竹市商業名冊」 TGOS 批次門牌地址比對服務 Interpolation → Heatmap（Kernel Density Estimation） Raster Analysis → Zonal Statistics	
□計算村里中心到車站的最短道路距離（自變項）	安裝 QuickMapServices Vector Geometry → Centroids Network Analysis → Shortest Path（Layer to Point）	
□迴歸分析與解釋	Excel 資料分析，或者 Google 試算表安裝 XLMiner Analysis Toolpak	

表 1　步驟檢核

3. 第五堂課：資料判讀與解釋

發展活動	備註
一、判讀與解釋 圖 4 的迴歸模型是以各村里超商密度為依變數，人口密度、車站距離、商業指數、道路交叉點密度為自變數，所得之迴歸模型 R^2 值為 0.940，顯示超商密度總變異量中，有 94.0% 的比例可利用此四個變數來解釋，若觀察個別的自變數，除人口密度外，其他三個變數均達統計顯著（P 值＜ 0.05）。三個顯著的自變數中，若道路交叉點密度或商業指數增加，根據模型均會增加其超商密度；若車站距離增加，根據模型均會減少其超商密度。 迴歸統計 R 的倍數　0.96979 R 平方　　0.9405 調整的 R　0.93846 標準誤　　1.71593 觀察值個數　122 ANOVA 　　　　　自由度　SS　　　　　MS　　　　　F　　　　　顯著值 迴歸　　　　4　　5444.969725　1361.242431　462.3127536　1.14638E-70 殘差　　　117　　344.4970168　2.944418947 總和　　　121　　5789.466742 　　　　　係數　　標準誤　　　t 統計　　　P-值　　　下限 95%　　上限 95%　　下限 95.0%　　上限 95.0% 截距　　　2.57671　0.609261981　4.229236415　4.6783E-05　1.37010153　3.783324387　1.37010153　3.783324387 人口密度　-4.3E-06　6.99639E-06　-0.618439837　0.537487558　-1.81828E-05　9.52914E-06　-1.81828E-05　9.52914E-06 交點密度　0.00244　0.000508063　4.805431833　4.62579E-06　0.001435271　0.003447657　0.001435271　0.003447657 商業指數　0.00903　0.000473155　19.08208695　1.0069E-37　0.008091719　0.009965835　0.008091719　0.009965835 車站距離　-0.00022　8.58926E-05　-2.54204499　0.012327477　-0.000388448　-4.8237E-05　-0.000388448　-4.8237E-05 圖 4　迴歸模型 **二、結論** 本課程結合 GIS 處理分析與統計方法，提供探究超商分布要素的科學工具，教導學生如何找出在生活的聚落中，影響超商分布的要素，並以科學方法加以驗證。從理論的視野來看，根據中地理論，一地的超商密度增加，競爭結果後會造成每間超商的商品圈範圍減少，但每間超商均能存活，表示其維持經營成本的商閾小於商品圈。那麼造成超商商閾較小的原因為何呢？根據此探究的分析結果，若一地商業指數高、道路交叉點密度高、與車站距離短，以及人口密度高，將能減少超商的商閾。上述論證結果仍存在許多待解的謎因：	50 分鐘

發展活動	備註
（一）這個探究是以村里為分析單元的空間尺度進行，不同尺度間的分析結果是否有著相同的結論，仍有待進一步探討。 （二）建模過程中，商業指數取代人口密度對超商密度的影響力，但未能取代車站距離以及道路交叉點密度對超商密度的影響力，這背後的機制為何？仍有待進一步論證。 （三）尚有許多影響超商分布的因素仍有待被進一步探討，這些因素若要經由 GIS 來進行處理與分析，需要那些地理資料的支持？或者需要引入那些 GIS 處理分析功能，也是值得進一步探討的議題。 （四）如何透過超商設置改善一地區（特別是都市周圍或鄉村地區）日常消費的品質與促進當地的經濟活動，也是可以進一步探究的課題，從學科本質與學生素養的角度來討論，本課程提供給學生地理學在實務上具備高度應用潛力的想像，亦即利用地理學習得的知識和技能，可以回應社會的期待，也就是 Geography Can Help！學生若能充分習得地理學的學科內容，培養出探究的興趣與能力，將能在未來社會建構的圖像中，扮演著關鍵的角色。	

地理資訊力
永續發展議題教學新方向

附錄一、學生學習活動表單

（一）課程結束後，學生透過小組討論，撰寫操作架構並能說明，進行學習回溯與後設

示例如下：

影響超商分布的區位要素探究架構

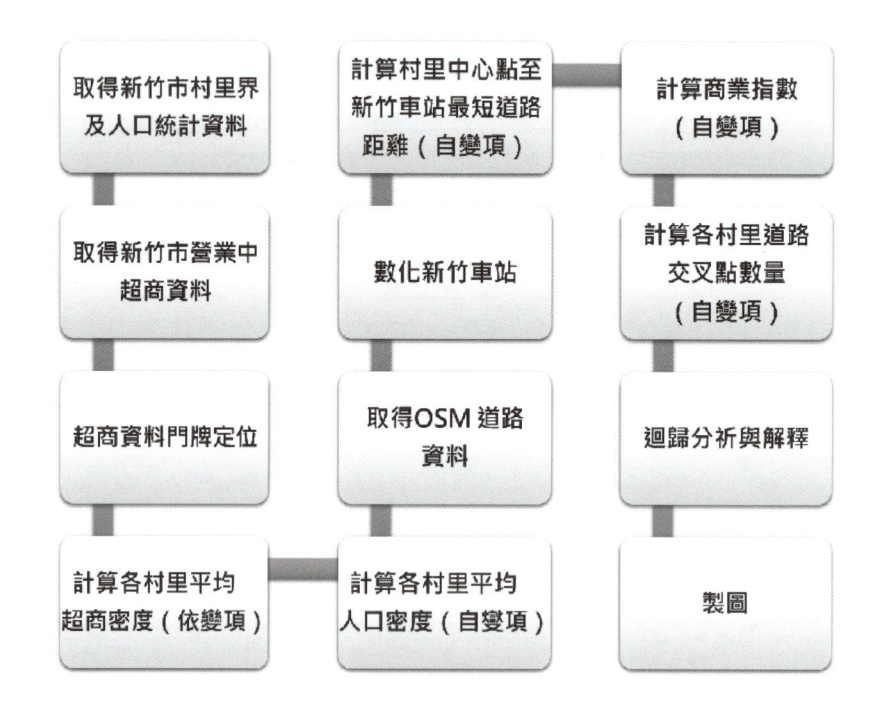

```
取得新竹市村里界          計算村里中心點至           計算商業指數
及人口統計資料            新竹車站最短道路            （自變項）
                         距離（自變項）
       ↓                        ↓                         ↓
取得新竹市營業中                                     計算各村里道路
   超商資料              數化新竹車站                交叉點數量
                                                    （自變項）
       ↓                        ↓                         ↓
超商資料門牌定位          取得OSM道路資料             迴歸分析與解釋
       ↓                        ↓                         ↓
計算各村里平均            計算各村里平均                製圖
超商密度（依變項）        人口密度（自變項）
```

（二）學生以實作作品，依據單元課程架構與課堂學習歷程，應用 ORID 法撰寫心得

ORID 法

O（Objective）：觀察客觀、事實。自問：「發生了什麼事？」、「我觀察到什麼？」

R（Reflective）：感知內在感受、反應。自問：「什麼事讓我有正面／負面的感受？」、「什麼事讓我印象深刻？」

I（Interpretive）：詮釋意義、價值。自問：「我為什麼會產生正面／負面的感受？」、「我有什麼學習與領悟？」

D（Decisional）：產生決定、行動。自問：「我能做出什麼改變？」、「我能怎麼應用所學？」

附錄二、QGIS 操作步驟

更詳細的操作步驟請掃描 QR Code，或參見 https://www.ainoscopress.com/download/files/213-310/index.html 下載簡報檔案。

（一）蒐集與處理新竹市營業中超商資料

1. 取得新竹市超商資料：進入政府資料開放平臺（DATA.GOV.TW）查詢「全國 5 大超商資料集」→ 下載 CSV 檔 → 利用 Excel 開啟剛剛下載的 CSV 檔案 → 以篩選功能選擇新竹市營業中超商。

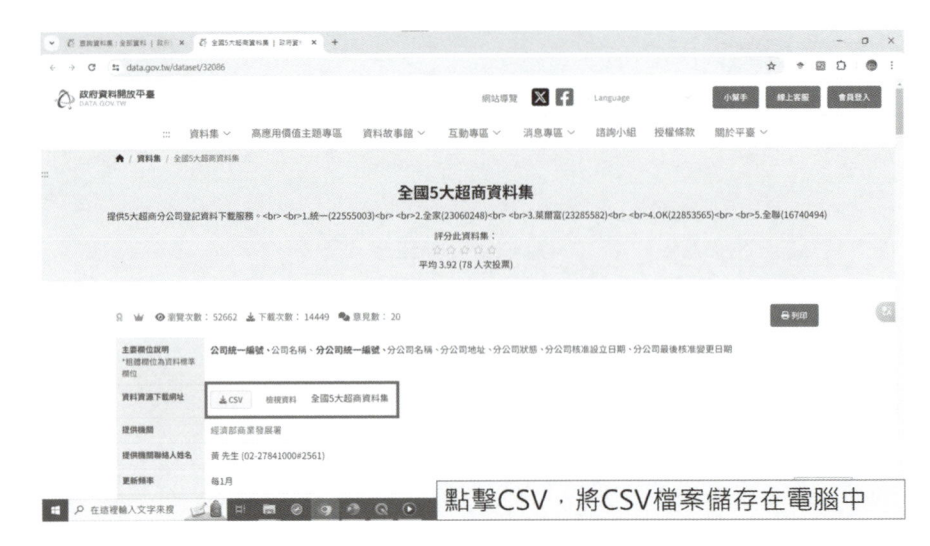

資料來源：截取並修改自數位發展部政府資料開放平臺（2024）。**全國 5 大超商資料集**。取自 https://data.gov.tw/dataset/32086

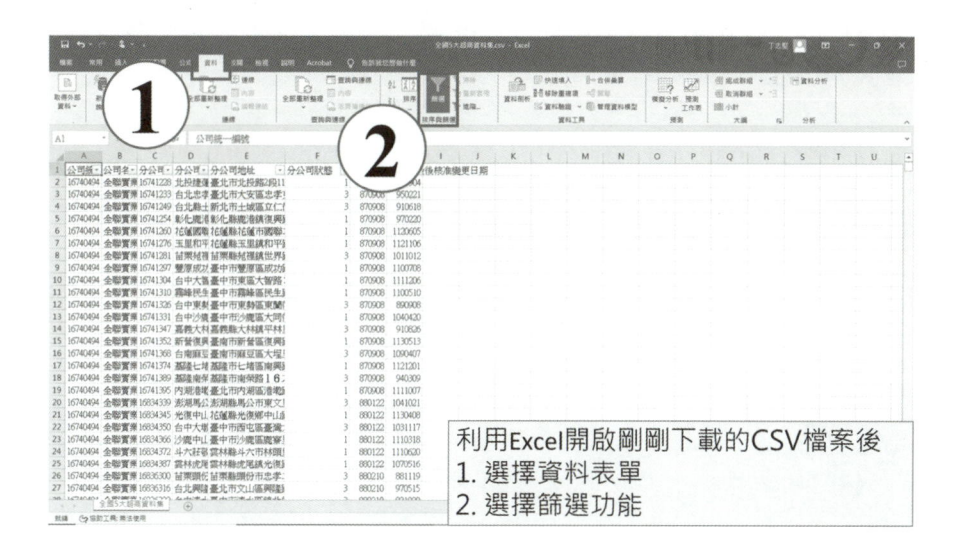

第六章　影響超商分布的區位要素探究

利用Excel開啟剛剛下載的CSV檔案後
1. 選擇資料表單
2. 選擇篩選功能

2. 地址定位：使用 TGOS 批次門牌地址比對服務，將地址資料轉換成坐標資料。

點擊批次門牌地址比對服務，需特別注意的地方是，門牌地址比對需申請帳號，且一天只能比對一萬筆

資料來源：截取並修改自內政部地理資訊圖資雲服務平臺（n.d.）。**全國門牌地址定位服務**。取自 https://www.tgos.tw/tgos/Addr

267

3. 載入超商文字坐標資料：在 QGIS 中新增分隔文字圖層，匯入批次門牌地址比對服務後的 CSV 檔。

開啟QGIS點擊新增分隔文字圖層按鈕

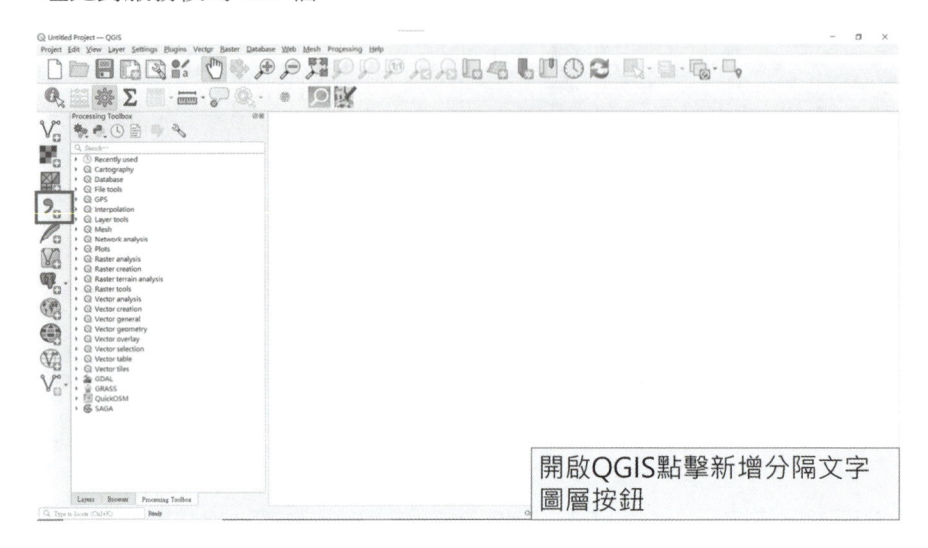

資料來源：本教案中 QGIS 軟體之截圖，皆截取並修改自 QGIS.ORG. (2023). QGIS Geographic Information System. Open Source Geospatial Foundation Project (Version 3.28.5) [Computer software]. Retrieved from http://www.qgis.org

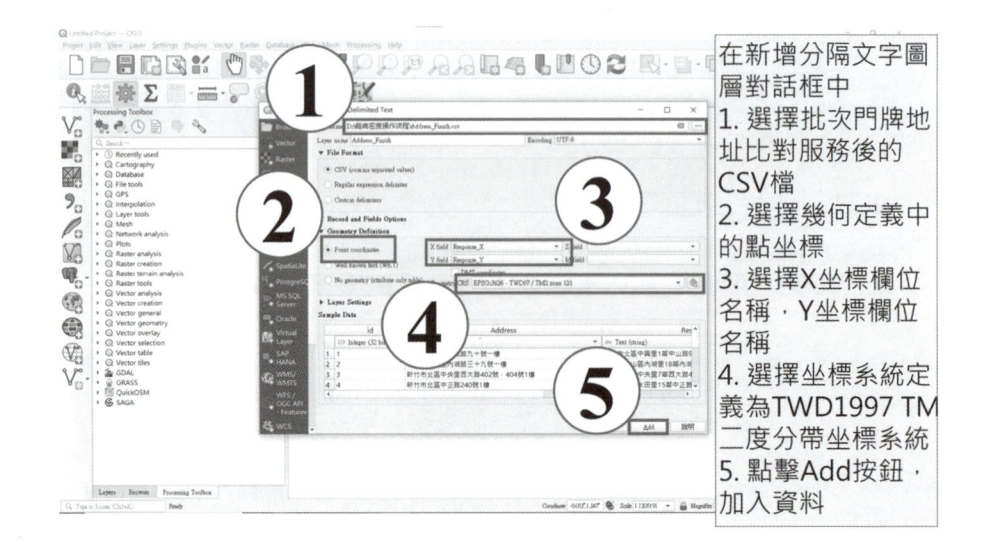

在新增分隔文字圖層對話框中
1. 選擇批次門牌地址比對服務後的 CSV 檔
2. 選擇幾何定義中的點坐標
3. 選擇X坐標欄位名稱，Y坐標欄位名稱
4. 選擇坐標系統定義為TWD1997 TM二度分帶坐標系統
5. 點擊Add按鈕，加入資料

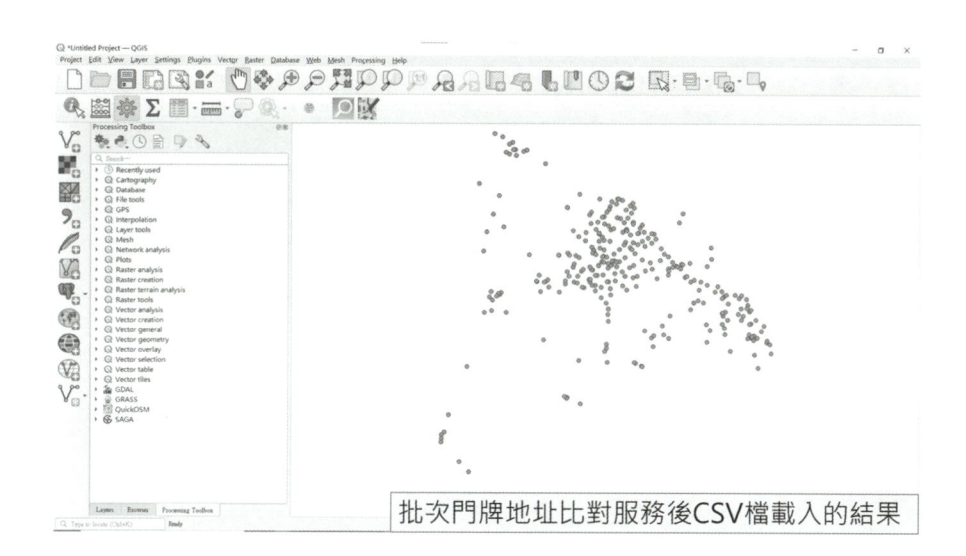

第六章　影響超商分布的區位要素探究

批次門牌地址比對服務後CSV檔載入的結果

（二）蒐集與處理村里資料

1. 進入政府資料開放平臺（DATA.GOV.TW）查詢「村里界圖（TWD97_121 分帶）」→ 下載 SHP 檔並解壓縮。

點擊村里界圖（TWD97_121分帶），下載SHP檔案並解壓縮

資料來源：截取並修改自數位發展部政府開放資料平臺（n.d.）。**資料集列表**。取自 https://data.gov.tw/datasets/search?p=1&size=10&s=_score_desc

2. 在 QGIS 中新增向量圖層，匯入解壓縮後的村里界 SHP 檔 → 拖曳圖層順序，讓點資料疊合在村里面資料上方。

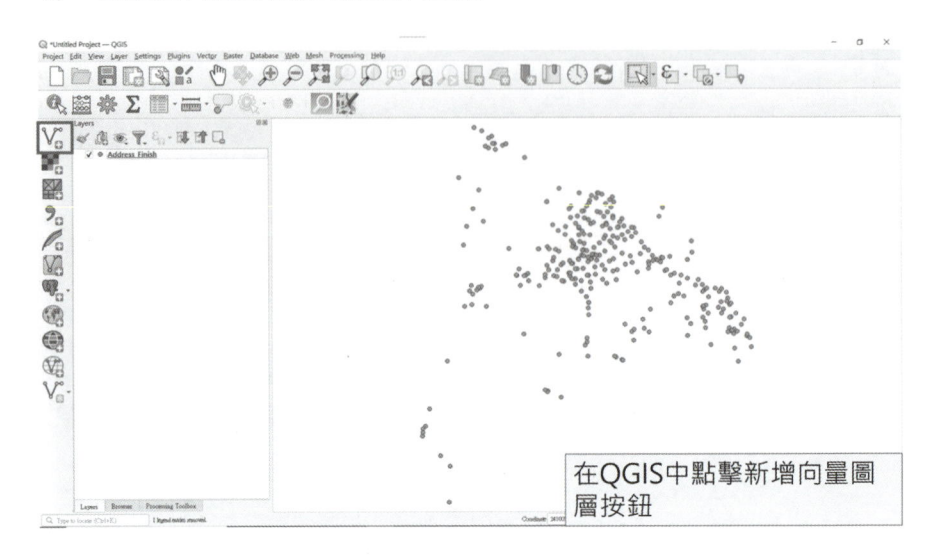

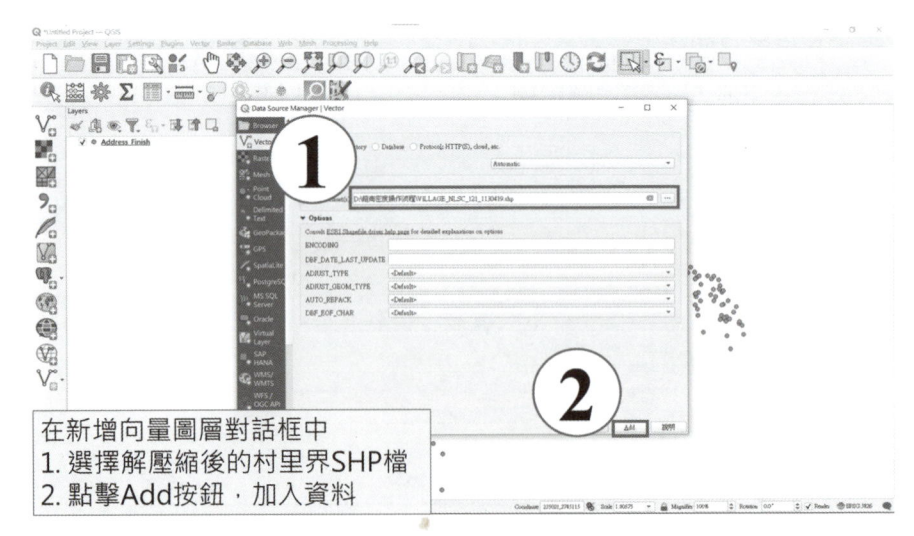

在QGIS中點擊新增向量圖層按鈕

在新增向量圖層對話框中
1. 選擇解壓縮後的村里界SHP檔
2. 點擊Add按鈕，加入資料

第六章　影響超商分布的區位要素探究

3. 選取新竹村里界資料：點選村里界圖層 → Select Features by Expression → Fields and Values → 雙擊 COUNTYNAME = 新竹市 → 按右下角 Select Features 完成選取。

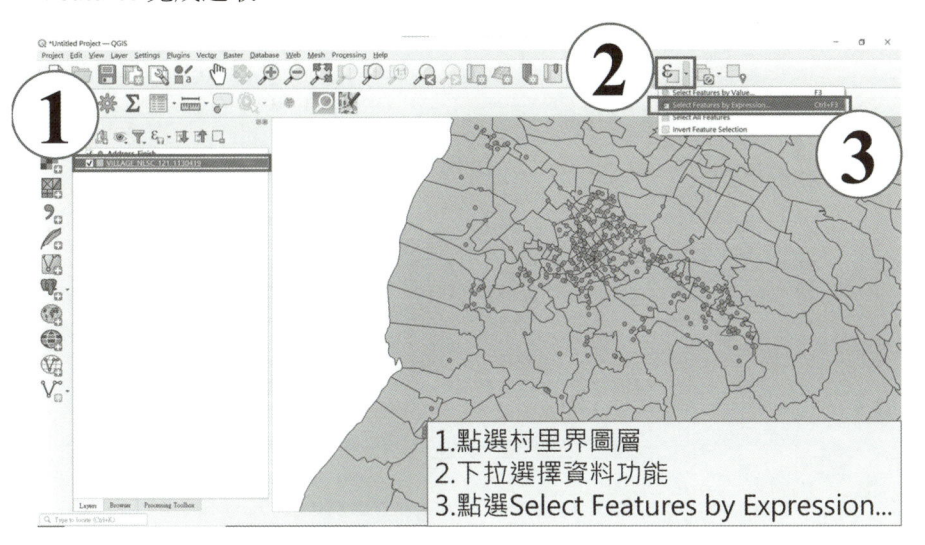

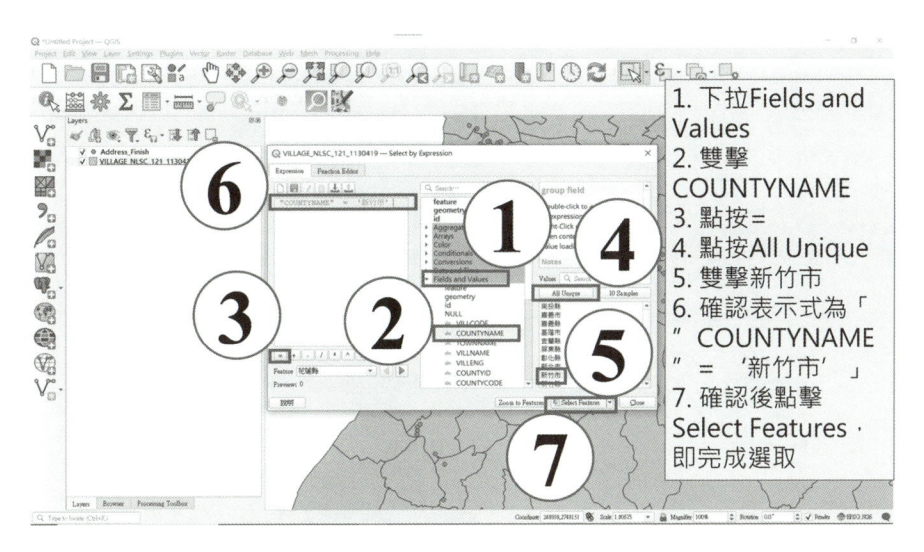

271

4. 輸出新竹市村里資料：村里界圖層按右鍵，選擇 Export → Save Features As 另存成新竹市村里 .shp → 移除不必要的村里界圖層 → 開啟新竹市村里圖層屬性資料表，移除不必要的欄位 → 再度點擊切換編輯模式按鈕並儲存。

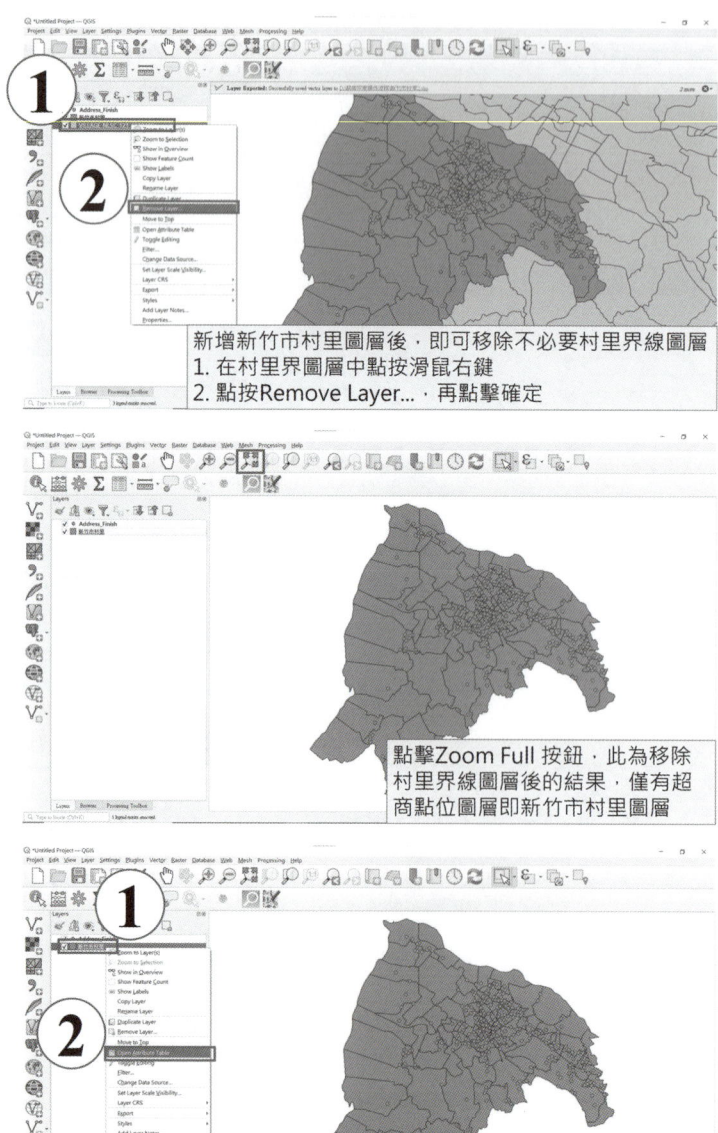

新增新竹市村里圖層後，即可移除不必要村里界線圖層
1. 在村里界圖層中點按滑鼠右鍵
2. 點按Remove Layer...，再點擊確定

點擊Zoom Full 按鈕，此為移除村里界線圖層後的結果，僅有超商點位圖層即新竹市村里圖層

開啟新竹市村里圖層屬性資料表，移除不必要的欄位
1. 在新竹市村里圖層中點按滑鼠右鍵
2. 點選Open Attribute Table

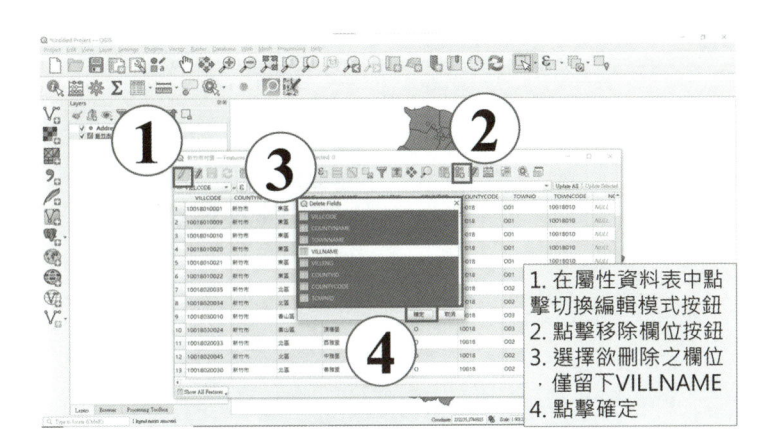

第六章　影響超商分布的區位要素探究

（三）計算各村里平均超商密度（依變項）

1. 使用 Kernel Density 來推估超商密度 → 在 QGIS 的選單中選擇 Processing Toolbox → Interpolation → Heatmap（Kernel Density Estimation）→ Radius 設為 1,000 meter → Pixel Size X 設為 10，Pixel Size Y 設為 10 → Run。

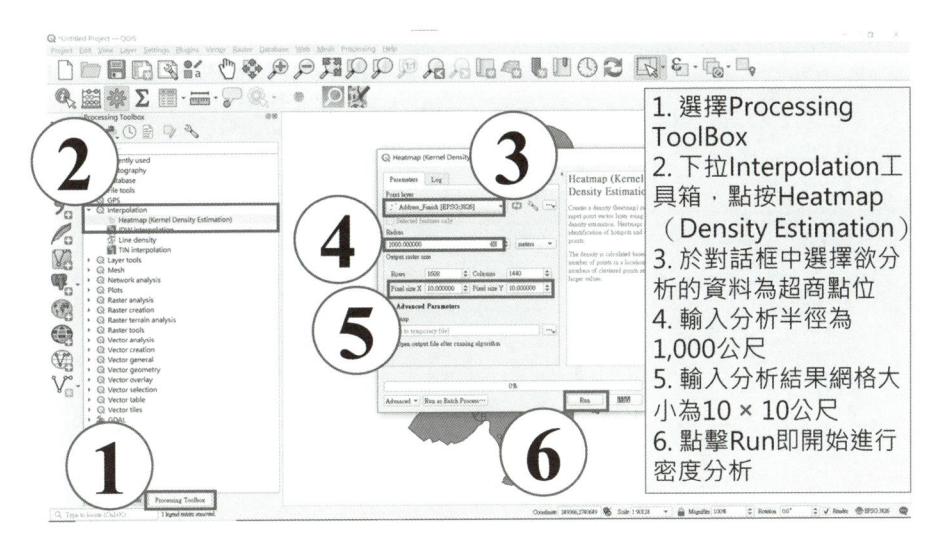

273

地理資訊力
永續發展議題教學新方向

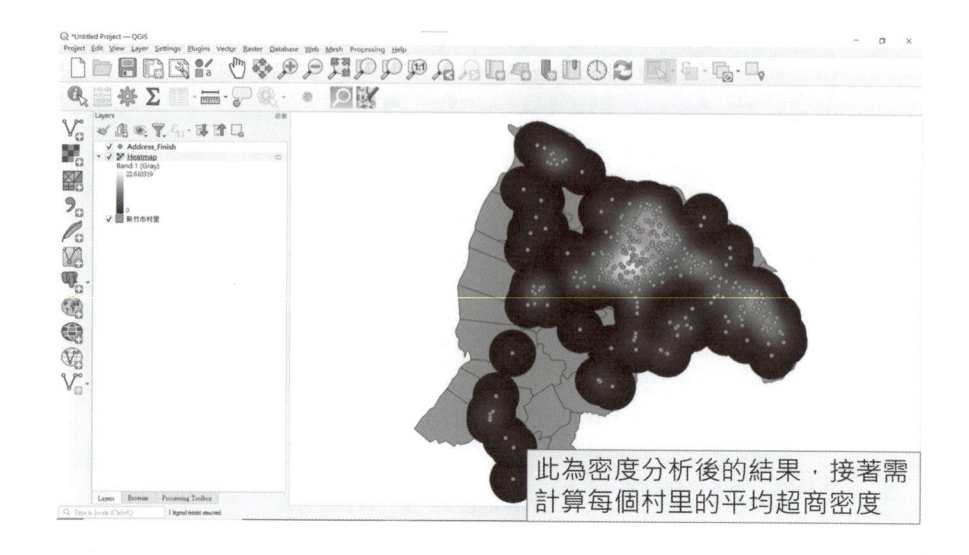

此為密度分析後的結果，接著需計算每個村里的平均超商密度

2. 計算每個村里內部網格數值的平均數 → 在 QGIS 的選單中，選擇 Processing Toolbox → Raster Analysis → Zonal Statistics。

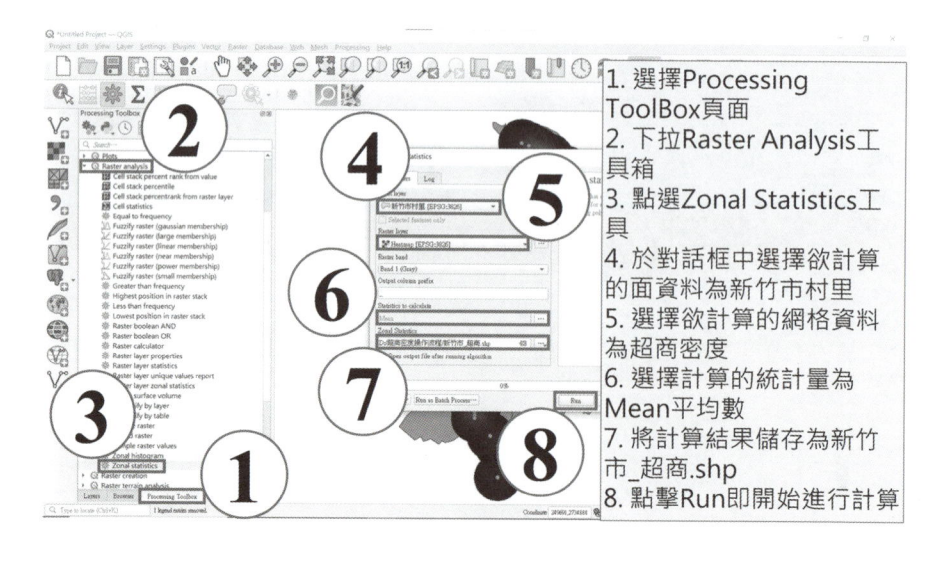

1. 選擇Processing ToolBox頁面
2. 下拉Raster Analysis工具箱
3. 點選Zonal Statistics工具
4. 於對話框中選擇欲計算的面資料為新竹市村里
5. 選擇欲計算的網格資料為超商密度
6. 選擇計算的統計量為Mean平均數
7. 將計算結果儲存為新竹市_超商.shp
8. 點擊Run即開始進行計算

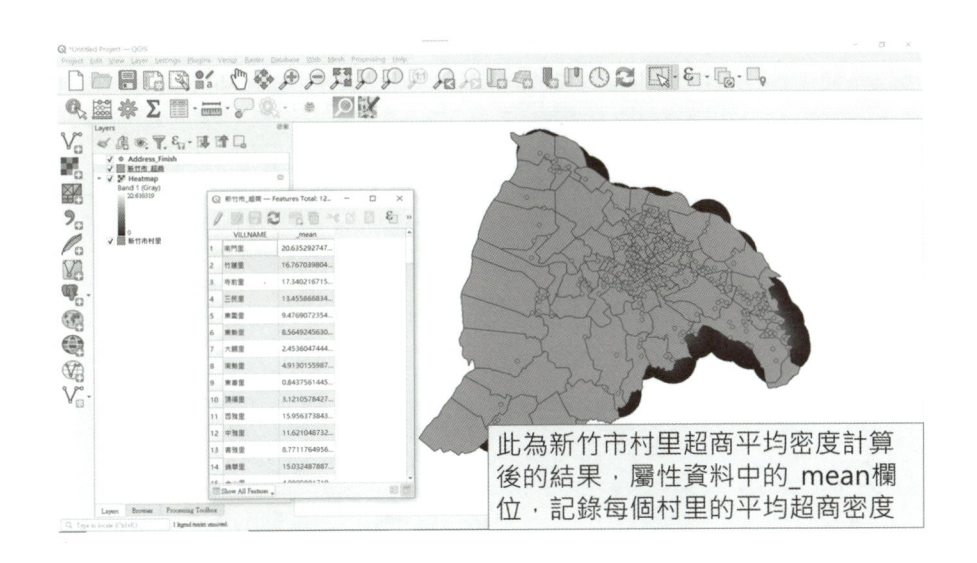

第六章　影響超商分布的區位要素探究

此為新竹市村里超商平均密度計算後的結果，屬性資料中的_mean欄位，記錄每個村里的平均超商密度

（四）計算各村里平均人口密度（自變項）

1. 下載人口統計資料：社會經濟資料服務平臺（SEGIS）→ 資料集 → 資料集查詢下載 → 下載「112 年 12 月行政區人口統計_村里」資料。

下載人口統計資料
1. 開啟瀏覽器，搜尋社會經濟資料服務平臺
2. 在類別中選擇人口及人口概況
3. 空間範圍選擇全國（22縣市）
4. 空間統計單元選擇村里別
5. 點擊查詢
6. 於查詢結果下載112年12月行政區人口統計_村里

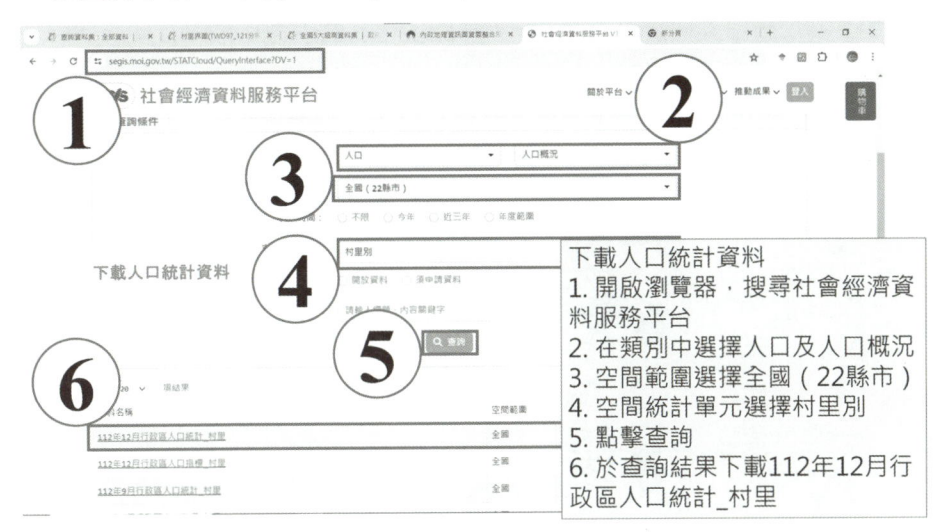

資料來源：截取並修改自內政部社會經濟資料服務平臺（n.d.）。**資料集查詢下載**。取自 https://segis.moi.gov.tw/STATCloud/QueryInterface

2. 載入人口屬性資料：在 QGIS 中新增分隔文字圖層，選擇「112 年 12 月行政區人口統計_村里.csv」→ 在幾何定義中選擇 No Geometry（Attribute Table Only）。

載入人口屬性資料
1. 選取Layer頁面
2. 點擊新增分隔文字圖層按鈕
3. 在對話框中選擇112年12月行政區人口統計_村里.csv
4. 在幾何定義中選擇No Geometry（Attribute Table Only）
5. 點擊Add，即載入人口屬性資料

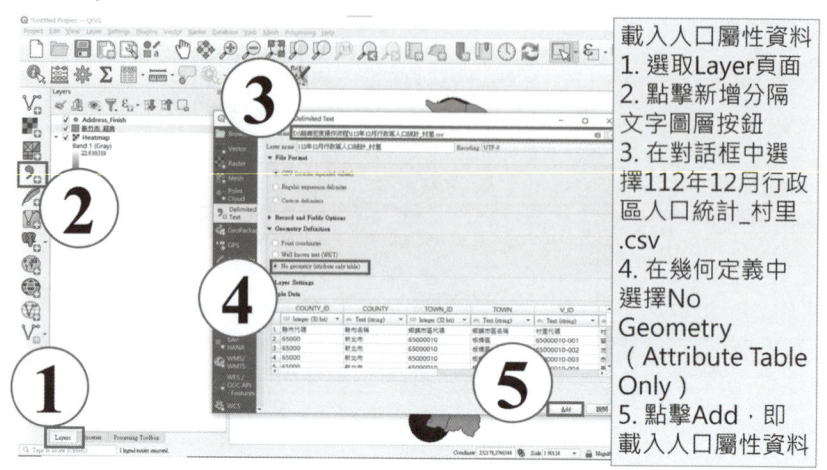

3. 人口屬性資料結合：Processing Toolbox → Vector General → Join Attribute by Field Value → 在對話框中選擇接合主要圖層為新竹市_超商 → 選擇新竹市_超商中的 VILLNAME 為屬性接合參照欄位 → 選擇被接合資料為 112 年 12 月行政區人口統計_村里 → 選擇被接合資料表中的 VILLAGE 為屬性接合參照欄位 → 輸入接合後圖層為新竹市_超商_人口.shp → Run。

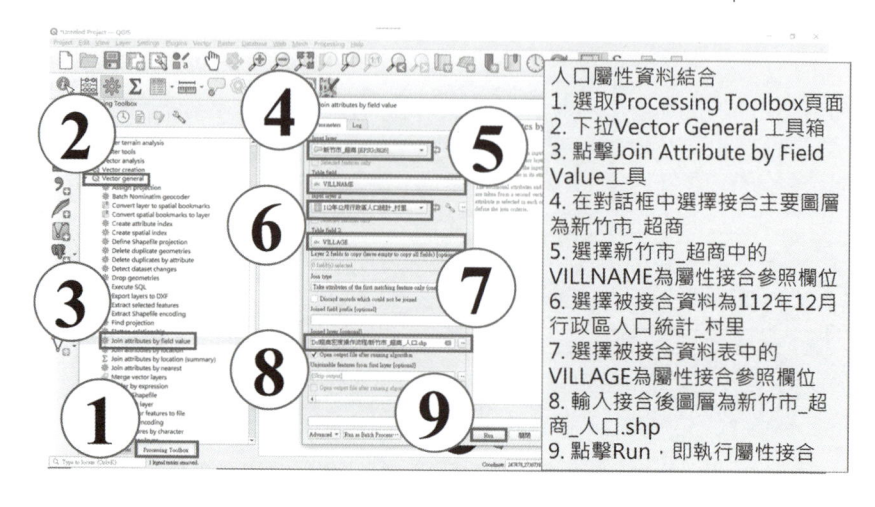

人口屬性資料結合
1. 選取Processing Toolbox頁面
2. 下拉Vector General 工具箱
3. 點擊Join Attribute by Field Value工具
4. 在對話框中選擇接合主要圖層為新竹市_超商
5. 選擇新竹市_超商中的VILLNAME為屬性接合參照欄位
6. 選擇被接合資料為112年12月行政區人口統計_村里
7. 選擇被接合資料表中的VILLAGE為屬性接合參照欄位
8. 輸入接合後圖層為新竹市_超商_人口.shp
9. 點擊Run，即執行屬性接合

第六章　影響超商分布的區位要素探究

4. 計算人口密度：點選「新竹市_超商_人口圖層」圖層 → 按右鍵 Open Attribute Table → 按欄位計算機圖示 → 在對話框的 Output Filed Name 中輸入人口密度 → 下拉 Fields and Values 雙擊 P_CNT → 點擊 / 後下拉 Geometry 雙擊 $area → 點擊 * 在 * 後輸入 1000000 → 確定 → 點擊移除欄位按鈕移除不必要的欄位 → 點擊切換編輯模式按鈕並儲存。

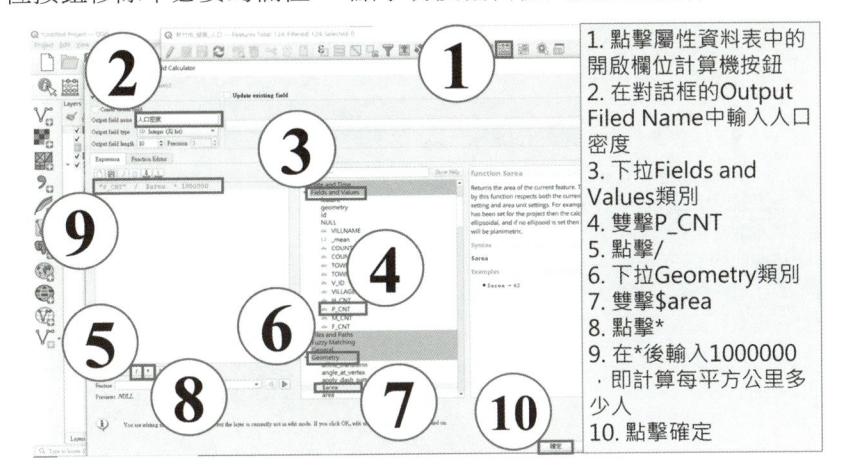

（五）計算各村里道路交叉點密度（自變項）

1. 取得 OSM 道路資料：在 QGIS 安裝外掛 QuickOSM → 點選 Vector 頁面 → 下拉 QuickOSM 工具箱 → 點選 QuickOSM... 工具 → 預置選擇道路／街道並儲存 → 選擇資料搜尋條件為圖層範圍並選擇圖層為新竹市村里 → 執行檢索 → 道路資料下載後，僅保留線資料圖層，將之疊合在面資料上 → 切除位於新竹市範圍外的道路。

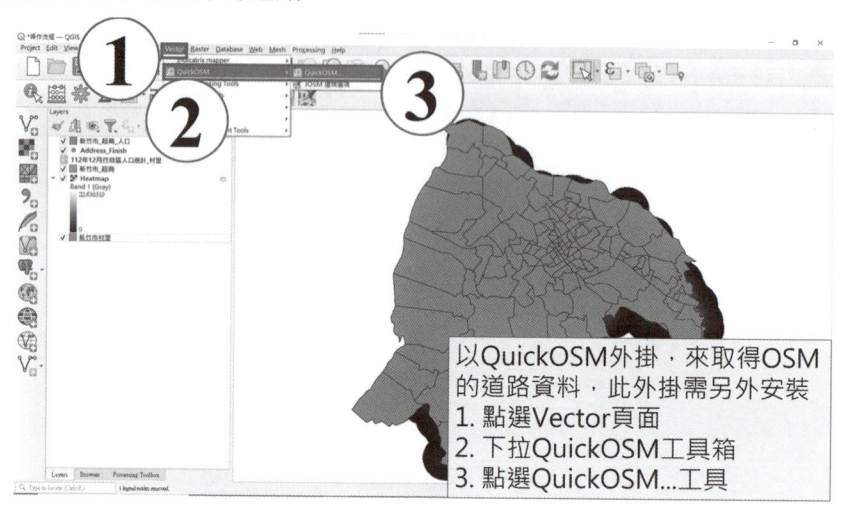

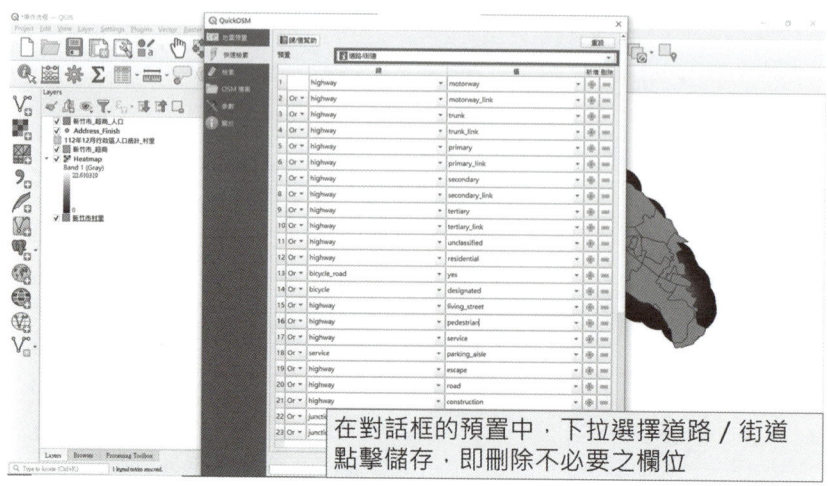

以QuickOSM外掛，來取得OSM的道路資料，此外掛需另外安裝
1. 點選Vector頁面
2. 下拉QuickOSM工具箱
3. 點選QuickOSM...工具

在對話框的預置中，下拉選擇道路／街道
點擊儲存，即刪除不必要之欄位

第六章　影響超商分布的區位要素探究

捲動至對話框最下方
1. 選擇資料搜尋條件為圖層範圍並選擇圖層為新竹市村里
2. 點擊執行檢索

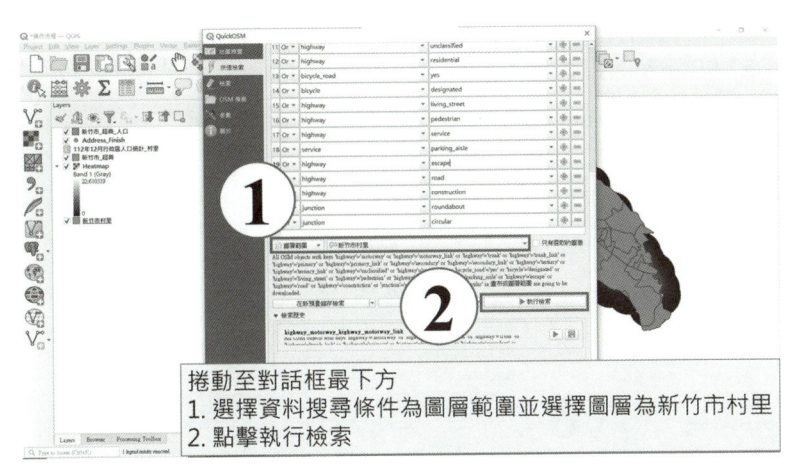

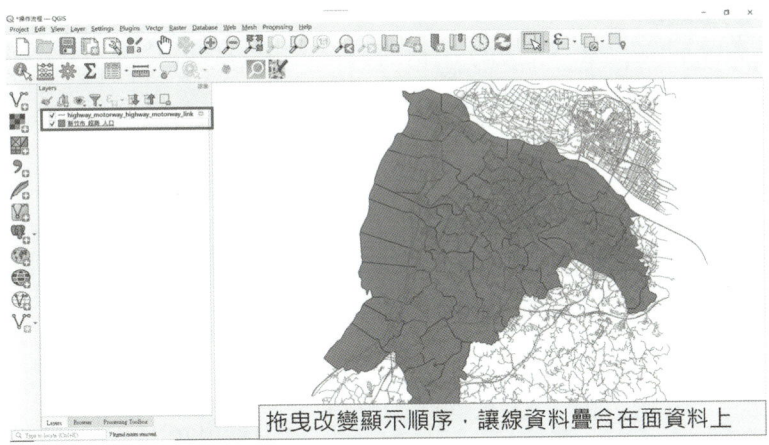

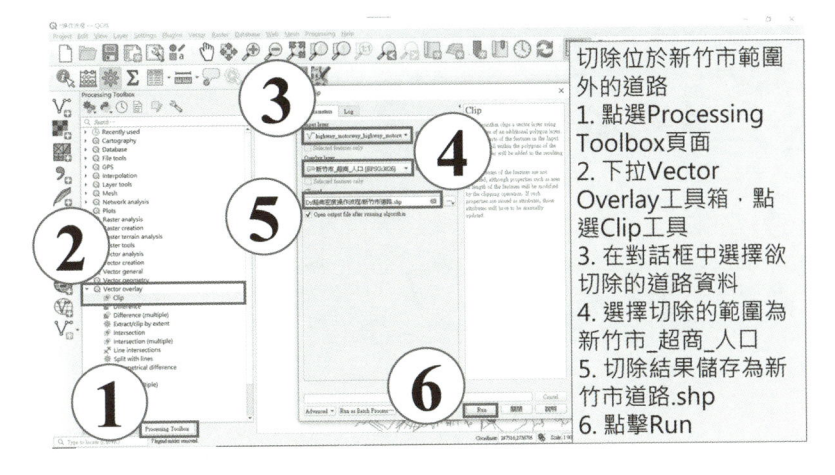

拖曳改變顯示順序，讓線資料疊合在面資料上

切除位於新竹市範圍外的道路
1. 點選Processing Toolbox頁面
2. 下拉Vector Overlay工具箱，點選Clip工具
3. 在對話框中選擇欲切除的道路資料
4. 選擇切除的範圍為新竹市_超商_人口
5. 切除結果儲存為新竹市道路.shp
6. 點擊Run

279

2. 分析道路交叉點：點選 Processing Toolbox → Vector Overlay → Line Intersections → 在對話框中選擇 Input Layer、Intersect Layer 為新竹市道路 → 分析結果儲存為新竹市道路交叉點 .shp → Run。

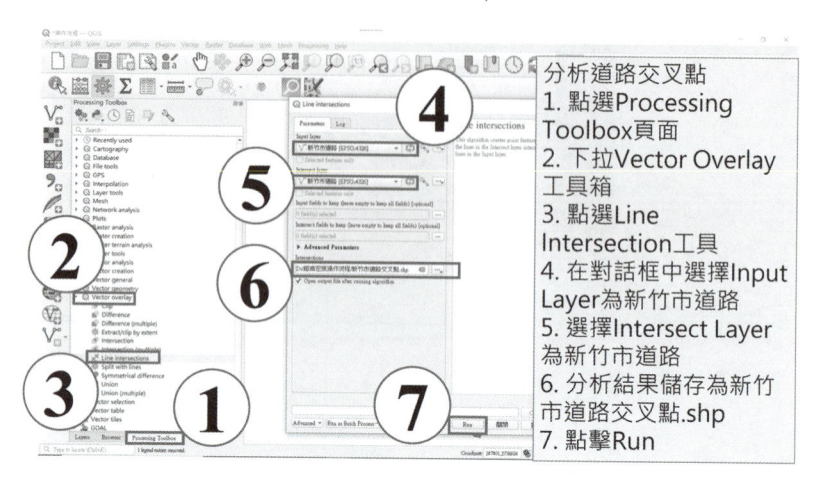

分析道路交叉點
1. 點選Processing Toolbox頁面
2. 下拉Vector Overlay 工具箱
3. 點選Line Intersection工具
4. 在對話框中選擇Input Layer為新竹市道路
5. 選擇Intersect Layer 為新竹市道路
6. 分析結果儲存為新竹市道路交叉點.shp
7. 點擊Run

3. 計算各村里道路交叉點數量：點選 Processing Toolbox → Vector Analysis → Count Points in Polygon → 在對話框中選擇面資料為新竹市_超商_人口、選擇點資料為新竹市道路交叉點 → 分析結果儲存為分析結果儲存為新竹市_超商_人口_交叉點 .shp → Run。

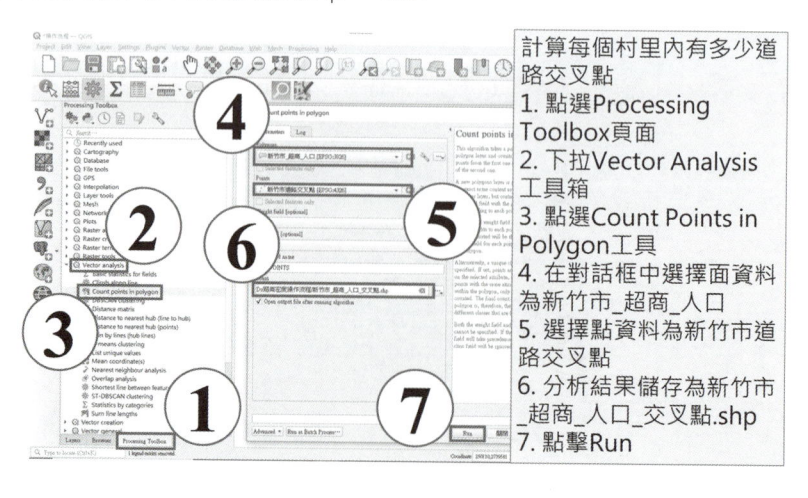

計算每個村里內有多少道路交叉點
1. 點選Processing Toolbox頁面
2. 下拉Vector Analysis 工具箱
3. 點選Count Points in Polygon工具
4. 在對話框中選擇面資料為新竹市_超商_人口
5. 選擇點資料為新竹市道路交叉點
6. 分析結果儲存為新竹市_超商_人口_交叉點.shp
7. 點擊Run

第六章　影響超商分布的區位要素探究

4. 計算各村里道路交叉點密度：點選 Layer → 在新竹市_超商_人口_交叉點圖層點擊滑鼠右鍵點選 Open Attribute Table → 按欄位計算機圖示 →在對話框的 Output Filed Name 中輸入交點密度 → 下拉 Fields and Values 雙擊 NUMPOINTS → 點擊 / 後下拉 Geometry 雙擊 $area → 點擊 * 在 * 後輸入 1000000 → 確定 → 點擊移除欄位按鈕移除不必要的欄位→ 點擊切換編輯模式按鈕並儲存。

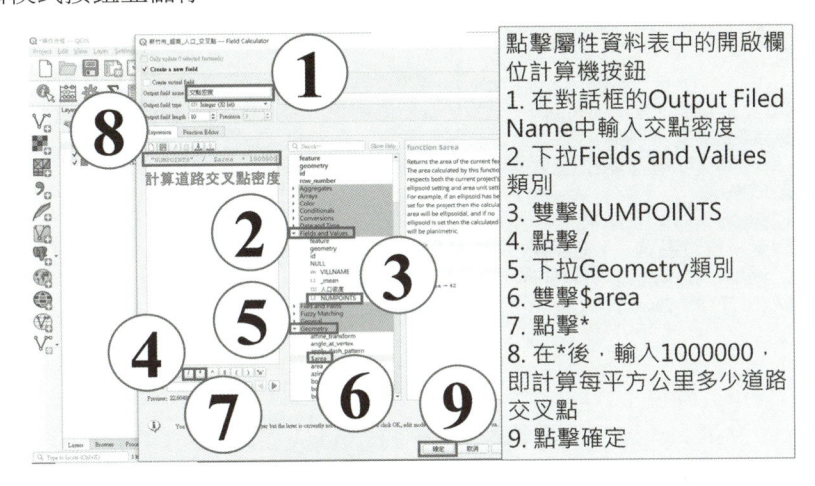

點擊屬性資料表中的開啟欄位計算機按鈕
1. 在對話框的Output Filed Name中輸入交點密度
2. 下拉Fields and Values 類別
3. 雙擊NUMPOINTS
4. 點擊/
5. 下拉Geometry類別
6. 雙擊$area
7. 點擊*
8. 在*後，輸入1000000，即計算每平方公里多少道路交叉點
9. 點擊確定

（六）計算新竹市商業指數（自變項）

1. 進入政府資料開放平臺（DATA.GOV.TW）下載新竹市商業名冊。

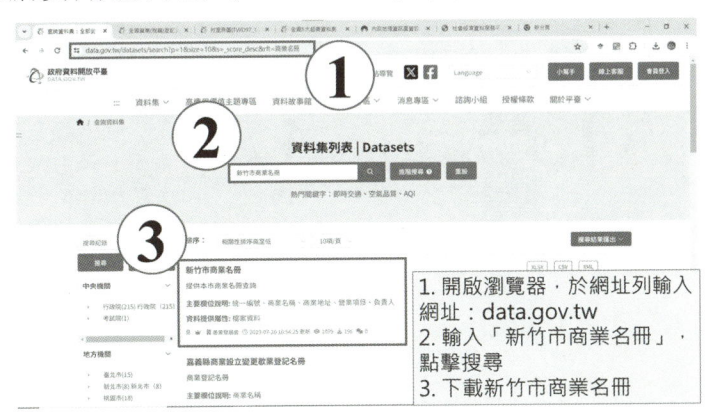

1. 開啟瀏覽器，於網址列輸入網址：data.gov.tw
2. 輸入「新竹市商業名冊」，點擊搜尋
3. 下載新竹市商業名冊

資料來源：截取並修改自數位發展部政府開放資料平臺（n.d.）。**資料集列表**。取自 https://data.gov.tw/datasets/search?p=1&size=10&s=_score_desc

281

2. 在 QGIS 中新增分隔文字圖層，匯入批次門牌地址比對服務後的 CSV 檔。

加入商店點位資料，須先完成批次門牌地址比對服務
1. 點擊新增分隔文字圖層按鈕
2. 在新增分隔文字圖層對話框中，選擇批次門牌地址比對服務後的CSV檔
3. 選擇幾何定義中的點坐標
4. 選擇X坐標欄位名稱，Y坐標欄位名稱
5. 選擇坐標系統定義為TWD1997 TM二度分帶坐標系統
6. 點擊Add按鈕，加入資料

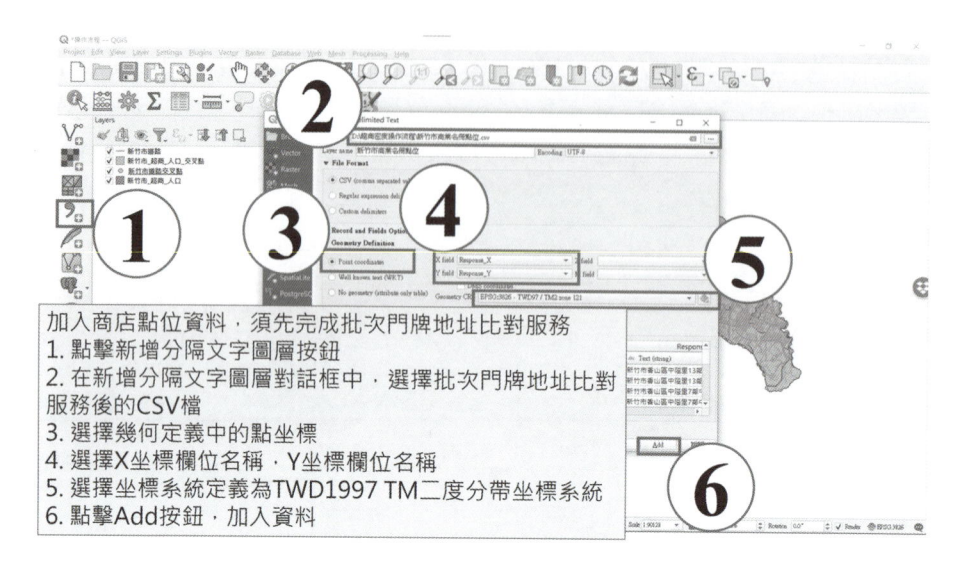

3. 在新竹市_超商_人口_交叉點圖層點擊滑鼠右鍵點選 Properties → 在對話框中點選 Fields 切換編輯模式 → 將 _mean 更改成超商密度，再次點擊切換編輯模式按鈕並儲存 → 確定。

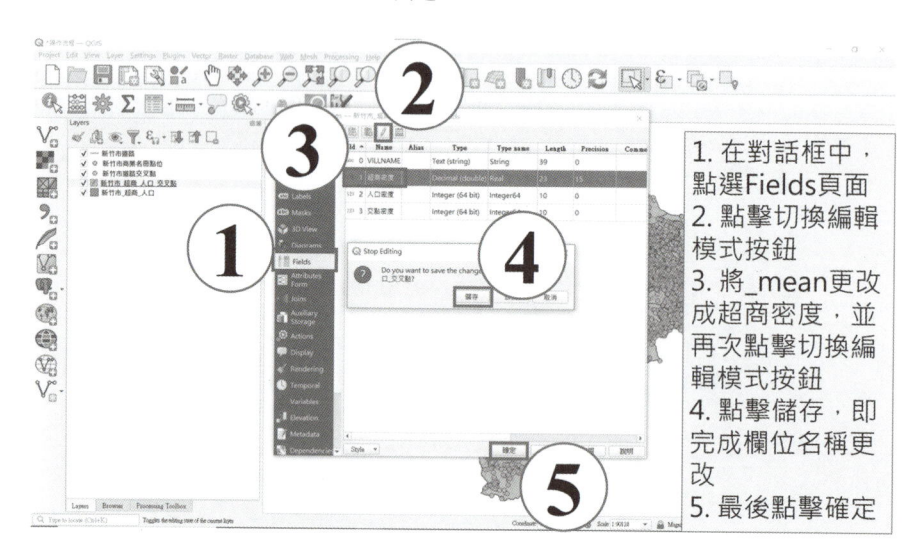

1. 在對話框中，點選Fields頁面
2. 點擊切換編輯模式按鈕
3. 將_mean更改成超商密度，並再次點擊切換編輯模式按鈕
4. 點擊儲存，即完成欄位名稱更改
5. 最後點擊確定

4. 計算商店密度：點選 Processing Toolbox → Interpolation → Heatmap（Kernel Density Estimation）→ 選擇欲分析的資料為新竹商業名冊點位 → Radius 設為 1,000 公尺 → Pixel Size X 設為 10，Pixel Size Y 設為 10 → Run。

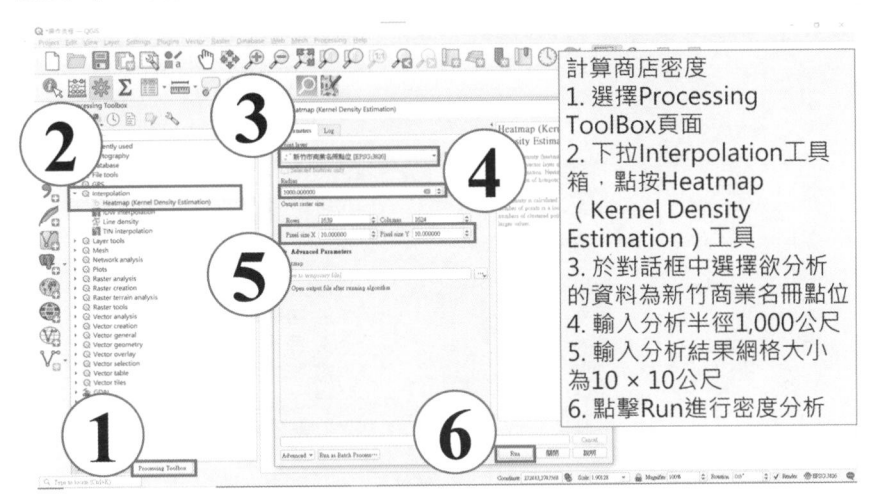

計算商店密度
1. 選擇Processing ToolBox頁面
2. 下拉Interpolation工具箱，點按Heatmap（Kernel Density Estimation）工具
3. 於對話框中選擇欲分析的資料為新竹商業名冊點位
4. 輸入分析半徑1,000公尺
5. 輸入分析結果網格大小為10 × 10公尺
6. 點擊Run進行密度分析

5. 選擇 Processing Toolbox → Raster Analysis → Zonal Statistics → 選擇欲計算的面資料為新竹市_超商_人口_交叉點、網格資料為 Heatmap、統計量為 Mean 平均數 → 將計算結果儲存為新竹市_超商_人口_交叉點_商業指數.shp → Run。

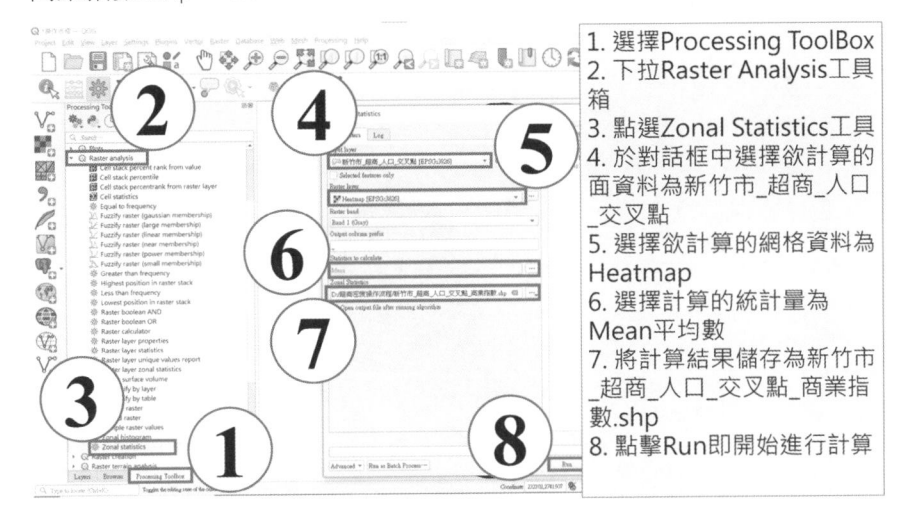

1. 選擇Processing ToolBox
2. 下拉Raster Analysis工具箱
3. 點選Zonal Statistics工具
4. 於對話框中選擇欲計算的面資料為新竹市_超商_人口_交叉點
5. 選擇欲計算的網格資料為Heatmap
6. 選擇計算的統計量為Mean平均數
7. 將計算結果儲存為新竹市_超商_人口_交叉點_商業指數.shp
8. 點擊Run即開始進行計算

283

6. 更改欄位名稱：在新竹市_超商_人口_交叉點_商業指數圖層點擊滑鼠右鍵點選 Properties → 在對話框中點選 Fields 切換編輯模式 → 將_mean 更改成超商密度，再次點擊切換編輯模式按鈕並儲存 → 確定 → 完成後移除過程中不必要資料圖層。

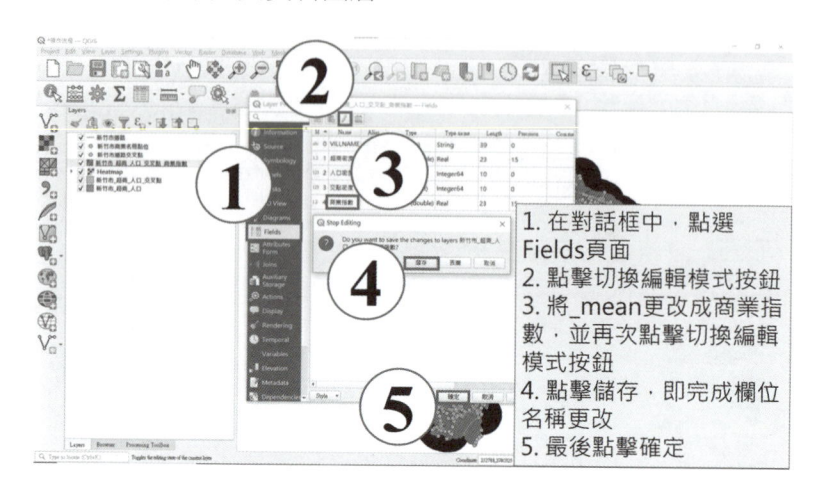

```
1. 在對話框中，點選 Fields 頁面
2. 點擊切換編輯模式按鈕
3. 將_mean更改成商業指數，並再次點擊切換編輯模式按鈕
4. 點擊儲存，即完成欄位名稱更改
5. 最後點擊確定
```

（七）計算村里中心到車站的最短道路距離

1. 載入 OSM 電子地圖：在 QGIS 安裝外掛 QuickMapServices → 點選 Web 頁面 → 下拉 QuickMapServices 工具箱 → 下拉 OSM 工具箱 → 點選 OSM Standard 工具。

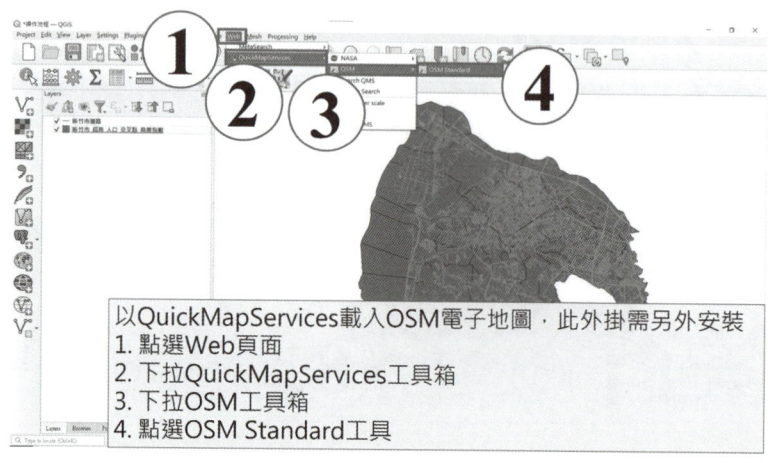

```
以QuickMapServices載入OSM電子地圖，此外掛需另外安裝
1. 點選Web頁面
2. 下拉QuickMapServices工具箱
3. 下拉OSM工具箱
4. 點選OSM Standard工具
```

第六章　影響超商分布的區位要素探究

2. 分析求得每個村里面資料的中心點：點選 Processing Toolbox → Vector Geometry → Centroids → 選擇欲計算的面資料為新竹市_超商_人口_交叉點_商業指數 → Run。

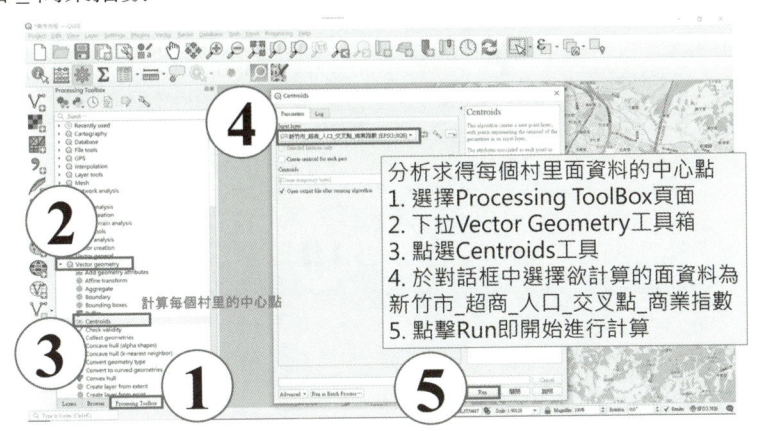

分析求得每個村里面資料的中心點
1. 選擇Processing ToolBox頁面
2. 下拉Vector Geometry工具箱
3. 點選Centroids工具
4. 於對話框中選擇欲計算的面資料為新竹市_超商_人口_交叉點_商業指數
5. 點擊Run即開始進行計算

3. 以路網分析計算每個村里中心點至火車站的最短道路距離：點選 Processing Toolbox → Network Analysis → Shortest Path（Layer to Point）→ 選擇欲計算的路網資料為新竹市道路、路網成本計算方式為 Shortest、端點資料為 Centroids → 在螢幕中點選新竹火車站位置，作為計算的另一端點資料，點選後坐標會自動填入 → 將計算結果儲存為新竹市_超商_人口_交叉點_商業指數_車站距離.shp → Run → 移除過程中不必要資料圖層 → 開啟新竹市_超商_人口_交叉點_商業指數_車站距離圖層屬性資料表，移除不必要的欄位 → 更改欄位名稱，將 cost 更改成車站距離。

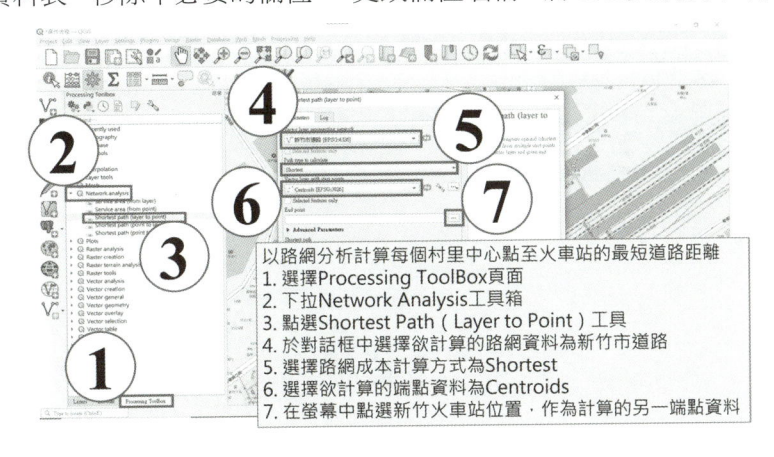

以路網分析計算每個村里中心點至火車站的最短道路距離
1. 選擇Processing ToolBox頁面
2. 下拉Network Analysis工具箱
3. 點選Shortest Path（Layer to Point）工具
4. 於對話框中選擇欲計算的路網資料為新竹市道路
5. 選擇路網成本計算方式為Shortest
6. 選擇欲計算的端點資料為Centroids
7. 在螢幕中點選新竹火車站位置，作為計算的另一端點資料

285

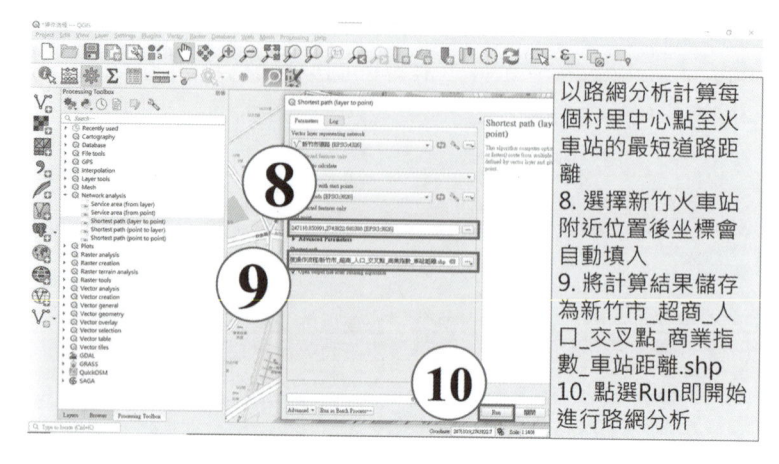

地理資訊力
永續發展議題教學新方向

以路網分析計算每個村里中心點至火車站的最短道路距離
8. 選擇新竹火車站附近位置後坐標會自動填入
9. 將計算結果儲存為新竹市_超商_人口_交叉點_商業指數_車站距離.shp
10. 點選Run即開始進行路網分析

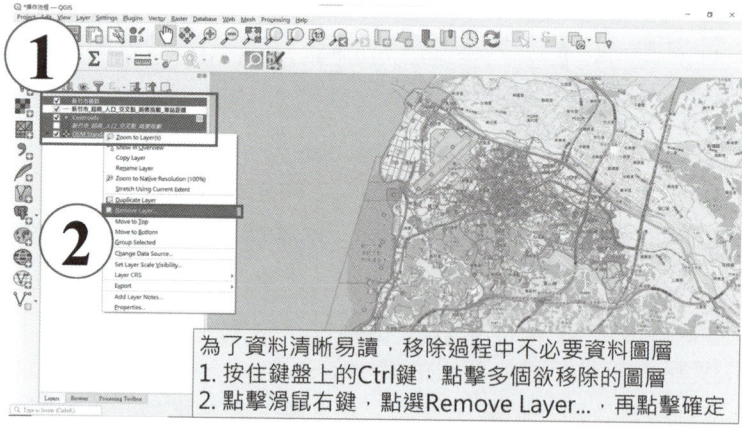

為了資料清晰易讀，移除過程中不必要資料圖層
1. 按住鍵盤上的Ctrl鍵，點擊多個欲移除的圖層
2. 點擊滑鼠右鍵，點選Remove Layer...，再點擊確定

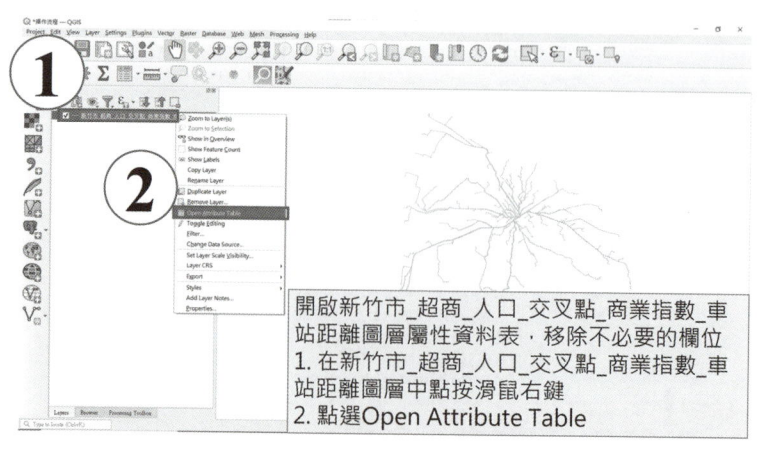

開啟新竹市_超商_人口_交叉點_商業指數_車站距離圖層屬性資料表，移除不必要的欄位
1. 在新竹市_超商_人口_交叉點_商業指數_車站距離圖層中點按滑鼠右鍵
2. 點選Open Attribute Table

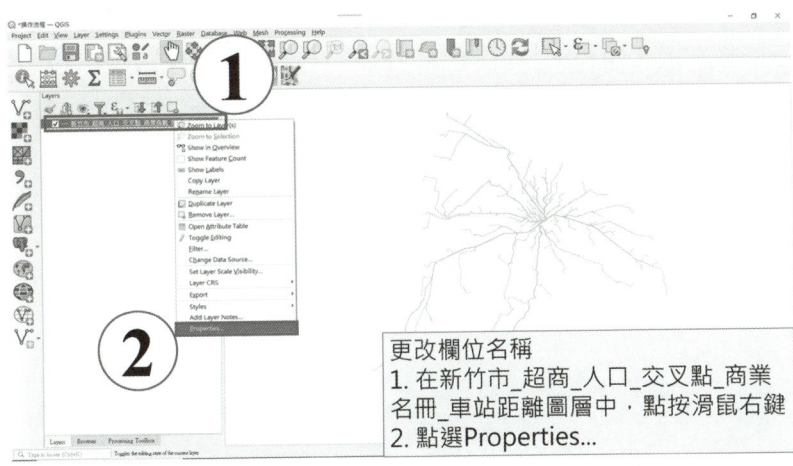

第六章　影響超商分布的區位要素探究

更改欄位名稱
1. 在新竹市_超商_人口_交叉點_商業名冊_車站距離圖層中，點按滑鼠右鍵
2. 點選Properties...

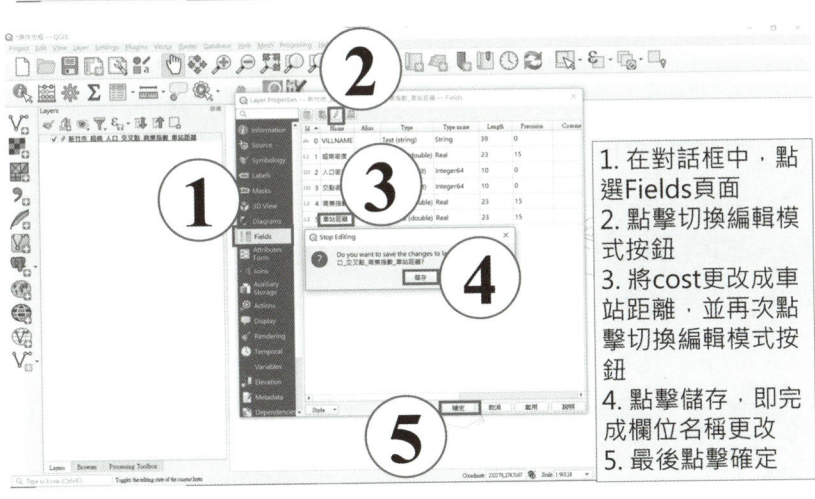

1. 在對話框中，點選Fields頁面
2. 點擊切換編輯模式按鈕
3. 將cost更改成車站距離，並再次點擊切換編輯模式按鈕
4. 點擊儲存，即完成欄位名稱更改
5. 最後點擊確定

287

4. 輸出統計分析資料：新竹市＿超商＿人口＿交叉點＿商業名冊＿車站距離圖層按右鍵，選擇 Export → Save Features As → 選擇輸出格式為 Comma Separated Value（CSV）→ 輸出資料名稱為超商密度統計資料.csv → 確定。

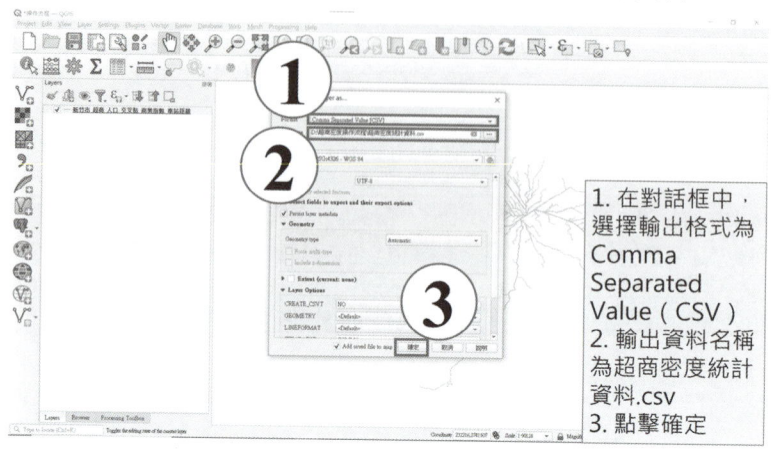

（八）迴歸分析

Excel 開啟超商密度統計資料.csv → 刪除機場空白資料 → 點選資料頁面 → 資料分析 → 選擇超商密度欄位所有資料為 Y（依變數）範圍 → 選擇人口密度、交點密度、商業指數以及車站距離欄位所有資料為 X（自變數）範圍 → 勾選標記，指定第一列為欄位名稱 → 將分析結果呈現在新工作表 → 確定。

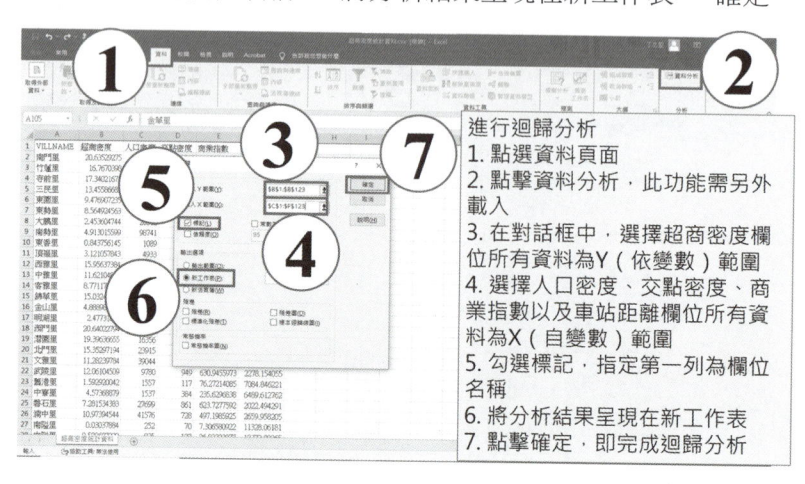

附錄三、參考資料

內政部地理資訊圖資雲服務平臺（n.d.）。**全國門牌地址定位服務**。取自 https://www.tgos.tw/tgos/Addr

內政部社會經濟資料服務平臺（n.d.）。**資料集查詢下載**。取自 https://segis.moi.gov.tw/STATCloud/QueryInterface

李雅雯（2020，8月8日）年增 524 家　臺灣超商密度全球第 2。**自由時報**。取自 https://ec.ltn.com.tw/article/paper/1391712

財團法人大學入學考試中心基金會（2022）。**財團法人大學入學考試中心基金會 111 學年度分科測驗試題：地理考科**。取自 https://www.ceec.edu.tw/files/file_pool/1/0m223502727452513865/03-111%e5%88%86%e7%a7%91%e6%b8%ac%e9%a9%97%e5%9c%b0%e7%90%86%e8%a9%a6%e5%8d%b7%e5%ae%9a%e7%a8%bf.pdf

統一超商（2018）。**2017 年度統一超商 CSR 企業社會責任報告書**。取自 https://www.7-11.com.tw/company/csr/images/report/2017_report_all_CH.pdf

數位發展部政府資料開放平臺（2024）。**全國 5 大超商資料集**。取自 https://data.gov.tw/dataset/32086

蘇君薇（2019，6月27日）台灣便利商店全球最多？答案其實是亞洲這一國。**今周刊**。取自 https://www.businesstoday.com.tw/article/category/80392/post/201906270026/

The Global Goals for Sustainable Development（n.d.）。**17 項永續發展目標**。取自 https://globalgoals.tw/

Google（2022，3月）。〔臺北市延平北路八段 157 巷地圖〕。2024 年 7 月 12 日取自 https://www.google.com.tw/maps/@25.1043224,121.4820201,3a,75y,184.53h,81.34t/data=!3m7!1e1!3m5!1sYNlONRu9M9oDagOeaoSP6g!2e0!6shttps:%2F%2Fstreetviewpixels-pa.googleapis.com%2Fv1%2Fthumbnail%3Fpanoid%3DYNlONRu9M9oDagOeaoSP6g%26cb_client%3Dmaps_sv.share%26w%3D900%26h%3D600%26yaw%3D184.52899079341364%26pitch%3D8.661300197664545%26thumbfov%3D90!7i16384!8i8192?hl=zh-TW&coh=205410&entry=ttu

QGIS.ORG. (2023). QGIS Geographic Information System. Open Source Geospatial Foundation Project (Version 3.28.5) [Computer software]. Retrieved from http://www.qgis.org

國家圖書館出版品預行編目(CIP)資料

地理資訊力：永續發展議題教學新方向 / 丁志堅，吳春萱，洪敏勝，陳湘文，張麗蓉，詹世軒，戴伊瑋，羅彥程，蘇俐洙著. -- 新北市：華藝數位股份有限公司學術出版部出版：華藝數位股份有限公司發行，2024.09

面； 公分

ISBN 978-986-437-214-0(平裝)

1.CST: 地理資訊系統 2.CST: 教學設計 3.CST: 教學法

609.3　　　　　　　　　　　113012745

地理資訊力：永續發展議題教學新方向

主　　編／丁志堅

作　　者／丁志堅、吳春萱、洪敏勝、陳湘文、張麗蓉、詹世軒、戴伊瑋、羅彥程、蘇俐洙（依姓氏筆畫排序）

責任編輯／吳若昕

封面設計／張大業

版面編排／許沁寧

發 行 人／常效宇

總 編 輯／張慧銖

業　　務／蕭杰如

出　　版／華藝數位股份有限公司　學術出版部（Ainosco Press）
　　　　　地　　址：234 新北市永和區成功路一段 80 號 18 樓
　　　　　電　　話：(02) 2926-6006　傳真：(02) 2923-5151
　　　　　服務信箱：press@airiti.com

發　　行／華藝數位股份有限公司
　　　　　戶名（郵政／銀行）：華藝數位股份有限公司
　　　　　郵政劃撥帳號：50027465
　　　　　銀行匯款帳號：0174440019696（玉山商業銀行　埔墘分行）

贊　　助／漢民科技股份有限公司

　ISBN／978-986-437-214-0
　 DOI／10.978.986437/2140
出版日期／2024 年 9 月
定　　價／新臺幣 650 元

版權所有・翻印必究
（如有缺頁或破損，請寄回本社更換，謝謝）